Robert Argenbright

·

Moscow under Construction

City Building, Place-Based Protest, and Civil Society

LEXINGTON BOOKS

Lanham • Boulder • New York • London

2016

Роберт Аргенбрайт

·

Москва строящаяся

Градостроительство, протесты градозащитников и гражданское общество

Academic Studies Press

Библиороссика

Бостон / Санкт-Петербург

2021

УДК 364.122
ББК 66.03(Рос=Рус)
А 79

Перевод с английского Анастасии Рудаковой

Серийное оформление и оформление обложки Ивана Граве

Аргенбрайт Р.

А 79   Москва строящаяся: Градостроительство, протесты градозащитников и гражданское общество / Роберт Аргенбрайт ; [пер. с англ. А. Рудаковой]. — Санкт-Петербург : Academic Studies Press / Библиороссика, 2021. — 319 с. : илл. — (Серия «Современная западная русистика» = «Contemporary Western Rusistika»).

ISBN 978-1-6446969-7-2 (Academic Studies Press)
ISBN 978-5-6046148-4-6 (Библиороссика)

«Москва строящаяся» исследует рост противодействия практике хищнической реконструкции Москвы не только как недавнюю историю, но и с позиции современных теорий урбанистики. Объектами внимания автора становятся деятельность отдельных активистов и инициативных групп граждан; напряжение, возникшее после между мэрией Москвы и градозащитным движением после запуска «редевелоперской машины» Ю. М. Лужкова; конфликт вокруг Малого Козихинского переулка, а также последствия политической борьбы для вовлеченных в нее людей.

Рассчитана на широкий круг читателей.

УДК 364.122
ББК 66.03(Рос=Рус)

ISBN 978-1-6446969-7-2
ISBN 978-5-6046148-4-6

*Моей матери, Маргарет П. Аргенбрайт,
с глубочайшей благодарностью и любовью,
а также светлой памяти моего отца,
Филмора А. Аргенбрайта*

Список иллюстраций

Ил. 0.1. Административные округа Старой Москвы
Карта-схема автора
Ил. 0.2. Районы Центрального административного округа
Карта-схема автора
Ил. 3.1. Апарт-отель в Малом Козихинском переулке, 11
Фото автора
Ил. 4.1. «Созидательное разрушение» являлось неотъемлемой частью лужковской «московской модели»
Фото автора
Ил. 5.1. Снос гостиницы «Москва» в 2004 году
Фото автора
Ил. 5.2. После пожара уцелели лишь наружные стены Манежа
Фото автора
Ил. 6.1. Фасад дома Привалова. 2015
Фото автора
Ил. 6.2. Шуховская башня. 2015
Фото автора
Ил. 7.1. Бутово — 2006: «Закон один для всех», «Сила — не аргумент», «Это наша земля!»
Фото автора
Ил. 7.2. Противницы уплотнительной застройки. 2007
Фото автора
Ил. 7.3. Точечная застройка в Щукине. 2007
Фото автора
Ил. 7.4. Митинг градозащитников. 2009
Фото автора

Ил. 7.5. Вход градозащитников на митинг через металлодетекторы. 2009
Фото автора

Ил. 7.6. Новая церковь в Юго-Западном административном округе. 2015
Фото автора

Ил. 7.7. Плакат сторонников сохранения Парка Торфянка. 2015
Фото автора

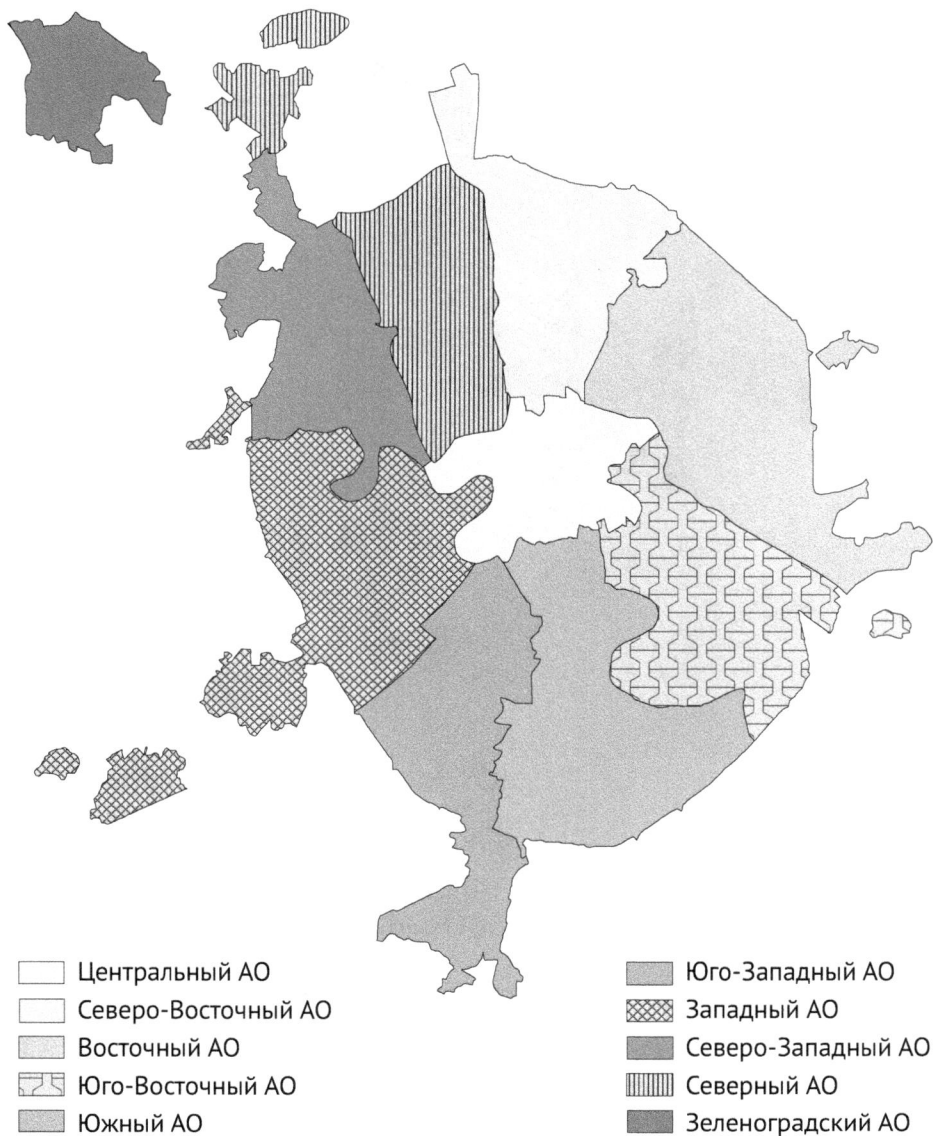

Центральный АО

Северо-Восточный АО

Восточный АО

Юго-Восточный АО

Южный АО

Юго-Западный АО

Западный АО

Северо-Западный АО

Северный АО

Зеленоградский АО

Ил. 0.1. Административные округа Старой Москвы

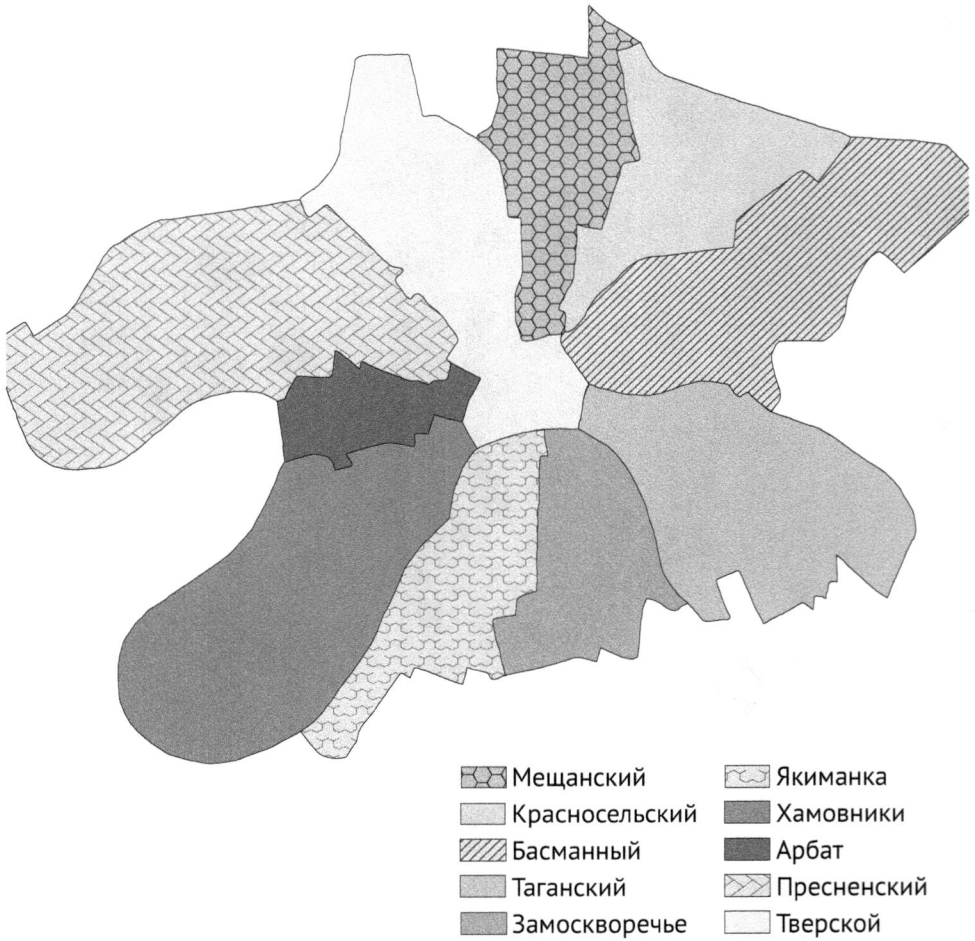

Ил. 0.2. Районы Центрального административного округа

Legend:
- Мещанский
- Красносельский
- Басманный
- Таганский
- Замоскворечье
- Якиманка
- Хамовники
- Арбат
- Пресненский
- Тверской

Благодарности

Сумбурный проект, из которого родилась эта книга, возник около 20 лет назад, в один солнечный московский день, когда меня осенило, что, наряду с исследованием исторических документов, я мог бы заняться изучением современной трансформации города. С тех пор проект разросся, словно выйдя из-под контроля. Все это время многие люди комментировали мою работу на конференциях и в частных беседах. Я признателен каждому за попытку помочь мне, хотя в преддверии старческого слабоумия всех имен не припомню. Прошу прощения за свою забывчивость и благодарю вас всех.

Мне потребовалось бы на несколько лет больше, чтобы завершить эту работу, если бы в 2013 году Национальный совет евразийских и восточноевропейских исследований (NCEEER) не присудил мне грант Национального конкурса научных исследований, средства на который выделяет Государственный департамент США в соответствии с разделом VIII Закона о советских и восточноевропейских исследованиях и подготовке кадров 1983 года, в действующей редакции. NCEEER не несет ответственности за анализ и интерпретации, представленные в этой книге. Я выражаю благодарность Джули Баклер, Моне Домош, Владимиру Колосову, Бет Митчнек и Джону О'Лафлину, поддержавшим мои усилия по получению гранта на данный проект.

Работая в Университете Северной Каролины в Уилмингтоне (UNCW), я дважды удостаивался гранта на летний научно-исследовательский проект — в 2001 и 2006 годах. Кроме того, в осеннем семестре 2002 года я получил в UNCW грант на научное перепрофилирование (весьма напоминавшее академический отпуск). Впоследствии я был приятно удивлен тем, что никто, кажется, не возражал, чтобы я работал над данным проектом, а не над историческим исследованием, упомянутом в моем заявлении на грант.

Возможно, меня бы не приняли на работу в UNCW, если бы не поддержка Сьюзен Маккаффрэй с исторического факультета. На протяжении многих лет она оказывала огромное влияние на мои представления о России и была мне бесценным другом. Я благодарю Майкла Сайдмена, также сотрудника исторического факультета UNCW, за интеллектуальную поддержку, за вдохновение, которое я черпал в наших с ним беседах, и его вдумчивую деятельность. Кроме того, я благодарен Элизабет Хайнс, Дэвиду Блэйку и другим доброжелательным коллегам с факультета географии и геологии, или как он там сейчас называется, которым (обычно) удавалось сохранять невозмутимый вид, когда я распространялся о своей нескончаемой работе над книгой.

Я чрезвычайно обязан бывшему декану Колледжа поведенческих и социальных наук Университета Юты Дэвиду Радду за своевременную и бескорыстную поддержку. Не знаю, что бы я без него делал. Также я очень благодарен декану Синтии Берг за то, что эта поддержка продолжается и ныне.

Как говорилось выше, я представлял различные части своего исследования на многих научных конференциях. Разворачивавшиеся дискуссии оказались весьма полезны, и я благодарю всех, кто комментировал мой труд. Особенно рад, что мне довелось неоднократно работать с Меган Диксон и Екатериной Макаровой. Кроме того, один из моих докладов подверг доскональному разбору на конференции 2006 года Блэр Рубл, за что я ему очень признателен.

Было чрезвычайно приятно работать с Брайаном Хиллом и Эриком Кунцманом из «Лексингтон букс». Помимо этого, я весьма ценю проницательный и полезный отзыв анонимного ученого.

В Москве я извлек огромную пользу из бесед с Екатериной Бычковой и Машей Липман. Также я крайне признателен своим друзьям-географам Виктории Битюковой, Владимиру Колосову и Ольге Вендиной. Все они были очень великодушны. Искренне благодарю и своих друзей-негеографов, очень много сделавших для того, чтобы помочь мне понять московскую жизнь: Константина и Татьяну Гросицких, Надежду Малофееву, Наталью Никифорову, Елену Платонову, а также Зарифу и Станислава Богословских.

Наконец, я безмерно благодарен любви всей моей жизни, товарищу и жене — Патриции Кериг.

Глава первая
Обустройство города

В данной работе исследуются рост локального противодействия практике хищнической реконструкции Москвы и последовавшие за ним перемены в системе городского управления. Говоря точнее, активисты, о которых идет речь в этой книге, занимались защитой домов, кварталов, архитектурных памятников и исторических районов. Борьба за подобные объекты велась людьми, которые не ставили своей первоочередной целью построение гражданского общества или углубление демократизации. Градозащитники и возмущенные москвичи самоорганизовывались в «инициативные группы» и «общественные объединения», чтобы отстаивать конкретные городские памятники, высказывать свое мнение об изменении облика столицы и влиять на процесс планирования. Таким способом москвичи добивались «права на город», по крайней мере в своих районах, но чаще всего — в масштабах города.

В рассказе о московских градозащитниках должно найтись место их партнеру, а зачастую и противнику в процессе обустройства городской среды — мэрии. Бывший мэр столицы Ю. М. Лужков возглавил «редевелоперскую машину», которая изменила облик Москвы столь масштабно и кардинально, что заслужила сравнение со сталинской эпохой. Деятельность Лужкова приводила в негодование представителей всех слоев общества и жителей большинства городских районов. К 2010-му, году своей отставки, он был широко известен не только как коррумпированный, но и как равнодушный чиновник. Новый мэр С. С. Собянин при назначении на пост столкнулся с серьезными трудностями, не последней из которых стало завоевание доверия скептически настроенных москвичей. Возможно, больше всех были ожесточены активисты-градозащитники, однако Собянин с самого начала работал над тем, чтобы поставить отношения между «градостроителями» и «градозащитниками» на новую основу.

Политическая борьба за среду обитания зачастую меняет людей, порядки и установления. Градозащитники учатся и адаптируются; в процессе противостояния они до известной степени перековываются, становясь более сознательными и полезными гражданами. Таким образом, утверждаю я, эти люди создают гражданское общество, точнее, запускают процесс его формирования. Однако это не может происходить в вакууме. Как говорится ниже, я согласен с С. Грином, который рассматривает «создание гражданского общества как совместную деятельность общества и государства» [Greene 2014: 56]. Как показали Грин и другие исследователи, на практике воспитание гражданского общества не является для российского правительства приоритетом, вопреки его публичным заявлениям[1].

Тем не менее правительство российской столицы, поначалу с раздражением и неохотой, приступило к взаимодействию с группами возмущенных жителей. В последние годы мэрия действительно систематически открывала двусторонние каналы связи с москвичами и даже, хотя и в меньшей степени, поощряла их участие в управлении.

Пусть реформы еще не сделали столицу России мировым лидером в области демократического городского управления, однако дали ощутимые результаты. Активность горожан вместе с положительными изменениями в управлении превратила Москву в другой город — другой по существу, а не только внешне, как потемкинские деревни. Это важно в первую очередь потому, что Москва — столица страны, по-прежнему играющей значи-

---

[1] Впрочем, Г. Робертсон убедительно доказывает, что, осуществляя меры, направленные на «лицензирование» гражданского общества, «Кремль может непреднамеренно помочь созданию в России более прочной основы для демократического развития» [Robertson 2011: 217].

тельную роль на международной арене. Население Москвы — 12 000 000 жителей (по официальным данным) — больше, чем в половине стран мира. Остальные россияне громко сетуют на подавляющее господство столицы, но вместе с тем завидуют ей и нередко подражают ее нововведениям. Более того, нынешнее положение дел — сложный процесс, который для краткости можно было бы назвать «либерализацией», — радикально контрастирует с политической траекторией путинского государственного режима. Полностью объяснить этот парадокс я не в силах, не в последнюю очередь потому, что для этого потребовался бы доступ к внутрикремлевским дискуссиям. Тем не менее в данной книге будет детально показано, что градозащитные движения Москвы и реформирование городского управления расходятся с тем образом России, который существует сегодня у нас на Западе.

Остальная часть этой главы посвящена общим теоретическим вопросам, в частности проблемам обустройства среды обитания (place-making), составляющим основу настоящего исследования. Глава вторая построена на предварительном обсуждении прагматического подхода, а также его противопоставлении подходу «транзитологическому», сосредоточенному на перспективах «смены режима» в России. В нее же, чтобы проиллюстрировать, как вопросы, поставленные в этой книге, обрели для меня личное значение, я включил краткий «путевой дневник» поездок, в результате которых сделался сознательным прагматиком. Глава третья представляет собой краткий разбор конкретной ситуации, рассмотренной более подробно, чем другие примеры, упомянутые в книге. Его цель — как можно полнее продемонстрировать сочетание «несоизмеримостей», которые создают разногласия в сфере обустройства среды обитания. Главы с четвертой по шестую посвящены конфликтам и сотрудничеству «градостроителей» и «градозащитников», сторонников реконструкции и консервации; главы четвертая и пятая фокусируются на эпохе Лужкова, шестая — на времени правления Собянина. В главе седьмой исследуется другой тип локальной оппозиции редевелопменту — борьба за сохранение рядовой застройки. Градостроительные конфликты этой разновидности также способствовали реформированию городского управления и становлению гражданского общества в Москве. В последней главе представлены заключительные выводы.

Прагматический взгляд на урбанистику

Не существует наилучшего способа создания теорий; есть различные способы находить, осмысливать и передавать другим, приводящие к разным результатам, — и различные подходы к политике [Beauregard 2012: 476].

В следующем разделе я подробно остановлюсь на прагматической теории обустройства среды обитания, положенной в основу моего исследования процесса реконструкции Москвы. И здесь же попытаюсь показать иные подходы, то есть, опираясь на обстоятельный труд Р. Борегарда по городской теории, сопоставлю свою точку зрения с другими, которые, возможно, лучше известны исследователям города и урбанистики.

Борегард, утверждавший, что «то, как мы размышляем о мире, столь же важно, если не важнее, чем то, что мы думаем о нем», внес существенный вклад в развитие городской теории, выделив и сопоставив четыре «типа теоретизирования» [Beauregard 2012: 474–475]. Следует отметить, что на практике довольно редко можно найти работу, которая в чистом виде служит примером одного типа, не демонстрируя никаких черт другого или других типов. Целью Борегарда было установить основные и часто используемые «способы познания». Я использую классификацию Борегарда в основном для того, чтобы проиллюстрировать, чего я старался не делать, разъясняя тем самым, что я сделал или, во всяком случае, предполагал сделать. Здесь я изменил последовательность разбора, чтобы сначала рассмотреть две категории, наиболее заметно отличающиеся от моего подхода, прежде чем перейти к двум остальным, которые требуют более подробного анализа.

Борегард начинает с «большой теории», которая использует несколько «точно определенных понятий и строгих зависимостей <…> чтобы ухватить внутреннюю логику исследуемого объекта». Это позитивистский подход в том смысле, что «данные отражают реальность <…> без смещения одного относительно другого» [Beauregard 2012: 477]. Наглядный пример «большой теории» — попытка разработать всеобъемлющую «науку о городе» [Batty 2013]. Данный подход, использующий для отображения городских сетей и потоков модели транспорта и землепользования, демонстрирует красноречивые и потенциально полезные результаты. Но город, разумеется, — это далеко не только сети и потоки, не только то, что можно точно охарактеризовать. М. Бэтти, к его чести, в заключительной части своей книги «Новая наука о городах» признает этот тезис:

> Более агрегированные подходы к изучению городов, например основанные на транспортно-землепользовательских моделях, не слишком хорошо стыкуются с дезагрегированными моделями, задействующими отдельных лиц и агентов <…> Макроэкономические подходы, в отличие от микроэкономических, предполагают различные взгляды на городскую систему, в то время как многие типичные процессы имеют отчетливые последствия, которые не так легко измерить и смоделировать. Короче говоря, многие важные аспекты городов трудно исследовать с помощью применяемых здесь методов и инструментов [Batty 2013: 459].

Это особенно верно, когда думаешь не об «отдельных лицах и агентах», а о людях, эмоционально привязанных к местам, уникальность которым в значительной степени придает вышеупомянутая личная привязанность. Люди здесь живут; это не взаимозаменяемые «второстепенные места», которые можно «за-местить» [Sack 1997: 32]. Места, которые защищают москвичи, — общие; они отличны от «не-места», где люди испытывают «одиночество индивидуальности, объединенное с взаимодействиями между индивидом и властью общества, лишенными человеческого посредника» [Оже 2017: 132]. Они состоят из «несоизмеримых» людей и обстоятельств и связаны с ними. Кроме того, людей, которые настолько привязаны к этим местам, что борются за них, сопротивляясь вмешательству государства, нельзя «точно определить», потому что через активное противодействие они изменяют себя, обретая новые понятия и возможности.

Следующая категория, выделенная Борегардом, — «интертекстуальность»: интертекстуальное исследование направлено на то, чтобы «установить несоответствия, выявить различия и сходства и расширить наше понимание посредством критики» [Beauregard 2012: 482]. Известный пример интертекстуального теоретизирования — работа К. Таджбахша «Обещание города» [Tajbakhsh 2001]. Внимательно изучив труды М. Кастельса, Д. Харви и А. Кацнельсона, Таджбахш стремится «исследовать несостоятельность наиболее значительных откликов на критику классового редукционизма и продолжать предлагать альтернативные способы видения идентичности, структуры и пространства, которые лишены этих недостатков» [Tajbakhsh 2001: 4].

В настоящем исследовании, как и во всех научных работах, цитируются труды, тематически связанные с рассматриваемыми вопросами и проблемами, однако основное внимание в книге уделено описанию и интерпретации определенных типов конфликтов и изменений в Москве. Я не пытаюсь создать теорию из теории. «Есть различные способы», и интертекстуальность — не мой способ, но из многочисленных работ этого направления я почерпнул немало полезного. Например, недавно К. Барнетт и Г. Бридж выдвинули интертекстуальный аргумент в защиту «агонистического прагматизма», который повлиял на мои представления о демократической политике [Barnett, Bridge 2013]. Еще один пример — «Странные места» А. Когл [Kogl 2008] — выдающееся, большей частью интертекстуальное исследование «политических потенциалов и угроз повседневных пространств», если цитировать подзаголовок книги.

Третья категория — критическая теория — занимает важную позицию во всех общественных науках, включая городскую географию и планирование. Общественно-научная критическая теория многим обязана марксизму и обладает по меньшей мере несколькими достоинствами и недостатками своего родоначальника. Как объясняет Борегард, «задача критической теории — отделить то, что произошло, от того, что потенциально могло бы произойти» [Beauregard 2012: 481]. В этом отношении «разрыв между действительностью и потенциальностью — то, что отделяет общество, какое оно есть, от того, каким оно могло бы быть» [Beauregard 2012: 479].

Хотя критическая теория, как и марксизм, порой претендует на бо́льшую научность по сравнению с другими подходами, она, как правило, полностью отвергает позитивизм. Однако необходимость этого не очевидна. Можно отвергнуть аргумент позитивизма, что «то, что действительно существует, есть все, что может существовать» [Beauregard 2012: 479], не впадая в противоположную крайность — взгляд на материальную действительность как на состоящую только из «видимостей» или «инстанциаций». Можно стремиться изменить мир по многим веским причинам, но отправная точка должна существовать здесь и сейчас, где простые факты, или «конъюнктуры», могут быть жизненно важными. Вопреки гениальному К. Марксу никакого противоречия между «истолкованием» и «изменением» мира быть не должно.

> ...никто никогда не видел политической экономии <...> Политико-экономическая система —лингвистическое понятие, созданное на основе умозаключений и используемое для описания совокупности взаимоотношений, которую мы можем постичь лишь частично [Fischer 2009: 58].

С точки зрения прагматиста значительная часть работы, проделанной под знаменем критической теории, обладает тремя существенными недостатками. Во-первых, рассуждения зачастую оказываются чрезмерно дедуктивными и редуктивными, если не откровенно тавтологичными. Дж. Дьюи сетовал, что «подобные теории просто-напросто выставляют под именем так называемых причин те явления, которые как раз и требуют объяснения» [Дьюи 2002: 11]. Прибегну к упрощению, чтобы подкрепить это утверждение. Основной критический аргумент слишком часто напоминает следующую логическую цепочку: глобализация (или какой-то иной «социальный фактор», который можно только вообразить во всей его полноте) — причина всех значимых событий; здесь мы сквозь призму теории глобализации демонстрируем, что значимые события безусловно являются продуктами глобализации; следовательно, глобализация — причина всех значимых событий.

Второй недостаток состоит в том, что «потенциальность», к достижению которой стремится критическая теория, понимается слишком узко и расплывчато. Это цель, основанная на смутном представлении о другом общественном строе и обозначенная в первую очередь отсутствующими (эксплуатация, подавление и т. д.), а не наличествующими чертами[2]. Зачастую критическая теория весьма умело освещает отрицательные стороны мира, притом что ее представления о положительном на редкость невыразительны. Иногда положительное прямо противоположно отрицательному. Однако такое понятие, как «свобода от эксплуатации», бессодержательно. Звучит прекрасно, но что же на самом деле? Когда конечная цель состоит из одних лишь лозунгов, невозможно разработать способы ее достижения, которые сами могли бы подвергнуться критическому изучению. Если же средства достижения цели нельзя всесторонне проанализировать, то все усилия по построению лучшего мира могут пойти насмарку, как произошло, например, в Кампучии. Прагматизм, напротив, предусматривает разбор последствий деяния до его совершения [Дьюи 2002; Dewey 1993: 230–233].

Критическая теория «радикальна» в том плане, что она стремится изменить общество вплоть до его предполагаемых истоков. Отсюда третий недостаток, заключающийся в том, что критическая теория часто усваивает инструментальный, и в конечном счете презрительный взгляд на изменения, которые не являются революционными. Д. Харви ставит вопрос: «Почему "право на город" не может стать ключевым мобилизующим лозунгом для

---

[2] См., например, «диалектический утопизм» Д. Харви, в частности, его видение будущего общества — «Эдилию» [Harvey 2000].

антикапиталистической борьбы?» [Harvey 2012: 136]. На ум приходят два ответа. Во-первых, у жителей, отстаивающих право на свой город, может недоставать времени и ресурсов, чтобы заниматься политикой более серьезно. Во-вторых, люди, вовлеченные в городскую политическую борьбу, могут воспринимать свое дело иначе, чем последователи критической теории, рассматривающие его извне; очень часто активисты считают, что борются за «справедливость». В случае победы они скорее всего, ощутят, что обрели уверенность и улучшили свою жизнь. Они вполне могу удовольствоваться и этим, по крайней мере до тех пор, пока не появится очередная невыносимая несправедливость. Но для критической теории этого было бы недостаточно. «...Мы не можем обойтись без понятия справедливости по той простой причине, что ощущение несправедливости исторически являлось одним из мощнейших стимулов для стремления к социальным переменам» [Harvey, Potter 2009: 41]. Многие люди боролись за справедливость ради нее самой. Победа над несправедливостью — это и есть социальная перемена, если не «стремление» к (действительно значительным) социальным переменам.

Последняя категория в классификации Борегарда — «эвристические теории», которые представляют собой «перечни значимых факторов, подлежащих рассмотрению; другое определение — разнообразие подходов» [Beauregard 2012: 481].

> Цель — направлять теоретика, а необходимый навык — отбирать те факторы (эвристические установки), которые отражают ключевые процессы и условия рассматриваемого городского феномена <...> Это зачастую принимает интерпретативную форму, когда теоретик берется за поиски понимания (*verstehen*), а не причинной обусловленности. Данное понимание нередко может перемещаться в область политики и, таким образом, связывает эвристическое теоретизирование с критическим [Beauregard 2012: 481].

В этом отношении классическим примером является статья Ш. Арнштейн «Лестница гражданского участия» [Арнштейн 2002]. Рассматриваемая лестница состоит из ступеней, которые должны попытаться преодолеть граждане, в частности неимущие и малообеспеченные городские жители, чтобы добиться бо́льшего участия в городском управлении. Ступени от низшей (наименьшая власть) до высшей (наибольшая власть) наименованы: «манипулирование», «психотерапия», «информирование», «консультирование», «умиротворение», «партнерство», «делегирование полномочий», «гражданский контроль». Конечно, «гражданский контроль» звучит лучше, чем «манипулирование», но, возможно, следовало бы проконсультироваться с людьми, о которых идет речь, относительно того, чего они хотят на самом деле и сколько времени и энергии готовы на это выделить. Возможно, граждане предпочли бы некую форму «достаточно хорошего управления» (*good enough governance*) [Grindle 2004; Grindle 2007; Grindle 2012] и в этом случае могли бы осуществлять надзор и право на участие по мере необходимости, не принимая на себя функции «гражданского контроля».

Не так давно С. Файнштейн выдвинула концепцию «справедливого города» и гораздо более определенно, чем это обычно бывает в случае с критическими теориями, указала, как именно следует поступать в отношении конкретных проблем [Fainstein 2010: 172–173]. Она считает эти цели достойными, независимо от того, вносят они заметный вклад в преобразование глобальной политико-экономической структуры или нет. Файнштейн опирается в рассуждениях на реальный пример Амстердама. Я почти не сомневаюсь, что те программы, которые она пропагандирует, позволят улучшить положение большинства городских жителей мира. С другой стороны, я прожил большую часть жизни на Западе. Можно ли утверждать, что ценности, воплощенные в политических методах и институциях Амстердама, годятся для остального мира? [Novy, Mayer 2009; Robertson 2006]. Или, говоря точнее, как можно оценивать город? Может ли существовать список обязательных ценностей или образцовый город, устанавливающий стандарты для всех прочих? И здесь я вновь настаиваю, что наша главная забота должна заключаться в том, чтобы понять, как оценивают город сами его жители, и лучший способ сделать это — понаблюдать, что́ они готовы сделать и чем пожертвовать, чтобы привести место своего проживания в соответствие с собственными ценностями и устремлениями. Этот подход согласуется с точкой зрения Дьюи:

> Достигнутое нами понимание может служить критерием того, насколько хорошим или плохим является каждое конкретное государство, то есть оно позволяет нам установить, в какой степени чиновники данного государства способны выполнять функцию защиты интересов общества [Дьюи 2002: 28].

Жизнь как череда обустраиваемых мест

> Географов, вероятно, мало интересует социальная морфология как таковая. Социологов, в свою очередь, она очень интересует. Географов, как и историков, традиционно интересует больше действительное, чем типическое. Где действительно располагаются вещи? Что действительно произошло? Вот вопросы, на которые пытаются ответить география и история [Парк 1926: 2].

Возможно, многие люди до сих пор разделяют взгляды Р. Парка на географию и историю, пусть несколько наивные даже для того времени. Парк не предвидел, до какой степени география и история в последующие десятилетия будут интересоваться «типическим». В географии за послевоенной «количественной революцией», которая стремилась превратить эту отрасль знания в «пространственную науку», последовали, хотя и не вытеснили ее, гуманистический, марксистский, феминистский и другие «периоды» [Cresswell 2013]. Несмотря на множество различий, все основные направления гуманитарной географии, возникшие за последние 50–60 лет, занимались построением теории.

Парк являлся знаковой фигурой в урбанистике — области, которая весьма плодотворно пересекается с гуманитарной географией и также обладает чрезвычайно проработанной теорией. Согласно расчетам, произведенным в 2004 году, существует более 100 различных концепций, описывающих урбанистические процессы [Taylor, Lang 2004]. С тех пор эта тенденция не ослабела. Результаты оказались неоднозначными, но, безусловно, возникло много важных концепций. Однако, как заметил Борегард, из виду может быть упущен «настоящий» город. «Дистанцируясь от реального опыта городов или же погружаясь в универсальные абстракции, городская теория всегда рискует утратить связь с городом» [Beauregard 2008: 242].

Подобная «утрата связи» с действительностью была выявлена почти столетие назад Дьюи в книге «Общество и его проблемы» (1954), а недавно вновь подверглась жесткой критике со стороны Б. Латура, о чем будет сказано ниже. Дьюи сетовал по поводу теорий, которые «выставляют под именем так называемых причин те явления, которые как раз и требуют объяснения». Такие подходы «…в лучшем случае объясняют все в общем и в целом и ничего в частности» [Дьюи 2002: 12].

> Без нашего ведома и намерения термин «государство» незаметно втягивает нас в разбор логических взаимоотношений разнообразных идей, уводящий от фактов человеческой деятельности [Дьюи 2002: 11].

Замените «государство» на «город», и это предложение будет точно описывать большую часть современных урбанистических теорий. Возвращение к «фактам человеческой деятельности» — отправная точка акторно-сетевой теории (АСТ). Данная книга не является практическим приложением АСТ, а меня не следует считать приверженцем АСТ (АСТистом?)[3], но я ценю уважение Латура к прагматическому подходу Дьюи и У. Липпмана [Marres 2005][4]. В этом отношении я следую примеру многих

---

[3] См. приложение.

[4] Мнение, что Дьюи и Липпман были интеллектуальными антагонистами, разработавшими противоположные учения, широко распространено и растиражировано. С. Янсен убедительно доказала обратное, утверждая, что «эти два человека являлись союзниками, посвятившими себя общему делу: реформированию демократии применительно к современным условиям» [Jansen 2009: 222].

своих коллег, которые изучали, как гуманитарная география может извлечь пользу из взаимодействия с прагматизмом [Barnett, Bridge 2013; Cutchin 1999; Hepple 2008; Hobson 2006; Proctor 1998; Smith 1984; Wescoat 1992]. Особенно важным событием явился выпуск журнала «Геофорум», посвященный прагматизму. Его редакторы Н. Вуд и С. Смит [Wood, Smith 2008] дали превосходное определение прагматизма, включая следующую выдержку:

> Прагматизм <...> поощряет непредубежденность и скептицизм по отношению к идеям, а также полемику о многообразии опыта различных сообществ, являющихся предметом изучения. Это философия взаимодействия, сама методика которой заключается в исследовании вероятности того, что существуют и другие, более эффективные способы познания мира и (взаимо)действия с ним <...> Прагматизм способствует открытости новым идеям, польза которых определяется в конечном счете практическим применением.

На данный момент я намерен просто принять стремление прагматизма не ставить телегу впереди лошади. В этой связи я нахожу, что специалисты в области общественных наук, начинающие исследование постсоветской России, вооружившись предвзятыми понятиями переходного периода, демократии, гражданского общества, глобализации, неолиберализма и других предполагаемых «социальных факторов», до некоторой степени «перепутали то, что нужно объяснять, с самим объяснением. Они начинают с общества или иных социальных образований, в то время как ими нужно заканчивать» [Латур 2014: 20]. Борегард отметил, что только немногие сегодня подходят к «теории как к логически обоснованной задаче, основанной на непосредственных доказательствах» [Beauregard 2008: 242]. Дьюи отстаивал именно такой подход: «Чтобы предпринять и провести плодотворное социальное исследование, необходим метод, основанный на соотнесении наблюдаемых фактов и их результатов» [Дьюи 2002: 29]. Это именно то, что я пытаюсь здесь осуществить, и, должен сказать, это труднее, чем кажется.

Обустройство места

> Если человек пытается сравнить две сложные ситуации, он
> скоро обнаруживает, что очень обременительно держать
> в голове все детали этих ситуаций. Он использует сокраще-
> ния в виде имен, знаков и образцов <...> Но если он забы-
> вает о совершенных замещениях и упрощениях, то вскоре
> скатывается в пустословие, употребляя слова вне связи
> с объектами. И он не заметит, когда имя, которое он отделил
> от первого объекта, начнет ассоциироваться с другим
> объектом [Липпман 2004: 202].

Гуманитарной географии издавна были свойственны разногласия по поводу основных терминов и фундаментальных объектов изучения. В этом отношении для гуманитарной географии
нет терминов более важных, чем «пространство» и «место».
И поскольку эти понятия в данной сфере до сих пор не устоялись,
здесь необходимо дать представление о месте и пространстве,
а также о взаимоотношениях между ними. Очевидно, что эти
понятия не являются противоположными. В некоторых случаях
они используются как синонимы, однако есть веские причины
попытаться провести между ними различие.

Исчерпывающее внимание постмодернизма к дискурсу по-
влекло за собой «пространственный поворот» во многих научных
областях. Естественно, гуманитарная география не могла остаться в стороне. К сожалению, многие географы трактуют «социальное пространство» в качестве всеобъемлющего понятия, подобно «обществу», против чего возражает Латур, а до него — Дьюи
и Липпман. Считается, что в социальном пространстве находят-
ся каждый из нас и любая вещь (*every thing*). Порой это буквально воспринимается как «всё» (*everything*), что, как заметил Дьюи,
означает «ничто».

Социальное пространство можно рассматривать как сумму
всех мест, способ сосредоточить внимание на «структурных»
элементах, из которых они состоят. Но даже такой подход может
давать статичную картину. А кроме того, он побуждает к зло-
употреблению понятийными «сокращениями» и, как следствие,

к «разбору логических взаимоотношений разнообразных идей, уводящему от фактов человеческой деятельности» [Дьюи 2002: 11]. То, что Э. Томпсон писал о своей научной области, следовало бы, на мой взгляд, отнести и к общественной географии: «История — не фабрика по производству "больших теорий"» [Thompson 1978: 46]. И то, что Томпсон высмеивал в работе Л. Альтюссера, сплошь и рядом можно увидеть сегодня: «Системы и подсистемы, элементы и структуры маршируют строем по странице, притворяясь людьми» [Thompson 1978: 75].

С моей точки зрения, наибольший интерес для гуманитарной географии должны представлять создание и воссоздание места. Чтобы обустроить место проживания, мы привлекаем людей и вещи, которые не имеют между собой ничего общего, и создаем уникальную совокупность с более или менее определенными размерами, формой, местоположением и продолжительностью, но обязательно связанную с другими местами и временами. Опираясь на А. Лефевра [Лефевр 2015], П. Каннаво возражает против идеи, что место — всего лишь сцена:

> Место — не просто вместилище для вещей и отношений. Нет никакого предсуществующего пространства, содержащего в себе место. Напротив, место — это совокупность предметов и отношений, человеческих и нечеловеческих, социальных и экологических, которые накрепко связаны между собой, по крайней мере на какое-то время [Cannavò 2007: 20].

Чем место отличается от пространства? Географ И-фу Туан предложил одно из объяснений в книге «Пространство и место»:

> На практике значение пространства часто сливается со значением места. «Пространство» более абстрактно, чем «место». То, что начинается как недифференцированное пространство, становится местом, когда мы лучше узнаем его и наделяем ценностью [Tuan 1977: 6].

Знакомство с местом означает, что вы в каком-то смысле делаете его своим, но определение пространства как «недифференцированного» и подразумеваемое условие, что «ценность» — дело сугубо личное, приводят к проблемам. Два человека могут смотреть на один и тот же дом, и первый будет считать его местом, а второй — пространством. Для одного дом — это дом. Человек эмоционально привязался к этому месту как к своему жилищу, чувствует свою принадлежность к нему и делает его частью своей личности. Для другого дом — объект недвижимости, профессионально оцененный в определенную сумму денег. В глазах риелтора дом — это имущество, принципиально ничем не отличающееся от ему подобных, за исключением специфических особенностей, влияющих на его рыночную стоимость как товара. Оба человека ощущают ценность дома, но в первом случае она является делом личной привязанности, а во втором — экономического расчета[5].

Р. Сэк считает, что «мир полон мест, но <...> когда мы быстро передвигаемся и не обращаем на них большого внимания, они имеют тенденцию сливаться, так что наш опыт — это опыт движения в пространстве» [Sack 1997: 31][6]. Движение изменяет опыт: личная причастность к месту становится абстрактным взглядом на пространство. Но Сэк утверждает, что в реальности пространство — не более чем то, что определено естествоиспытателями: фундаментальное понимание физической реальности. Согласно Сэку, «это пространство не является культурным артефактом; оно не сконструировано культурно» [Sack 1997: 32]. Это земное пространство «абсолютных» местоположений, с которыми мы имеем дело, используя координатную сетку[7]. Всё где-то находится, и местоположение чего-либо может рассматриваться как место, но Сэк считает такие места «вторичными» (*secondary*).

---

[5] Если я правильно понимаю Лефевра, то «дом как жилище» иллюстрирует у него «пространство репрезентации», а «дом как товар» — «репрезентацию пространства» [Лефевр 2015: 54–59].

[6] Блестящее объяснение того, как это произошло, см. в [Schivelbusch 1986: 33–44].

[7] «Абсолютное местоположение» в этом смысле не имеет никакого отношения к концепции Лефевра об «абсолютном пространстве», «произведенном кровными, территориальными, языковыми сообществами» [Лефевр 2015: 62].

Когда место, а не только находящиеся в нем вещи, является фактором — когда оно влияет, воздействует и контролирует — это первичное место. Первичные места включают в себя человеческие поступки и намерения и обладают способностью изменять вещи <...> Первичное место более искусственно или культурно сконструировано, чем вторичное. Это не означает, что первичное место, или его сила, — в чистом виде понятие. Напротив, первичные места имеют основанием физическую реальность, а также фактическое расположение и взаимодействие вещей в пространстве. Их сила заключается в том, что они могут также менять это расположение и взаимодействие [Sack 1997: 32].

В противоположность этому «социальное пространство» — абстрактное понятие, представление о мире извне, *как если бы* можно было вырваться из реального пространства [Sack 1997: 86]. Зачастую данная точка зрения на пространство инструментальна, это прицельный взгляд, вроде «видения государства» [Скотт 2005], или застройщика, градостроителя, генерала. Каждый в определенной мере «видит» подобным образом, когда пытается мысленно нарисовать отдаленные места или пройти по незнакомой местности. «Социальное пространство» может служить вместилищем для знаний или представлений о «невидимой среде» [Липпман 2004], вместилищем, которое мы, учителя географии, стремимся заполнить с теми же шансами на успех, что и Сизиф. Но пространства могут являться результатом редуктивного анализа, часто функционального или идеологического по своей природе.

Сэк призывает нас

задуматься о том, как конкретное событие или процесс (например, образование, работа, бедность или такие категории, как смысл, природа, социальные отношения и самость) проявляются как череда мест (*series of places*) [Sack 1997: 255][8].

---

8   Хроногеография («география времени»), основы которой были заложены Т. Хегерстрандом, представляет собой детально разработанный подход к пониманию «жизни как череды мест». В этом отношении сильное влияние на мое мышление оказала работа А. Преда [Pred 1981a; Pred 1981b; Pred 1984].

Для понимания значимости места идея самопроявления «как череды мест», возможно, наиболее наглядна. Как пишет Дж. Мэлпас, самость не существует отдельно от процесса проживания и деятельности в местах, но, напротив, «структура субъективности вписана в структуру места» [Malpas 1999: 35]. Место неизбежно принимает участие в непрерывном формировании идентичности человека и взгляда на других людей. Когл завершает свою замечательную книгу «Странные места» напоминанием о том, что «человеческое тело всегда локализовано, ведет определенную жизнь в определенном месте, бок о бок с другими, хорошо это или плохо» [Kogl 2008: 143]. Совместное проживание в одном месте способствует формированию коллективной идентичности, которая исключительно важна для возникновения общественного движения [Polletta, Jasper 2001; Greene 2014].

Латур задает вопрос: «Где на самом деле производятся структурные эффекты?» [Латур 2014: 245]. Ответ: в местах, а не в каком-то огромном так называемом социальном пространстве. Это вовсе не означает, что места полностью самодостаточны. Как пишет Когл, «потоки нарушают целостность мест не более, чем еда нарушает целостность тела животного, а разговор — целостность личности человека» [Kogl 2008: 61]. Можно сказать, что места создают *пространственные эффекты*, поскольку все связи между местами, которые, как представляется, образуют социально-пространственную структуру, должны быть произведены в самих местах. Здесь уместно привести выражение Латура: «структурирующее место» [Латур 2014: 247].

Альтернативой является взгляд на места как на части целого — социального пространства. Но это целое, которое мы не можем увидеть, измерить или описать отдельно от «этого», являющегося всем, или всего, находящегося в «этом». Более того, подобный подход делает общество под личиной социального пространства скорее причинной силой, чем динамикой одномоментных итогов бесчисленных активных связей людей и вещей. Социальное пространство становится константой, а места рассматриваются как проявления, вариации, примеры или символы внутри него. Начинать объяснение с «социального пространства» значит ошибочно отождествлять следствие с причиной.

Тогда с чего же начать? Латур призывает практиков АСТ — «социологов ассоциаций» — начать с «картографии разногласий по поводу образования групп» [Латур 2014: 47]. Мой подход в данном исследовании заключается в том, чтобы проследить за разногласиями по поводу организации городской среды. Я отношусь к месту не как к вещи, а как к процессу, то есть как к определенным образом созданной и локализованной комбинации процессов. Места должны быть обустроены, и они продолжают существование лишь в том случае, если их поддерживают и иногда переустраивают — энтропия не дремлет. Места, как подчеркивает Латур, состоят не только из человеческих существ и других биологических форм, но также из неодушевленных предметов. Изучая фактическое обустройство среды обитания, гуманитарная география уже довольно давно имеет дело с реально существующими комбинациями того, что Латур называет «несоизмеримым». Региональная география, например, предлагает бесчисленные примеры изучения мест, которые можно представить как имеющие собственный уникальный характер, но состоящие из различных людей и предметов, имеющих связи, которые выходят за пределы места и момента. Трудность всегда заключалась в том, чтобы отразить динамику формирования региона, не ограничиваясь статистическим описанием выявленных особенностей.

Предметом основного внимания данного исследования является противодействие разрушению материального культурного наследия, принудительному переселению жителей и уплотнительной застройке. В случае с сохранением наследия в действие вступают различные несоизмеримые величины. Заметную роль играют конкретные физические характеристики здания. Для начала, чем хуже его состояние или накопленный износ, тем выше затраты на реставрацию. Решающим фактором могут стать физические характеристики местности, например геологические и гидрологические условия. Важен и внешний облик здания — это также физическая характеристика, но при этом обладающая и культурным значением. Является ли здание образчиком массовой застройки или последним в своем роде — разница существенная. А внешний облик — лишь одна из составляющих истории, которую можно поведать о старинном сооружении, чтобы внушить общественности чувство любви или неприязни.

Крайне важно и относительное местоположение объекта: близость к Кремлю и Красной площади гарантирует значимость постройки в глазах общественности. Помимо конкретного физического местоположения здание может присутствовать и в коллективном «пейзаже памяти» (*memoryscape*) [Yoneyama 1994; Phillips, Reyes 2011]. Люди привязываются к местам, где живут; история места — это и их история. Понимание того, чем является город или район и во что он не должен превращаться, возникает из образа(ов) города, который сложился у жителей. Специфическая привязанность к общему месту делает это место «силой», как утверждает Сэк. Такие образы можно использовать для мобилизации градозащитников на местном уровне и привлечения поддержки со стороны[9].

В случае двух последних типов локального противодействия застройке наиболее значимая комбинация «несоизмеримостей» — сочетание различных точек зрения на спорные места. Жители защищают свои дома и округу — места, где они проживают физически и к которым привязаны эмоционально. Город «видит как государство», то есть рассматривает здания и пространства как возможности для развития (и, возможно, личного обогащения), а не как жилые дома и их окружение. Однако свою роль играют также физические характеристики местности и относительное местоположение.

На редевелопмент заметно влияют колебания экономической активности. Городским строительством ведают фактический режим управления и формальная политическая структура, а они по ходу дела меняются. Помимо этого, большое влияние оказывают соответствующее законодательство и, что еще важнее в случае с Москвой, профессионализм и независимость судебной

---

9 См., например, выдающееся исследование М. М. Закировой, посвященное роли привязанности к месту и устоявшимся образам города в борьбе с уплотнительной застройкой исторических кварталов Санкт-Петербурга [Закирова 2009].

власти или их отсутствие. Население может сохранять приверженность старым социальным «траекториям», способам взаимодействия и достижения целей, но появляются и новые возможности, например Интернет. И вероятно, труднее всего оценить влияние на процесс переустройства территории личных качеств людей. Необходимо учитывать все вышеперечисленные несоизмеримые факторы, насколько позволяют имеющиеся данные.

Наиболее последовательный агент переустройства Москвы — городское правительство. При Лужкове редевелопмент осуществлялся торопливо и в массовых масштабах; он подпитывал городскую казну, а городские чиновники делали на нем состояния. Но даже в период более рационального и профессионального правления мэра Собянина городская власть не может избежать участия в обустройстве городской среды. В этой связи Каннаво основывает свое замечательное исследование «Работающий ландшафт» на предположении, что «вся деятельность по созданию и сохранению мест по сути является политической» [Cannavò 2007: 210]. Кроме того, усилия местных градозащитников могут иметь более широкие последствия. Когл утверждает, что «градозащитная политическая деятельность важна и сама по себе, и как потенциальное средство для развития чувства гражданской сознательности» [Kogl 2008: 123]. В контексте путинской России и в свете советского прошлого любая политическая деятельность приобретает повышенное значение.

В следующей главе рассматриваются «призрачный переходный период» и современная политическая обстановка в России с акцентом на местной градозащитной оппозиции. Туда же включен краткий «путевой дневник» с беглыми зарисовками посещенных мной мест, которые наложили неизгладимый отпечаток на мое понимание Москвы.

Глава вторая
Два переходных периода

Призрачный переходный период[1]

> Пора перестать смотреть на Россию так, словно она находится в процессе незавершенного переходного периода. Россия совершила переход, однако не туда, куда надеялись многие западные ученые [Evans 2011: 49].

В «рамочном комментарии» к подборке статей о выборах 2003–2004 годов в России А. Ослунд ставил вопрос: «Но почему русский народ отвернулся от свободы и демократии?» [Åslund 2004: 282]. Справедливости ради, Ослунд, по-видимому, лишь обобщил объяснения, предложенные разными наблюдателями, почему Россия не оправдала их ожиданий. То, что страна «отвернулась» от свободы и демократии, объясняли, помимо прочего, «тяжелым историческим бременем авторитаризма» и «усталостью людей от политики». Подобные представления имеют определенный резонанс и широко распространены. Но действительно ли у людей есть возможность «повернуться» к свободе и демократии или «отвернуться» от них? Разве «демократия» — нечто *такое*, на что человек просто соглашается либо не соглашается, как на членство в Лиге женщин-избирателей? А «свобода» — что-то *такое*, от чего можно отказаться, как от десерта?

Как будет показано ниже, администрация Ю. М. Лужкова проявляла заметное самоуправство в градостроительной сфере,

---

[1] Тема данного раздела — «переход», которого в России не произошло. Но подзаголовок является также данью уважения У. Липпману, в частности его сочинению «Призрак Общественности» [Lippmann 2009].

практически не давая населению Москвы права голоса. Самоорганизовавшись и проявив активность, москвичи получили больше возможностей участвовать в обустройстве жилой среды — преобразовании своих районов, привычных мест и города в целом. В этом отношении более уместной и продуктивной, чем понятие о свободе как о материальном имуществе, которым люди обладают или которого лишены, представляется точка зрения Дж. Дьюи:

> Свобода заключается в направленности поведения, которая делает возможности выбора более разнообразными и гибкими, более пластичными и осознающими собственное значение, в то же время расширяя диапазон их беспрепятственного функционирования. В подобном представлении о свободе есть важная подоплека. Общепризнанная теория свободы воли и классическая теория либерализма дают определение свободе на основе чего-то априори заданного, уже имеющегося... В то же время наша концепция заставляет искать свободу в чем-то нарождающемся, в своего рода развитии; скорее в последствиях, чем в предпосылках. Мы свободны не из-за того, что существуем статично, а потому что со временем становимся другими, отличными от тех, какими были ранее [Dewey 1993: 136].

Убежденность в том, что Россия до известной степени примет свободу и демократию, была порождением своего времени, хотя и коренилась в привычном идеологическом наследии. После распада СССР появилась выразившаяся в концепции «переходного периода» надежда, что Россия станет «нормальной» страной [Shleifer, Treisman 2004]. Россиянам предлагалось принять демократию, плюрализм, мультикультурализм, инвайронментализм, феминизм и верховенство закона наряду с другими завозными товарами.

Надежду на то, что Россия станет «нормальной страной», разделяли многие, особенно американские политологи. Ф. Фукуяма считал, что с крахом социалистического лагеря наступил «конец истории», поскольку либеральная демократия и капитализм как будто окончательно и бесповоротно взяли верх над всеми альтернативными политико-экономическими формациями [Фукуяма 2010]. Подобным же образом завышенные ожидания проявились в «транзитологии», которая столь пристально сосредоточилась на «переходе» к нормальности, что практически не приняла в расчет отличительные особенности России и неизбежную живучесть исторической преемственности.

Дьюи утверждал в 1927 году, что «невозможно» начать с «*tabula rasa* дабы поспособствовать установлению нового строя» [Дьюи 2002: 118]. Взгляд Дьюи на «революцию» в Соединенных Штатах, включавшую такие демократические реформы, как превращение Сената в выборный орган и распространение избирательного права сначала на афроамериканцев мужского пола, а затем и на всех взрослых женщин, отлично применим к «переходному периоду» в России 1990-х годов, когда появились «олигархи».

> Действие механизма политической демократии привело не к всеуничтожающей революции, а главным образом к переходу законной власти от одного класса к другому. Мало кто из людей <...> обнаруживал компетентность в ведении дел, приносящих денежную прибыль, равно как и в том, какой должен быть новый правительственный механизм, способный обслуживать их интересы. Для того чтобы при использовании тех или иных политических форм уйти от влияния глубоко укоренившихся в нас привычек, прежних институтов, привычного социального статуса (с присущим всему этому ограничением ожиданий, желаний и требований) понадобится вывести новую расу людей [Дьюи 2002: 117–118].

Транзитология, по словам С. Коэна, предлагала «изучение России без России» [Коэн 1999]. Многие критики считали, что на транзитологию, как и на более раннюю «теорию модернизации», повлияла телеологическая концепция прогресса. Обе вышеназванные теории несут на себе явное клеймо «сделано в США»[2]. У. Липпман определил эту тенденцию задолго до появления

---

[2] Р. Л. Текеш прослеживает происхождение транзитологии до Вашингтона, округ Колумбия, а точнее, ученых Института Кеннана и профессиональных «экспертов по демократии» из правительственных учреждений и неолиберальных «аналитических центров» [Tőkés 2000].

обеих теорий, используя предложенный им термин: «Имея перед глазами стереотип прогресса, американцы в своей массе видели очень мало из того, что не согласовывалось с представлением о прогрессе» [Липпман 2004: 120].

Пытаясь уверить, будто переходный период станет прогрессом в желательном для них направлении, американские транзитологи оценивали российскую действительность в свете скорее демократических идеалов (то есть стереотипа), чем американской политической действительности[3]. Предполагалось, что русские примут демократию, но никто не утверждал, что они при этом должны создать собственную коллегию выборщиков или продублировать американскую лоббистскую индустрию. Несмотря на заметные изъяны политической жизни США, американские «эксперты по демократии» явно рассчитывали, что Россия купит сделанный в США идеальный комплект целиком. Дьюи, напротив, полагал, что «демократического комплекта», который могут приобрести или от которого могут отказаться другие страны, никогда не существовало.

> Процесс развития политической демократии представляет собой слияние огромного числа социальных движений, ни одно из которых не обязано своим появлением либо своей мотивацией ни демократическим идеалам, ни ориентацией на некий запланированный исход [Дьюи 2002: 63–64].

Сегодня многие наблюдатели выражают разочарование нынешним российским режимом, который, казалось бы, разбил надежды на «переход» нации к демократии. Собственно говоря, не подлежит сомнению, что выборы фальсифицируются, а оппо-

---

[3] Мое намерение здесь заключается в том, чтобы подчеркнуть отличие данного исследования от транзитологии, а не в том, чтобы тщательно анализировать или критиковать последнюю. Дж. Ганс-Морс [Gans-Morse 2004] делает обширный обзор соответствующей литературы и дает оценку транзитологии, относительно позитивную по сравнению с теми, которые предлагают, в частности, С. Коэн и Текеш. Ганс-Морс утверждает, что транзитология не телеологична, а, скорее, рассматривает «переходный период как движение от одного идеального типа к другому» [Gans-Morse 2004: 323].

зиция подвергается гонениям. Вместо того чтобы обеспечивать законность, судебные и законодательные органы часто служат орудием власть имущих. «Неудобных» журналистов преследуют, арестовывают, избивают и лишают жизни. Один из крупнейших лидеров оппозиции путинскому строю Б. Е. Немцов был убит в двух шагах от Кремля. Власть притесняет неправительственные организации (НПО), имеющие зарубежные связи. Главные телевизионные каналы прямо или косвенно контролируются федеральным правительством. И все же президент В. В. Путин, несмотря на оппозиционные митинги 2011–2012 годов, продолжает пользоваться поддержкой населения, и этот досадный факт приводит некоторых к заключению, что российский народ просто не готов к демократии.

Картина неприглядная, но, возможно, некоторая ее мрачность объясняется тем, что такой она видится нам, на Западе. Быть может, напрасно было ожидать, что большинство россиян посвятят себя служению отвлеченным идеалам, особенно если учесть, что они лишь недавно отказались от иллюзорной идеологии, десятилетиями определявшей смысл существования [Юрчак 2014]. К тому же многие из тех, кто после распада СССР провозгласил себя «демократами», вскоре стали восприниматься обществом как лжецы и воры [Fish 2005: 132]. Наконец, когда «переходный период» обернулся «перманентным кризисом», простые люди оказались заняты борьбой за выживание и приобретением «опыта существования в эпоху постсоциалистического упадка» [Shevchenko 2009][4]. Когда стало полегче и доходы немного выросли, люди предались безудержному потреблению всех тех товаров, которые были недоступны в советское время [Chebankova 2011].

> Нас заботит происходящее в обществе, но в первую очередь мы заняты решением личных проблем. Время и внимание, которые мы можем потратить на то, чтобы не принимать на веру чужие мнения, ограничены [Липпман 2004: 74].

---

[4] «Беспрецедентная социальная катастрофа в России <…> делает дискуссии о "гражданском обществе" в России в настоящее время еще более вымученными и искусственными, чем десять лет назад» [Domrin 2003: 211].

Когда возникали проблемы, люди пытались решить их неофициально и незаметно, при помощи своих друзей и знакомых, как делали всегда [Petukhov 2006; Clément 2008: 69–73]. Хотя подобные связи могут обладать определенным потенциалом гражданского участия [Gibson 2001], большинство наблюдателей считает их препятствиями на пути к демократизации. Большинство россиян по-прежнему считают для себя неприемлемым открыто участвовать в политической жизни. Это «грязное и безнравственное занятие» [Shomina et al. 2002: 265]. М. Говард подробно описывает эту «слабость гражданского общества», характерную для всей посткоммунистической Европы:

> Здесь между частной и общественной деятельностью до сих пор гораздо меньше точек пересечения и взаимодействия, чем в обществах других типов, поскольку тесные семейные и дружеские связи считаются по определению обособленными от более широкой общественной, подконтрольной государству деятельности и антагонистичными ей. <...> В общественной сфере по-прежнему представлено очень мало гражданских объединений, а посткоммунистическое население почти не имеет (и не хочет иметь) контакта с организациями, через взаимодействие с которыми оно могло бы приобрести своего рода общественные «гражданские навыки», полезные для общества и демократии [Howard 2003: 154–155].

Другие ученые пришли к аналогичным выводам относительно России и большинства стран, вышедших из состава СССР [Bashkirova 2001; Fish 2005; Hedlund 2008; Ledeneva 2006; Rimskii 2008]. Во всяком случае, общая картина ухудшается. Несколько лет назад Дж. Джонсон и А. Сааринен оценивали российское гражданское общество путем исследования женских кризисных центров, зависящих от поддержки НПО, и пришли к выводу, что движение «задыхается в недружелюбном окружении» [Johnson, Saarinen 2011]. Рассматривая вопрос в национальном масштабе, «Фридом хаус» («Freedom House») классифицирует Россию как «консолидированный авторитарный режим» и понизила ее общий рейтинг за 2013 год из-за «упадка гражданского общества» [Nations 2014].

Но надо ли нам искать *нечто*, называемое гражданским обществом?[5] И как бы *оно* могло выглядеть? Более продуктивным представляется рассмотреть то, что можно было бы назвать *деятельностью гражданского общества*, когда граждане самоорганизуются, чтобы изменить или повлиять на исход событий, вызвавший у них недовольство. Именно так, по мнению Дьюи, появляется общество [Дьюи 2002: 7–30].

> Общество состоит из всех тех, кто испытывает воздействие косвенных последствий [чужих] трансакций до такой степени, что возникает насущная необходимость держать их под систематическим контролем [Дьюи 2002: 15–16][6].

Однако необходимая предпосылка для формирования общества, способного действовать, — адекватное понимание причин «трансакций», повлекших за собой нежелательные последствия. Липпман высмеивал «общепринятый идеал всеве́дущего гражданина», притом что в действительности общественно-политические процессы, влияющие на жизнь обывателей, «большей частью невидимы» [Lippmann 2009: 11]. В России испокон веку стояли два ключевых политических вопроса: «кто виноват?» и «что делать?». Как правило, если виновный не найден, то ничего и не поделаешь. Примером может служить вопиющая проблема невыплаты заработной платы в 1990-е годы. Вероятно, ее можно было бы счесть доказательством отсутствия в России гражданского общества. Однако Д. Джавелин [Javeline 2003] в своем важном исследовании

---

[5] Мое внимание сосредоточено на действиях и изменениях, а не на определении границ понятия «гражданское общество». По последнему вопросу существует множество мнений, однако очевидно единодушие в том, что такие сообщества, как «инициативные группы» и «социальные движения», подобные обсуждаемым здесь, — неотъемлемая часть гражданского общества [Henry, Sundstrom 2006].

[6] Более уместным в данном случае представляется перевод «публика» или «общественность». — *Р. А.*

установила: люди не могли организовываться и принимать меры главным образом потому, что не знали, кого винить.

Москвичи и другие жители столицы часто называют Москву «большой деревней». В действительности это далеко не так; население города — около 12 000 000 человек — превышает население многих государств. Но основная часть его жителей проживает на относительно небольшой территории. До присоединения в 2011 году Новой Москвы (части территорий Московской области) столица являлась столь же густонаселенной, как Гонконг [Argenbright 2011]. Около 95% ее населения по-прежнему сосредоточено в Старой Москве. Прозвище Большая деревня сохраняется, возможно, потому, что человек может ощутить себя лично знакомым с большей частью города. Москвичи, вероятно, знают родной город куда лучше, чем остальную страну — самую большую в мире. Московские градоначальники и другие влиятельные лица, как правило, пользуются известностью, не в последнюю очередь потому, что столичные события освещаются средствами массовой информации подробнее, чем новости любого другого российского региона.

И Дьюи, и Липпман пытались понять, как переход от демократии небольших поселений, наподобие той, которую идеализировал Т. Джефферсон, к «Великому обществу», сформированному международными связями, укрепившимися в «век машин», повлиял на реалии и потенции демократического государства и общества. Оба прагматика были единодушны в том, что можно выразить словами Липпмана: «Главная проблема самоуправления — проблема оперирования невидимой средой» [Липпман 2004: 363]. Москва — не деревня, в которой можно лично знать обо всем происходящем; это мировой город XXI века. Однако человек в хорошей физической форме может обойти Старую Москву всего за день. И как покажет, я надеюсь, данная работа, СМИ, особенно ведущие газеты, действительно освещают для внимательного читателя многое из того, что происходит в столице. В Москве, в отличие от России в целом, гораздо легче установить, «кто виноват», если что-то идет не так. А поскольку жители лучше осведомлены о проблемах, существующих у них под боком и непосредственно влияющих на их жизнь, они с бо́льшей вероятностью сумеют определить, «что делать».

> Он [теоретик демократии] был поглощен одним интересом: самоуправлением. Человечество же интересовалось огромным количеством вещей: порядком, правами, процветанием, звуком и изображением. Оно стремилось разными способами избежать скуки <...> А так как искусство самоуправления не является врожденным инстинктом, то люди и не стремятся к самоуправлению как к таковому. Они стремятся к самоуправлению ради результатов, к которым оно ведет. Именно поэтому импульс самоуправления всегда бывает наиболее сильным, если он выливается в протест против плохих условий существования [Липпман 2004: 294].

Недвусмысленный уклон путинского правления в сторону авторитаризма не покончил с политикой в российских городах. Чтобы увидеть это, нужно переключить внимание с того, чего *нет*, на то, что *есть*. Выяснилось, что недостаточно одних лишь личных связей для решения проблем, вызванных городской реконструкцией, особенно в Москве, где «градостроительство» развивалось наиболее быстро и масштабно. Этот процесс нарушил привычный уклад жизни людей, и, каким бы «неестественным» это ни казалось, многие осознали, что обязаны заявить публичный протест [Clèment 2008: 75–76].

Российский исследователь утверждает, что «гражданам России действительно недостает таких важных составляющих политической культуры, как гражданская ответственность, самоорганизация и умение отстаивать свои права и интересы» [Petukhov 2006: 13]. Локальная оппозиция редевелопменту, наряду с другими московскими протестами и движениями, показывает, что эти «составляющие» уже не в таком дефиците, как ранее, поскольку столичные жители работали над этим. Москвичи самоорганизовались и начали действовать, хотя в первую очередь не ради общества или демократии. Появляются новые группы общественников, способные оказывать серьезное воздействие. Возможно, они никогда не сольются в то самое единое гражданское общество, которое столь часто обсуждалось теоретиками[7]. Но эти новые общественные объединения занимались и могут продолжать заниматься гражданской деятельностью, например преобразованием структур городского управления.

Прежде не знакомые друг с другом москвичи начали объединяться, пытаясь решить общие проблемы — насущные, а не отвлеченные. Они устанавливали с согражданами связи, которые множили и иногда расширяли, образуя коллективы и сообщества, называемые «инициативными группами» и «общественными движениями», но не «неправительственными организациями», которые, по мнению не только Путина, но и большинства москвичей, являются иностранными агентами [Crotty 2009]. И, по крайней мере, до сих пор эти доморощенные объединения Кремлю, очевидно, не досаждали.

Российские ученые начали всерьез изучать эти новые сообщества. В открывшей данную тему статье Е. С. Шоминой, В. А. Колосова и В. В. Шухат анализируется появление в Москве местных жилищных движений [Shomina et al. 2002]. По выражению Липпмана, эти движения возникли «ради результатов». Авторы поясняли: «Многим людям стало ясно, что никакая муниципальная власть не в состоянии установить круглосуточное наблюдение, поэтому крайне важно было объединить соседей ради всего сообщества» [Shomina et al. 2002: 352][8].

Недавно Е. А. Чебанкова посвятила низовым общественным движениям главу в своей книге о гражданском обществе в России [Chebankova 2013]. Кроме того, вышло чрезвычайно содержатель-

---

[7] Российскому гражданскому обществу посвящена весьма обширная литература, бóльшая часть которой датируется первыми 12 годами существования постсоветской России. К более поздним исследованиям в данном направлении относятся работы С. Хендерсон [Henderson 2011], считающей, что главная проблема, с которой сталкиваются НПО, — апатия общества, а также С. Любовниковой, Дж. Кротти и П. Роджерса [Ljubownikow et al. 2013], подчеркивающих зависимость российского гражданского общества от государства. Недавние всесторонние, объемные исследования российского гражданского общества [Chebankova 2013; Evans 2006].

[8] Эта тема довольно широко освещалась в российской литературе, например, [Карасев 2001; Кокарев 2001; Лаптева 2000; Овсянникова 1991; Шомина 2001].

ное англоязычное издание «Политическая теория и общественное развитие в постсоветской России» («Political Theory and Community Building in Post-Soviet Russia»), исследующее на основе АСТ вопрос о *res publica* ('общем деле'), которое возникает в результате коллективных действий граждан, стремящихся улучшить свои жилища, районы и города [Kharkhordin, Alapuro 2011][9].

Ученый и активист К. Клеман внесла наиболее существенный вклад в изучение российских низовых общественных движений. Клеман родилась и получила образование во Франции, а в 1994 году, переехав в Россию, по ее словам, «была шокирована эксплуатацией и унижением "простых людей" и с тех пор пытается не просто безучастно анализировать социальные процессы в стране, но и содействовать самоорганизации и общественной активизации» [Клеман 2013б: 16]. В настоящее время она является директором института «Коллективное действие»[10], спонсировавшего издание о городских движениях в России под ее редакцией [Клеман 2013а][11]. Ранее Клеман выступила соредактором 635-страничной книги о подъеме социальных движений в России [Клеман 2010]. На эту же тему она опубликовала англоязычную статью [Clèment 2008].

Наконец, работы, наиболее созвучные данному исследованию, — статьи Б. С. Гладарева о движении за сохранение историко-культурного наследия в Санкт-Петербурге [Гладарев 2011; Гладарев 2013]. Автор ведет хронику создания и деятельности объединений, выступающих против уничтожения архитектурных памятников бывшей столицы. Здесь, как и в Москве, к опытным

---

[9]   Два года спустя издание было опубликовано на русском языке (см. [Хархордин и др. 2013].

[10] В 2019 году, по возвращении в Россию из Франции, К. Клеман отказали во въезде и уведомили, что ей запрещено посещать страну в течение 10 лет [Черных 2019].

[11] Ни один из материалов не посвящен Москве, хотя тема одной главы — борьба за сохранение Химкинского леса [Клеман 2013б], а еще одной — движение за сохранение наследия в Санкт-Петербурге [Гладарев 2013]. О последнем Б. С. Гладарев написал главу в коллективной монографии, более содержательную, чем многие книги [Гладарев 2011].

градозащитникам присоединились принципиально новые активисты, максимально использующие вербовочные и организационные возможности социальных сетей [Gladarev, Lonkila 2012]. В борьбе за сохранение русской материальной культуры они добились величайшей победы за весь постсоветский период — отмены проекта «Газпрома» «Охта-центр», который мог до неузнаваемости изуродовать исторический центр города. Кроме того, петербургские градозащитники, подобно московским, добились значительных изменений в системе управления историко-культурным наследием [Гладарев 2011: 127].

Вообще западные ученые мало интересуются инициативными группами и местными «общественными движениями». Важное исключение из этого обобщения — статья А. Эванса о борьбе за сохранение Химкинского леса в Московской области [Evans 2012]. Существует также одна давняя статья о жилищных движениях [Pickvance 1994]. Однако по большей части в рассмотрении низовой политики господствует вопрос о смене власти: могут ли и будут ли местные движения объединяться и создавать оппозицию национального масштаба, способную покончить с путинским режимом? Большинство экспертов сомневаются в этом, например Г. Робертсон в своем содержательном труде о «политике протеста» в Москве. «Локальные, материальные и узко сформулированные требования и отличительные особенности, как правило, препятствуют объединению» [Robertson 2011: 9]. Впрочем, Робертсон полагает, что низовой протест может вызвать раскол среди правящей элиты, что может привести к «расширению политической конкуренции и ускорению темпов демократизации» [Robertson 2011: 212].

«Всякий народ имеет такое правительство, какого заслуживает». Знаменитое утверждение Ж. де Местра не всегда справедливо: разве северные корейцы «заслужили» строй, столь радикально отличающийся от строя их южных соотечественников? Тем не менее путинский режим был выстроен на российских реалиях, иногда весьма древних, и очевидно, что в настоящее время подавляющее большинство россиян им довольны. Скорее всего, даже среди противников Кремля немного россиян, желающих полного краха путинского правления. Слишком велик страх перед *бунтом*, очередным «смутным временем», и это вполне понятно.

Низовой протест в России стоит изучать, даже если революция маловероятна. Если рассматривать через призму концепции «череды мест», протест воспринимается лично; он становится частью осознания человеком, кто он такой и на что готов пойти. Противодействие должно осуществляться в сотрудничестве с другими; это процесс обучения, составляющая становления полноценного гражданина. Помимо этого, оно способно привести к значительным изменениям, которые улучшат положение общества (или отдельных сообществ).

В этом отношении Робертсон упускает один важный нюанс, когда, используя значительный массив данных, заимствованных из милицейских сводок, оценивает протесты 1997–2000 годов: «Большинство протестных требований были направлены на сохранение статус-кво, либо оставались умеренными в том смысле, что призывали скорее к соблюдению закона, нежели к каким-то радикальным переменам» [Robertson 2011: 59]. Нюанс же состоит в том, что последовательное соблюдение закона и *стало бы* радикальной переменой для России. Однако верховенство закона достигается скорее тяжелым трудом, чем стихийными баррикадами; несмотря на две «смены режима» в XX веке, в России она явно отсутствует, если не принимать в расчет политические заявления. С. Грин, автор самого масштабного англоязычного исследования о российской низовой оппозиции, пишет: «Закон — орудие не граждан, а отдельных государственных чиновников» [Greene 2014: 137–138].

Россияне «отвернулись» от демократии и свободы, однако Грин полагает, что «политическая активность и участие, часто последовательные, а иногда и плодотворные, существовали на протяжении всего путинского правления» [Greene 2014: 3–4]. Анализируя исследование Л. Сундстром [Sundstrom 2006: 169–188] о российском движении солдатских матерей, Грин подмечает один важный момент: «Движение обязано своим успехом способности задействовать общепринятые понятия справедливости и несправедливости, привлекая таким образом поддержку общественности скорее для исправления ошибок, чем для осуществления прав» [Greene 2014: 106].

Опыт других стран показывает, что борьба, которая на первый взгляд относится к нимбизму[12], может, может послужить толчком к созданию связей, которые будут иметь последствия на национальном и международном уровнях. В 2002 году мексиканские фермеры, выступившие против строительства на своих землях нового международного аэропорта, спровоцировали кризис национального правительства, которое в конечном итоге сдало свои позиции [Mexico 2002]. В Китае миллионы людей были выселены из своих домов; многие из них приняли участие в «массовых инцидентах», то есть протестах. Перед Олимпиадой 2008 года эти принудительные выселения привлекли внимание мировой общественности, особенно случай с двумя пожилыми китаянками, которых приговорили к «трудовому перевоспитанию», когда те, в соответствии с законом, обратились за разрешением на проведение протестной акции против своего выселения [Jacobs 2008]. Хотя Китай по-прежнему широко практикует принудительные выселения [Makinen 2012], правительство все же приняло закон, запрещающий насильственные выдворения, а также выселения в праздничные дни и по ночам [Hogg 2011]. А в августе 2015 года в Бейруте протест местных жителей против переполненных мусорных свалок привел к тому, что на площади Мучеников собрались тысячи ливанцев, требуя отставки правительства [Saad 2015].

На протяжении всей этой книги я стремлюсь показать, что местные оппозиционные движения — отнюдь не эгоцентричная реакция нимбистов на перемены; эти движения возникают и находят отклик у других граждан, не являющихся их непосредственными участниками, поскольку добиваются справедливости. Грин вообще считает, что низовые общественные движения подготовили почву для широкомасштабных протестов зимы

---

[12] НИМБИ (англ. *NIMBY*, «*not in my back yard*», что значит «только не у меня во дворе») — сопротивление уплотнительной застройке. — *Примеч. ред.*

2011–2012 годов против выборов, вернувших Путина на президентский пост.

> Я утверждаю, что между вышеописанными социальными
> движениями и массовыми волнениями, сопровождавшими
> возвращение Путина в Кремль, существует вполне реальная
> связь. Эта связь нечто большее, чем просто люди. Это
> объединение идей, фреймов, взглядов на социальное пространство и свое место в нем [Greene 2014: 203].

В заключительном разделе данной главы я попытался использовать подход «жизнь как череда мест», чтобы разъяснить, где в буквальном смысле родилось это исследование.

«Как же мы будем жить?»

Впервые я побывал в СССР в 1975 году. Будучи рабочим-строителем, я практически не разбирался в русской истории и культуре, а все, что я знал о Советском Союзе, было усвоено мной из обычных источников, которые соответствовали тогдашней политике холодной войны. Но я был скептиком по натуре и привык игнорировать правила. Я отделился от туристической группы и свел знакомство с таксистом, который, в нарушение всех правил, представил меня своим друзьям и устроил мне весьма необычную экскурсию по Москве. Множество последовавших за этим приключений (в том числе посещение в буквальном смысле подпольного концерта трибьют-группы «Led Zeppelin») привели меня к выводу, что порожденная холодной войной картина советского общества оказалась очень поверхностной, если не опасно искаженной.

Возобновив в 1978 году учебу, вскоре я занялся географией и советологическими исследованиями. Наряду с географией меня неодолимо тянуло к русской и советской истории, куда более захватывающей, чем официальные сведения о тогдашней советской реальности, которая ныне называется «застоем». Вновь посетив СССР в 1979 и 1980 годах, я проявил жгучий интерес ко всему, что происходило вокруг. Однако в научной работе сосредоточился в основном на исторической географии Советского Союза. В 1988–1989 годах я вернулся в СССР почти на год, чтобы провести архивные и библиотечные исследования для диссертации. К этому моменту я значительно расширил свои познания в советской и российской истории и поэтому мог оценить значение происходивших тогда событий. Но, помимо этого, мы с женой, живя в студенческом общежитии и имея мало конвертируемой валюты, также учились разбираться во всех тонкостях московской повседневной жизни на собственном опыте и с помощью советских друзей.

> При включенном наблюдении в полевых условиях почти все время уходит на то, чтобы существовать в этой среде и с этой средой, и не имеет значения, сознательно и активно человек исследует или нет, его чувства постоянно начеку, и потому, хотим мы этого или нет, герменевтическое животное в нас продолжает работать [Borén 2009: 76].

В своей историко-географической работе я интересовался главным образом властью. В диссертации я рассматривал крушение имперского режима и установление советского коммунистического строя. Я решил исследовать российскую железнодорожную систему, что обеспечивало мне выгодную позицию для изучения чрезвычайно сложного периода революции и Гражданской войны. Таким образом, я получил наглядное представление о сочетании большевистской идеологии и практического институционального строительства в стратегическом контексте, где различные материальные и человеческие факторы, влияющие на деятельность железных дорог, часто порождали кризисы, а временами угрожали разрушить единственную общенациональную систему транспорта и связи [Argenbright 1990]. Мне не понадобилась акторно-сетевая теория (АСТ), чтобы напомнить себе, что на ситуацию «могут повлиять» и неодушевленные объекты: имело значение, что локомотивы ломаются, снежные бури могут на несколько недель прервать сообщение, а по системе распространяются смертоносные микробы [Argenbright 2008].

Также мне не понадобилось разрабатывать сложную методологию, прежде чем приступить к исследованию. Я был «попутчиком» историков, которые занимаются общими вопросами, но по привычке допускают, чтобы в обширной литературе всплывали частные темы. «Дóма», на географическом факультете Беркли, мой первый научный руководитель Д. Хусон также был уверен, что нужно ставить важные вопросы и отвечать на них как можно лучше, вместо того чтобы задаваться пустяковыми вопросами, на которые можно ответить с большой численной точностью.

> Застревать на подобных административных единицах лишь под предлогом статистики — излишняя робость для географа. Поступая таким образом, жертвуешь истинной точностью, столь сильно зависящей от привлекаемой единицы, ради формальной. Другими словами, обобщение, начинающееся словами «около двух третей...», применительно к значимой единице или области, будет точнее, чем «68,2%» применительно к относительно незначительной [Hooson 1964: 15].

Я вернулся в Москву морозным днем 2 января 1992 года. Авиакомпания оставила весь зарегистрированный багаж в Лондоне, чтобы иметь возможность забрать топливо для обратного рейса, учитывая его возможную нехватку в аэропорту Шереметьево. Россия в тот момент была слишком нестабильна, чтобы в чем-то на нее полагаться. В Москве в 1992 году, хотя это время не сравнить с апокалиптической катастрофой 1918–1921 годов, царил хаос, если не сказать больше: только шок и никакой терапии, говорили мои друзья. Метапонятие того времени, «переходный период», казалось в лучшем случае пресным эвфемизмом, скорее же — стратегической дымовой завесой для неолиберальной колонизации. Например, «либерализация цен» означала, что цены на большинство продуктов питания подскочили на 500% и более, это при том, что зарплата осталась неизменной. Я своими глазами видел последствия таких «реформ»: в частности, попытки предотвратить «навес рубля» привели к нищете и усилению коррупции.

Чтобы подкрепить научное толкование, личного опыта знакомства с городом недостаточно, но опыт этот может стать отправной точкой и неоценимой проверкой умозрительных рассуждений. Однажды в автобусе пожилая дама — как раз из тех, кто ранее поддерживал в советском обществе порядок, отчитывая нарушителей общественного порядка, — вдруг начала кричать: «Как же мы будем жить, как же мы будем жить?!» Какая-то молодая женщина попыталась ее успокоить, а остальные бормотали: «Вот именно». Не раз я видел трупы, оставленные на улице родственниками, у которых не хватало средств на похороны, — вопиюще позорное состояние русской культуры. Разумеется, страна переживала определенный переходный период, но для большинства людей это оказался чрезвычайно болезненный опыт [Shevchenko 2009]. В следующем году «переходный период» был отмечен вооруженной борьбой между президентом Б. Н. Ельциным и представителями законодательной власти. Ельцин одержал победу и был официально переизбран в 1996 году, что позволило наблюдателям по-прежнему рассуждать о «переходном периоде» к нормальной жизни. Однако верховенство закона так и не было обеспечено, а права собственности остались незащищенными. Как следствие, за фасадом потемкинских деревень электоральной демократии расцвел «клановый капитализм» [Sharafutdinova 2010], который Путин сумел использовать для построения своей системы «вертикали власти».

Я снова приехал в Москву в 1995 году, чтобы провести три летних месяца за работой в архивах. Благодаря большой продолжительности летнего дня на широте Москвы мне хватало времени, чтобы наблюдать за уличной жизнью после закрытия архивов. Медленно, но верно Москва, в которой я жил, становилась для меня интереснее советского прошлого. Я продолжал трудиться над несколькими историко-географическими проектами, но наряду с этим начал обрабатывать свои впечатления и мысли о современной Москве [Argenbright 1999]. Каждое лето я возвращался сюда примерно на месяц, завершая несколько работ по истории, но также начал работать над другой современной темой.

В конце 1990-х годов мэр Ю. М. Лужков возродил сталинский план строительства Третьего транспортного кольца (ТТК) между Садовым кольцом, охватывающим историческое ядро столицы, и окружной автострадой — Московской кольцевой автомобильной дорогой (МКАД). Когда я проследил маршрут ТТК на карте, стало ясно, что магистраль проляжет через многие густонаселенные районы. Хорошо зная по прежнему опыту, как обычно делаются дела в этом городе, я предположил, что разработчики ТТК недооценивают трудности при устройстве въездов и съездов для новой дороги и совершенно не думают о том, как проект затронет местное население. Чего я совсем не ожидал, так это общественных протестов, однако, как рассказывается в главе четвертой этой книги, план мэра проложить тоннель через исторический Лефортовский парк вызвал решительное, гневное сопротивление *общественности*.

С этого момента я начал «составлять карту разногласий», относящихся к городскому строительству, хотя советы Б. Латура прочел лишь много лет спустя. Разногласий оказалось в избытке. Я сосредоточился на локальной оппозиции девелоперским проектам, а также на вопросах передвижения и парковки автотранспорта. Я слежу за этими разногласиями в СМИ уже около 20 лет. Во время моих летних приездов в Москву я отправлялся собственными глазами взглянуть на те места, где материализовывались вышеназванные проекты и разногласия. Также я обсуждал эти проблемы с экспертами, в том числе с коллегами-географами, друзьями, а иногда и с обычными прохожими. Соображения и выводы друзей были особенно ценны — не потому, что друзья всегда «правы», а потому, что мы дружили достаточно долго, чтобы я имел представление о траектории развития их взглядов.

> Включенное наблюдение <...> опирается на полностью человеческое «я» аналитика, для того чтобы исследовать социальные процессы, частью которых он является. Как метод

оно является характерным следствием отказа прагматизма от предварительных умозрительных построений вкупе с его акцентом на практике [Smith 1984: 357].

Включенное наблюдение — научный полевой метод исследования, который стремится к пониманию того, что происходит в определенном контексте, и подразумевает, что исследователь должен попытаться полностью освоить этот культурный контекст. Речь идет о синхронизации личного и академического мировоззрения исследователя с материальным и символическим миром в месте исследования, его конечная цель — изложить это понимание преимущественно академической аудитории <...> Сильная сторона метода состоит в том, что он позволяет описать и объяснить тесные связи, существующие между людьми, их жизненными мирами и местами, которые они создают [Borén 2009: 75].

С. Смит, таким образом, определяет включенное наблюдение как практику прагматизма, а Т. Борен отстаивает его как эффективный способ изучения обустройства среды обитания. Я занимался «включенным наблюдением», не называя так свою деятельность. Критики утверждают, что подобный подход едва ли представляет собой правильную методологию; даже «неопрагматик» Р. Рорти признает трудность поиска методологии, соответствующей «экспериментальному, фаллибилистскому подходу» прагматизма [Rorty 1991: 65–66][13]. Это препятствие для того, чтобы ввязываться в научный проект, но в то же время я ведь не втискивал реальность в заранее выбранные рамки. Б. Латур утверждает, что «эмпирическое исследование, которому нужна рамка <...> это плохой выбор для начала» [Латур 2014: 201].

Дж. Дьюи приводил аналогичный аргумент: «В любом случае мы должны начинать с проявлений человеческой деятельности, а не с ее гипотетических причин, и рассматривать ее последствия» [Дьюи 2002: 13]. Проекты и разногласия были фактами; я не оценивал их как проявления невидимой социальной силы. Рассматривая их «последствия», я, однако, допускал возможность,

---

[13] Я нашел это у О. Джонса [Jones 2008: 1609].

что среди них была и «деятельность гражданского общества», то есть что москвичи не только влияли на судьбу отдельных зданий и районов, но менялись сами, развивая «гражданские навыки» и уверенность в себе, и потенциально затрагивали городскую систему управления. И рост подготовленности и сознательности граждан, и реформа московского городского управления представляются последствиями «своего рода развития», которое Дьюи понимал как свободу.

Идея о том, что гражданское общество может зародиться в городе, вряд ли вызовет возражения. Возникновение демократии в Афинском полисе и ее возрождение в городах Апеннинского полуострова в XV веке всесторонне изучены [Hall 1998: 24–113]. М. Левин, выдающийся исследователь истории СССР, считал, что в позднесоветском обществе гражданское общество обладало определенным весом.

> Советскому обществу требуется государство, которое может соответствовать его сложности. И таким образом, иногда открыто, иногда тайно, современное городское общество сделалось мощным «системообразователем», вынуждая адаптироваться как политические институты, так и экономическую модель. Советское городское общество воздействует на индивидов, группы, институты и государство по многочисленным каналам, порой явным, порой медлительным, негласным и неприметным. Гражданское общество болтает, сплетничает, требует, сердится, различными способами выражает свои интересы и тем самым создает настроения, идеологии и общественное мнение [Lewin 1988: 146].

Другие, например [Evans 2006], не согласны с существованием гражданского общества в советский период или, как говорилось выше, даже сегодня, при Путине. Конечно, большие города не всегда и не везде порождают демократию и гражданское общество, доказательством чему, как представляется, служит Пхеньян. Однако определенное расхождение во мнениях относительно гражданского общества, вероятно, обусловлено принципиальным различием концепций. Некоторые словно задаются вопросом:

достаточно ли соблюдено критериев, чтобы мы могли объявить, что здесь действительно наличествует такое явление, как гражданское общество? Левин и другие, например Дьюи, интересуются процессом, динамикой изменений. Российский публичный интеллектуал А. Б. Панкин утверждает, что «гражданское общество как предпосылка демократии формируется именно в борьбе за конкретные права и интересы граждан, а не в отвлеченных запросах» [Pankin 2007: 39]. Социолог О. Шевченко в выдающемся исследовании понятия «кризис» в постсоветской Москве также обращает внимание на

> пестрое лоскутное одеяло социальных изменений, обусловленных мириадами индивидуальных действий. Каждое из них может иметь целью лишь сохранение стабильности, однако, взятые в совокупности, эти акты способствуют формированию новых институтов и инфраструктур и фактически трансформируют общество изнутри [Shevchenko 2009: 11].

Нижеследующее исследование подтверждает идею о том, что Москва была трансформирована изнутри и продолжает видоизменяться благодаря инициативам неравнодушных горожан. Следующая глава представляет собой анализ конкретного конфликта — попытку показать крупным планом многосложность событий и связей, имеющих отношение к подобным *скандалам*.

Глава третья
Дело Малого Козихинского

Местные конфликты зачастую бывают запутанными и ожесточенными, а их последствия — далеко выходящими за пределы района. Наследие, доставшееся администрации нового мэра С. С. Собянина от Ю. М. Лужкова, включало в себя множество непростых ситуаций, разрешить которые политически безболезненными способами оказалось невозможно. Конфликт в микрорайоне Патриаршие пруды Центрального административного округа[1] являл собой борьбу за дом, район и город. Он демонстрирует, насколько сложными и трудноразрешимыми могли стать эти переданные по наследству противоречия.

Факторы и взаимосвязи конфликта в Малом Козихинском переулке анализируются здесь как можно подробнее, чтобы подчеркнуть сложность ситуации. В принципе, каждую коллизию, упомянутую в следующих главах, как и многие другие, оставленные без внимания, следует излагать также детально. Однако на практике автор никогда не сумел бы завершить подобную эпопею, к тому же она вряд ли могла быть когда-нибудь опубли-

---

[1] В Москве запутанная система территориального управления. Самые крупные единицы — 12 административных округов, которые возглавляют префекты, назначенные мэром. Административные округа подразделяются на районы (общим числом 146) под руководством управ, главы которых также назначаются мэром. Наряду с районами существуют 146 муниципальных образований под началом выборных депутатов, которые считаются «органом местного самоуправления». Собянин расширил полномочия депутатов: так, теперь они могут посредством голосования выразить недоверие главе местного совета. Но лишить главу района должности может только мэр [Самоуправление 2012].

кована. Есть надежда, что обстоятельный разбор одного случая в начале книги произведет впечатление, которое сохранится на следующих страницах, где градостроительные разногласия изображены более широкими мазками.

Данный случай не следует считать «типичным», поскольку каждый спор о переустройстве территории уникален. Ожесточенность конфликта и масштабы интереса к нему во многом обусловлены тем, что он представлял собой очередную битву в большой затяжной войне за сохранение культурного наследия столицы. Действительно, как рассказывается в главе четвертой, за восемь лет до этого знаменитые Патриаршие пруды уже становились средоточием чрезвычайно серьезного местного сопротивления лужковской реконструкции. Но хотя очевидно, что нижеописанный случай в Малом Козихинском переулке имеет общие черты с другими локальными градостроительными конфликтами, при пристальном рассмотрении выявляются его уникальные особенности.

Конфликт в Малом Козихинском переулке выходит за рамки локального градостроительного сопротивления: людьми двигало желание не только отстоять культурное наследие города, но и защитить район от уплотнительной застройки. Эта ситуация привлекла к себе больше внимания, чем большинство местных конфликтов, связанных с застройкой, хотя и были споры, получившие более широкую и систематическую огласку, например разногласия по масштабному проекту реконструкции территории вокруг Пушкинской площади. Я выбрал дело Малого Козихинского потому, что оно широко освещалось в СМИ, но не было связано с символическими местами государственного или мирового значения, такими как Пушкинская площадь или гостиница «Москва». Возможно, на Западе его восприняли бы как «обычный НИМБИзм», однако данный случай, напротив, показывает, что в России «борьба с уплотнительной застройкой» может быть более последовательной, чем партийная и предвыборная политическая борьба.

В декабре 2008 года консорциум, заинтересованный в застройке участка в Малом Козихинском переулке, 11, получил разрешение городского правительства на снос остатков «ветхой» усадьбы XIX века, чтобы освободить место для нового семиэтажного здания с двухъярусным подземным паркингом. Здание предназначалось для размещения студии, фешенебельных апартаментов и отеля. Партнерами консорциума были студия «ТРИТЭ»[2] и компания «БЭЛ Девелопмент». Студия «ТРИТЭ» принадлежит актеру и режиссеру Н. С. Михалкову, наиболее известному по фильму «Утомленные солнцем», который в 1994 году получил премию «Оскар» за лучший фильм на иностранном языке. Помимо этого Михалков возглавляет Союз кинематографистов России и считается личным другом Путина[3] [Bratersky 2010]. «БЭЛ Девелопмент» — строительная компания, контролируемая мультимиллиардером О. В. Дерипаской, одним из тех, кого называют «олигархами», хотя в действительности Дерипаска подчиняется Путину [Elder 2009].

По сообщениям, проект обсуждался публично лишь однажды, в 2005 году, когда местные жители единогласно его отвергли [Мягкова 2010; Bratersky, 2010; Петренко 2010в]. Они выступили бы и против сноса двух старинных зданий летом 2010 года, если бы их своевременно проинформировали. Однако дома были снесены без предупреждения в течение одной ночи. Вскоре после этого на снос зданий посетовали в передаче радиостанции «Вести FM», которая вела национальное вещание в 21 городе страны. Если точнее, передача представляла собой интервью с Н. В. Левичевым, руководителем фракции «Справедливая Россия» в Государственной Думе [Николай Левичев 2010]. «Справедливая Россия» позиционирует себя как «лояльная оппозиция», однако в отношении путинского режима акцент ставится на «лояльности», а не на «оппозиции»[4]. Тем не менее члены «Справедливой

---

2   «ТРИТЭ» обозначает единство трех «Т»: «творчество, товарищество, труд» (см.: URL: http://www.trite.ru/company/about/) (дата обращения: 10.05.2021).

3   Чувства Путина неизвестны, но Михалков во всеуслышание заявил о своей преданности в агиографической авторской программе «55», посвященной 55-летию президента (см.: URL: http://www.youtube.com/watch?v=yl79JkDF-Lc) (дата обращения: 10.05.2021).

4   В 2015 году московское отделение «Справедливой России» наконец проявило себя как настоящая оппозиционная партия, создав «теневое правительство», которое было призвано побудить Московскую городскую думу к более продуктивной и независимой деятельности [Рункевич, Малай 2015].

России» иногда вмешивались в локальные московские конфликты, поддерживая жителей, выступавших против девелоперских проектов. Радиостанция «Вести FM», полностью контролируемая центральной властью, также предпочитает подробно освещать московские проблемы, вместо того чтобы задавать вопросы федеральным исполнительным органам.

Местные жители знали некоторые детали проекта апарт-отеля, запланированные сроки начала строительства были им неизвестны. 22 и 23 октября, вскоре после старта строительных работ, жильцы соседних домов заблокировали стройплощадку. Они утверждали, что габариты будущего здания, прежде всего высота, слишком велики для того, чтобы оно гармонично вписалось в исторический уличный ландшафт. Люди заявили, что застройщик представил в городскую администрацию фиктивные документы по перекрытиям соседних зданий, утверждая, что они бетонные, тогда как на самом деле они деревянные. Помимо этого, противники строительства настаивали, что застройщик не учел гидрологические характеристики района. Из-за буровых работ на площадке грунтовые воды подтапливали соседние здания. Также отмечалось, что ни публичные слушания, ни археологические изыскания на данном участке не проводились.

Прежде чем блокировать стройплощадку, жители района, обеспокоенные реализацией проекта, принимали менее радикальные меры. По словам Е. В. Ткач, местной жительницы и координатора организации «Общественная коалиция в защиту Москвы» (далее ОКЗМ), люди пытались собрать документы по проекту и добивались проведения слушаний в управе Пресненского района. Также был подан иск, однако суд не стал приостанавливать строительство до завершения рассмотрения дела, а это означало, что разбирательство затянется до тех пор, пока проект не будет завершен [Москвичи 2010a].

Требования противников стройки от 25 октября: во-первых, восстановить здания усадьбы в том виде, какими они были до сноса; во-вторых, компенсировать жителям соседних домов ущерб, нанесенный их зданиям; в-третьих, прекратить любую застройку этого района [Москвичи 2010a]. В особенности местные жители не хотели, чтобы новое здание превышало окружающие строения по высоте, и опасались, что земляные работы по сооружению подземного паркинга повредят фундаменты соседних зданий. Несколькими годами ранее при строительстве подземной стоянки в соседнем здании был разрушен коллектор подземной реки, что привело к подтоплению соседних домов. Как пояснил представитель Архнадзора[5], грунты в районе нестабильны, поскольку до заселения территория была заболочена [Мягкова 2010].

Через два дня член «Справедливой России» и федеральной Общественной палаты[6] М. А. Гельман призвал недавно назначенного мэра Собянина остановить строительство. Вслед за этим районная управа провела публичные слушания, пытаясь разрешить кризис. Изначально определение «публичные», по мнению управы, не подразумевало присутствия представителей СМИ или общественных организаций, не зарегистрированных в районе. Противники проекта возразили против этого условия [Прессу 2010]. Судя по всему, активистам в конечном счете разрешили участвовать. Позднее руководитель молодежного крыла партии «Справедливая Россия» А. М. Хромов заявил репортерам, что власти чуть было не превратили мероприятие в «фарс». Роман Ткач, муж Е. В. Ткач и координатор ОКЗМ, сообщил журналистам, что стороны не приблизились к взаимопониманию. Тем не менее на застройщика было оказано определенное давление. Глава управы Пресненского района Г. С. Борятинская, судя по всему, поддерживала местных жителей, но их требования не были официально зафиксированы в районных документах. Поэтому застройщик счел себя вправе проигнорировать их. Кроме того, по сообщениям, представитель Архстройнадзора — городского органа, оце-

---

5   Архнадзор — общественное движение, добровольное объединение граждан, желающих способствовать сохранению исторических памятников, ландшафтов и видов Москвы. — *Примеч. ред.*

6   Общественная палата была создана в 2005 году по инициативе президента Путина. В ее обязанности входит контроль за законодательной деятельностью и органами власти.

нивающего все строительные проекты, — предписал строителям до 10 ноября устранить все нарушения. Однако застройщик утверждал, что не смог привести площадку в порядок из-за действий протестующих [Местные 2010; Петренко 2010в].

В субботу, 30 октября, Собянин освободил Борятинскую от занимаемой должности. 8 ноября застройщик вновь попытался возобновить строительные работы, но местные жители и активисты ОКЗМ дважды этому воспрепятствовали. Однако в конце концов охранники и милиция выдворили протестующих со стройплощадки и доставили четырех из них в местное отделение милиции [Петренко 2010в]. Государственное информационное агентство «РИА Новости», работающее в общероссийских масштабах [Строительство 2010], распространило отчет о таком повороте событий, вслед за чем выпустило десятки новых сообщений. За этой историей следили и другие государственные информагентства — «REGNUM» [Жители 2010] и «Росбалт» [Смирнов 2010], а также несколько частных агентств.

10 ноября протестующие опять проникли на стройплощадку и ненадолго прервали выполнение работ, после чего были выдворены. В тот момент они потребовали, чтобы экспертиза проекта была выполнена независимыми организациями, а именно Научно-исследовательским центром «Тоннели и метрополитены». Идея была доброжелательно воспринята представителем строительного консорциума, который согласился на следующий день встретиться с противниками строительства для обсуждения сложившейся ситуации [Жители 2010а].

Никаких свидетельств проведения этой встречи обнаружить не удалось. Но на следующий день Е. В. Ткач сопровождала на заседание Московского городского отделения Союза кинематографистов члена Союза Е. Н. Ольшанскую; председателем правления Союза является Михалков. Кроме того, Ольшанская была председателем ТСЖ исторического здания, которому угрожал другой михалковский проект. Женщины попытались вручить Михалкову открытое письмо, подписанное жителями обоих микрорайонов, но им помешали его телохранители. Женщин, а также двух журналистов и фотографа одной из ведущих столичных газет «Московский комсомолец» вывели из зала [Карцев, Адамович 2010].

14 ноября представители 46 жилых домов в окрестностях Патриарших прудов собрались, чтобы организовать горячую линию. Замысел состоял в том, что жители каждого дома добровольно вызвались следить за возможными попытками сноса старинных зданий на окружающей территории. Они были готовы сразу же связаться с другими участниками сообщества, чтобы далее каждый наблюдатель мобилизовал жителей своего дома. Об этой инициативе «РИА Новости» сообщило на всю страну [Противники 2010а].

Через три дня протестующие сообщили, что получили угрозы. В частности, им напомнили об О. В. Кашине, известном репортере «Коммерсанта» и других изданий, которого жестоко избили в начале того же месяца [Leading 2010]. Также активистов предупредили о возможности появления видео и листовок с подробностями их личной жизни [Противники 2010в]. Эта попытка шантажа, очевидно, была направлена против публичных личностей — участников протеста, например Т. А. Догилевой, актрисы и режиссера, известной своими работами в московских театрах и десятками фильмов, в 2000 году удостоенной звания народной артистки РФ. Догилева была в числе протестующих, которые 18 ноября вновь оккупировали стройплощадку. Когда милиция выдворила активистов, Догилеву, Е. В. Ткач и еще трех человек час продержали в отделении милиции, за это время успев провести с ними «разъяснительную беседу» о потенциальных последствиях дальнейшего препятствования проекту [Активистов 2010; Татьяна Догилева 2010].

В субботу, 20 ноября, протестующие вновь попытались заблокировать возобновленную стройку. Трое из них были задержаны, в том числе Ткач, которую оштрафовали и отпустили. Два других активиста, среди них Р. Ткач, двое суток находились под «административным арестом», в течение которых объявляли голодовку. После освобождения в понедельник Р. Ткач пообещал, что в будущем любые аресты протестующих будут приводить к голодовкам [Арестованные 2010; Противники 2010б].

На следующий день после освобождения объявивших голодовку активистов депутат Госдумы Левичев лично вручил мэру С. С. Собянину открытое письмо с перечислением требований протестующих, подписанное многими представителями культурной элиты страны [Деятели 2010; Собянину 2010]. В дополнение к требованию немедленно прекратить строительство и осмотреть соседние дома на предмет повреждений в письме содержался призыв пересмотреть проект: убрать подземные гаражи, понизить этажность здания до высоты снесенных построек и воссоздать фасады последних. В письме содержались и более общие требования: пересмотр всех решений мэрии относительно этой территории, запрет на снос существующих зданий и возведение новых многоэтажных сооружений, а также разработка новой концепции застройки исторического микрорайона Патриаршие пруды, основанной на принципе сохранения и восстановления прежнего облика. Письмо подписали 20 известных деятелей культуры, в том числе пять актеров, три писателя, два поэта, два журналиста, два художника, певец, композитор, кинорежиссер, драматург, дирижер оркестра Большого театра и один из самых выдающихся артистов балета Большого театра. Восемь подписавших — народные артисты Российской Федерации.

Конфликт зашел в тупик, и о нем почти не сообщалось в СМИ до 6 декабря, когда через дорогу от стройплощадки, в доме 12 по Малому Козихинскому переулку, вспыхнул пожар. Огонь быстро распространился вверх по лестницам и деревянным перекрытиям. По сообщениям разных СМИ, пожарные спасли от 10 до 24 жителей, серьезно пострадали один или два человека. По версии чиновников противопожарной службы, причиной пожара стало замыкание в электропроводке. Согласно информации «Газета.ru», Е. В. Ткач и жильцы дома не сомневались, что это был поджог — месть за неприятности, причиненные активистами застройщику [Пожар 2010; Марьянова 2010].

Пожары, возникающие по неизвестным причинам в местах, где жители конфликтуют с застройщиками, как отмечалось в редакционном материале «Газета.ru», «не редкость». Редакция выражала сожаление по поводу ожесточенного противостояния и призывала Собянина воспользоваться случаем, чтобы «прекратить строительный беспредел в центре Москвы» [Остановите 2010]. Впрочем, издание не стало обвинять строителей в поджоге. Если действительно имел место поджог, то злоумышленники проявили чрезвычайное безразличие к человеческой жизни. Спустя две недели Судебно-экспертный центр Федеральной противопожарной службы по городу Москве объявил, что причиной пожара стали «неполадки в электрощите», в связи с чем жильцам отказали в возбуждении дела [Жителям 2010].

На следующий день местные жители и активисты показали, что их не запугать, вновь заблокировав стройплощадку. Троих из них задержала милиция [Жители 2010б]. В тот же день в сообщениях СМИ замелькала другая телезвезда, ведущая комедийных шоу Т. Ю. Лазарева, заявившая о поддержке протестующих [Известная 2010].

На следующий день, 8 декабря, протестующие пошли на обострение конфликта, попытавшись увидеться с С. Л. Байдаковым, префектом Центрального административного округа, к которому относится Пресненский район. Версии случившегося расходятся, но, по-видимому, Байдаков отказался встретиться со всей группой, которая, по сообщениям, насчитывала 40 человек. Нескольких активистов пустили в здание префектуры, другие же «прорвались» сами, включая С. С. Удальцова, лидера коммунистического «Левого фронта», представляющего собой воинственную альтернативу верноподданнической Коммунистической партии РФ. Удальцов участвовал во многих градозащитных конфликтах в Москве, но он, по-видимому, считает себя вождем куда более великого дела: свержения путинского режима и установления другого строя. Амбиции и напористость Удальцова временами, в том числе, возможно, и 8 декабря, вызывали раздражение у местных активистов. Какова бы ни была подоплека конфликта, активисты одержали значительную победу: Байдаков пообещал, что будет проведена независимая экспертиза проекта [По стройке 2010].

Ничего примечательного не происходило до 27 декабря, когда противники апарт-отеля объявили, что добиваются встречи с только что назначенным руководителем строительного комплекса столицы М. Ш. Хуснуллиным. Они повторили, что не стремятся полностью заблокировать проект, но лишь хотят, чтобы застройщик отказался от подземного гаража и понизил высотность здания до четырех этажей, как у соседних домов. Встреча, очевидно, не состоялась. Примерно в то же время народная артистка РФ Догилева попыталась обратиться напрямую к Собянину, передав ему написанное ею письмо, но «увязла в чиновничьей волоките» [Имя 2011].

13 января 2011 года Московская государственная вневедомственная экспертиза установила, что проект апарт-отеля не нарушает никаких норм и не представляет угрозы для соседних зданий [Мосгосэкспертиза 2011]. 1 марта Департамент культурного наследия города Москвы выступил с опровержением заявления протестующих о повреждении археологического слоя в результате строительства. В январе и феврале Департамент проводил археологическое исследование участка, в результате которого было установлено, что слой был поврежден при строительстве старой усадьбы, а также прокладке водопровода и канализации [Власти 2011a].

Активистов ждали еще более плохие новости. 4 марта были опубликованы выводы независимой экспертизы, проведенной Центральным научно-исследовательским институтом строительства (ЦНИИС). Проверка ЦНИИС показала, что осадка домов, соседствующих со стройплощадкой, находится в допустимых пределах. Однако специалисты выразили обеспокоенность тем, что два здания могут подвергнуться деформации на завершающей стадии строительства. Они предписали строителям проводить систематическое наблюдение, чтобы в случае чрезмерной осадки укрепить фундаменты соседних зданий. Застройщик заявил, что немедленно приступит к выполнению рекомендаций [Застройщик 2011]. Через два дня районный суд отклонил иск протестующих [Суд 2011].

Активисты продолжали наблюдать за строительством, о чем сказано в статье «Комсомольской правды» «Татьяна Догилева: "Никто не имеет права называть меня сумасшедшей алкоголичкой!"» от 25 апреля [Павлов 2011]. По словам Догилевой, она пила кофе в кафе неподалеку, когда к ней подошла Е. В. Ткач и сообщила, что на стройке произошла какая-то авария. Женщины отправились к строительному ограждению, и Догилева взобралась на него, чтобы взглянуть, что случилось. Вскоре подъехала милицейская машина, и милиционеры обвинили Догилеву в том, что она пьяна. Последовала ожесточенная словесная перепалка, в ходе которой один из сотрудников милиции сообщил, что стройка «режимная». Догилева начала призывать в свидетели конфликта прохожих. На протяжении всего инцидента она вела съемку, хотя милиционер, по ее словам, угрожал разбить камеру. Догилева быстро вернулась в кафе, чтобы удостовериться, что официанты подтвердят, что она пила только кофе, и сняла их на камеру. Когда вокруг собралась толпа, милиция уехала. Затем Догилева отправилась в поликлинику, чтобы сдать анализ крови на алкоголь; анализ подтвердил, что она не пила. Позже Догилева подала на милиционеров в суд. Как указано выше, об этом инциденте сообщила «Комсомольская правда», тираж которой, согласно русской «Википедии», составлял около 35 000 000 экземпляров в России и бывших республиках СССР[7].

Ассоциации Малого Козихинского

Никто из участников этих драматических событий не принимал и не отвергал демократию или гражданское общество. Тем не менее изменилось очень многое. Как пояснялось во введении, нет необходимости рассматривать в качестве «акторов» все, что «могло повлиять на ситуацию» в споре вокруг судьбы дома 11 по Малому Козихинскому переулку. Но очевидно, что существовало огромное множество различных обстоятельств, несоизмеримостей, которые оказались в какой-то степени связаны с этим местом. Простое перечисление обстоятельств, ставших достоянием гласности, — крайне трудоемкая задача, а ведь, скорее

---

7   См. URL: https://ru.wikipedia.org/wiki/Комсомольская_правда#Тираж (дата обращения: 10.05.2021).

всего, таковые составляют меньшинство в совокупности факторов, сыгравших роль в конфликте вокруг этого «структурирующего места». В данный список не входят все составляющие стандартной городской инфраструктуры, одежда, пища и прочие обыденные вещи, которые могли бы наличествовать где угодно.

Известно (или весьма вероятно), что «на ситуацию повлияли» следующие факторы: общее эстетическое восприятие места его жителями (определяющими, что «уместно» в этом районе); анонимные звонки с угрозами протестующим (количество неизвестно); археологический слой (поврежденный); тела противников стройки (блокирующие стройплощадку, объявившие голодовку в знак протеста); окружающие стройку здания, возможно, находящиеся под угрозой (по меньшей мере четыре); соседние здания, жители которых организовали горячую линию (сорок шесть); здания, предназначенные под снос (два); камера (по меньшей мере одна — у Догилевой); знаменитый собственник, он же девелопер (Михалков); знаменитая местная жительница (Догилева); знаменитые деятели культуры, выступившие в поддержку (по меньшей мере двадцать один); Союз кинематографистов; городские организации (четыре: Архстройнадзор, Департамент культуры, вневедомственная экспертиза, противопожарная служба); кафе; строительная техника; строительные рабочие (численность неизвестна); аудитория, являющаяся потребителем новостей о конфликте (общероссийская, численность неизвестна); суды (по меньшей мере один, возможно, два); районная управа; федеральное учреждение (Судебно-экспертный центр Федеральной противопожарной службы); член федеральной Общественной палаты (Гельман, по совместительству член «Справедливой России»); движения за сохранение наследия (по меньшей мере два: Архнадзор и ОКЗМ); пожар; история района; гидрологические характеристики района; юридические документы (количество неизвестно); мэры и заместители мэров (по меньшей мере четыре); поликлиника; помещения, где проходили собрания (несколько); журналисты (численность неизвестна); законы, нормативные акты (количество неизвестно); член Союза кинематографистов, поддерживающий протестующих; олигарх (Дерипаска); прохожие-

Ил. 3.1. Апарт-отель в Малом Козихинском переулке, 11

зеваки (численность неизвестна); сотрудники милиции (численность неизвестна); отделение милиции (официально федеральный орган, но подчиняющийся также городским властям); политики (по меньшей мере четыре: один из «Левого фронта», трое из «Справедливой России»), префект Центрального административного округа; частные охранники (численность неизвестна); информагентства, газеты (по меньшей мере десять); Путин (?); радиостанция; исследовательские центры, независимые (два); протестующие местные жители и их сторонники (десятки); сторонники (сочувствующие) из других сообществ, протестующих против уплотнительной застройки (численность неизвестна); подземный гараж по соседству, вызывающий подтопление; веб-сайты, социальные сети (по меньшей мере несколько).

Список абсурдно длинный, однако поверхностный. По утверждению Б. Латура, «мы не должны считать, что "макро" включает в себя "микро". Напротив, "микро" состоит из разрастания несоизмеримых сущностей <...> которые просто предоставляют один из своих аспектов ("свою внешнюю сторону"), чтобы на какое-то время образовать целое" [Латур 2014: 335]. Все эти перечисленные выше сущности, и не только эти, объединились, чтобы сделать Малый Козихинский переулок, 11, тем самым местом, каким он стал, но за каждой из сущностей стояло больше, чем было видно со стороны. Возможно, например, что милиционер, который третировал Догилеву на улице, вечером с удовольствием посмотрел по телевизору старый фильм с ее участием. У всех этих сущностей были свои истории, свои траектории в мире, рассматриваемые как череда мест. Есть предел тому, что можно узнать о подобной ситуации, однако я бы сказал, что ученому надлежит узнавать то, что можно узнать, а не извлекать частицы, вставленные в заранее выбранную рамку. История Малого Козихинского переулка, 11, могла быть с самого начала представлена в макротерминах, быть может, как одна из битв в серьезной борьбе остатков советской интеллигенции с неолиберальным развитием в контексте глобализации. Можно было бы составить в таких терминах правдоподобный отчет и даже опубликовать его, но такой отчет неверно передавал бы то, что произошло на самом деле.

Некоторые известные последствия конфликта в Малом Козихинском

Битва за Малый Козихинский переулок, 11, была проиграна, но война за микрорайон Патриаршие пруды продолжалась. В июле местные жители и градозащитники вышли на митинг, чтобы попытаться остановить снос дома XIX века в Большом Козихинском переулке, 25, в двух шагах от сооружаемого апарт-отеля. Застройщик планировал возвести семиэтажное здание с двухуровневым подземным паркингом. Сага об этой борьбе не менее запутанна, чем вышеизложенная; она включает избиения, аресты, участие знаменитостей и политиков, судебные иски и, по сообщениям, вторжение на стройку под прикрытием дымовых шашек «радикально настроенной молодежи и различных общественных движений» [Стройплощадку 2012]. Догилеву якобы ударил в живот сотрудник полиции[8] [Полицейский 2012]. Также ее обвинили в нападении на сотрудника частного охранного предприятия [Противников 2012]. Новый «козихинский» конфликт СМИ освещали не менее широко, чем первый. Исход, который стал ясен в марте 2012 года, во многом был тот же: поражение протестующих.

В конце марта 2012 года жители Малого и Большого Козихинских переулков официально объединились, чтобы защитить район Патриарших прудов от будущей застройки [Жители 2012]. Впрочем, когда я гулял по этому району в июне 2013 года, облик его заметно изменился, словно точка невозврата уже была пройдена. Как выразилась в октябре того же года Догилева, «уже пукнуть негде от элитной застройки» [Татьяна Догилева 2013]. Тем не менее ОКЗМ по-прежнему проявляла активность; например, в июле 2013 года движение получило широкую огласку, когда появилось сообщение, что в здании-памятнике, принадлежащем городу, располагаются несколько предприятий секс-индустрии [Градозащитники 2013].

Ткач была избрана муниципальным депутатом Пресненского района, что дает ей определенные полномочия для решения вопросов местного значения, в том числе связанных с застройкой. Несмотря на должность, Ткач, защищая район Козихинских переулков от дальнейшей реконструкции, подвергалась нападениям в декабре 2012-го и в октябре 2013 года [Слушания 2013]. Она приобрела достаточную известность, чтобы ее мнение о выборах мэра 2013 года было признано достойным освещения в прессе [Муниципальный 2013].

По мнению Латура, места «состоят из циркулирующих сущностей», а следовательно, «никакое место не настолько самодостаточно, чтобы быть локальным» [Латур 2014: 288, 284]. Действительно, в разных местах проявляются общие элементы — фокус в том, чтобы позволить им проявиться, а не выводить их на ос-

---

[8] С 1 марта 2011 года милиция согласно Федеральному закону № 3-ФЗ «О полиции» от 7 февраля 2011 года была переименована в полицию. — *Примеч. пер.*

нове априорной теории. Случай Малого Козихинского переулка имеет сходство с другими локальными градостроительными протестами, особенно эпохи Лужкова. Данный проект был утвержден и запущен под видом законного, благодаря преимущественно закулисным договоренностям. Общественность не принимала участия в принятии решений и была недостаточно информирована о сносе старых зданий. Местные жители пытались использовать законные средства и обращались к чиновникам всех уровней, вплоть до мэра. Но при этом они с самого начала осознавали важнейшую роль СМИ, которые им удалось мобилизовать как в городском, так и в общероссийском масштабах. В связи с этим люди искали и находили поддержку у видных деятелей культуры, а также у политических сил, которые, разумеется, руководствовались своими интересами, и организаций, занимающихся защитой культурного ландшафта столицы. Более того, противники строительства осознали, что СМИ необходим драматизм. Протестующие блокировали стройку своими телами; короткая голодовка также подразумевала физическую жертву.

Конфликт в Малом Козихинском переулке оказался менее ожесточенным, чем некоторые другие, в том числе последующая битва в Большом Козихинском, если только произошедший пожар действительно не был обусловлен поджогом. Слишком уж часто сотрудники частной охраны прибегают к насилию, а полиция равнодушно взирает на происходящее[9]. Попытки запугать протестующих при помощи разных угроз типичны для подобных столкновений. Протестующие, в данном случае и вообще, гораздо чаще портят имущество или, по меньшей мере, проявляют неуважение к частной собственности, нежели нападают на людей.

В этом и многих других случаях противники локальных строительных проектов разработали ряд интересных приемов. Попыт-

---

[9] Подобные инциденты случаются до сих пор [Litvinova 2015a]. «Литература подтверждает предположение о том, что основная проблема удовлетворенности российского общества деятельностью полиции — незаинтересованность самой полиции в несении службы. Напротив, полицейские, похоже, видят себя исключительно в роли государственных чиновников и явно безразличны к служению обществу и общественному одобрению» [Reynolds et al. 2008: 166].

ка открыто пообщаться с Михалковым на заседании Союза кинематографистов напоминает тактику С. Алинского. Но, вероятно, более важными были создание сообщества наблюдателей за зданиями и объединение противников застройки из обоих переулков в одну группу с целью защитить весь микрорайон. О тактике протестующих стало широко известно не только в столице, но и по всей стране, и это, возможно, способствовало ее распространению. Супруги Ткач и другие участники протестов поддержали усилия по охране памятников в разных районах города. Стремление договориться с окружающими, чтобы действовать сообща, и расширить масштабы борьбы — показатель того, что москвичи становятся гражданами и берутся за построение гражданского общества, даже если их первоначальной целью было сохранение своего района в прежнем виде.

В первое воскресенье апреля 2011 года на митинг под лозунгом «В защиту Москвы против строительной мафии» на Пушкинской площади собрались около 500 человек. На мероприятии присутствовали самые разные движения, в том числе обманутые дольщики, противники точечной застройки и градозащитники — представители Архнадзора, назвавшие первоочередными очагами сопротивления Пушкинскую площадь и Малый Козихинский переулок. О «синергетическом эффекте» объединения противников локальных строительных проектов поведала Е. С. Чирикова, получившая известность как лидер «Движения в защиту Химкинского леса», а позже вошедшая в число лидеров общероссийской оппозиции путинскому режиму [Клеман 2013б]. На митинге на Пушкинской площади она отдала должное сообществам, созданным местными активистами. Чирикова довольна, что после четырех лет борьбы она, пролистав свою записную книжку, может, когда это необходимо, получить помощь от единомышленников. Или созвать товарищей на другое благое дело.

> «Вот будут опять что-нибудь застраивать в Москве, Лена Ткач (из "Коалиции в защиту Москвы") мне позвонит, я брошу клич, и уже придет [на помощь] не 20 человек, как раньше, а 120» [Митинг 2011].

Глава четвертая

Защитники города против лужковской машины

Как отмечалось выше, эта книга в первую очередь посвящена не сохранению московского культурного наследия как таковому. Заинтересованному читателю следует обратиться к двум выпускам двуязычного издания «Московское архитектурное наследие: точка невозврата (Moscow Heritage at Crisis Point)» [Сесил, Харрис 2007; Харрис и др. 2009]. О крупных разногласиях по поводу планов «Газпрома» возвести в Петербурге небоскреб писали М. Диксон [Dixon 2010] и А. В. Юрчак [Yurchak 2011]. Индустрию наследия в Ярославле исследовала Б. Митчнек [Mitchneck 1998].

В данной работе анализу подвергаются понятия о культурном наследии и нормативные взгляды на его охрану, фигурирующие в нарративе о взаимодействии участников. Простой вопрос «что такое здание?» может оказаться непростым, а вопрос «что с ним делать?» — еще более сложным и дискуссионным [Tait, While 2009]. Я стараюсь, как пишет Б. Латур, «кормиться разногласиями» [Латур 2014: 31]. А также следовать эмпирическому правилу АСТ: «позволяется ли понятиям акторов *доминировать* над понятиями исследователей?..» [Латур 2014: 46]. Важно то, как чиновники, защитники культурного наследия и общественность воспринимают здания и понимают такие термины, как «исторический», «памятник», «реконструкция» и «сохранение».

Москва стоит перед той же дилеммой, что и другие исторические центры в эпоху глобализации: как сохранить неповторимую культурную самобытность, напоминания об истории, вплетенные в ткань города, и располагать при этом всеми услугами и удобствами, требующимися мегаполисам XXI века. Исторический центр Москвы насыщен разнообразными архитектурными сокровищами, которые в советское время пребывали по большей части в плохом состоянии. Спрос на офисы, торговые площади и элитное жилье в центре казался неутолимым, но уже существующим сооружениям не хватало необходимых удобств. К тому же девелоперы гнались за прибылями, притом что громадную часть дохода пожирала лужковская машина. Самым типичным «решением» при Лужкове было полностью выпотрошить старые здания, оставив только исторический фасад, радикально перестроив все остальное. Однако не так уж редки были случаи, когда исторические сооружения сносили до основания, чтобы расчистить место для новой застройки. Хотя россияне слывут политически пассивными фаталистами, многие москвичи прилагали усилия к тому, чтобы сократить масштаб разрушений и сохранить историко-архитектурное наследие столицы. «Места могут воплощать в себе историю и систему ценностей», — утверждает А. Когл [Kogl 2008: 114] со ссылкой на М. Оже [Оже 2017]. Конфликты из-за мест способны формировать истории и системы ценностей. П. Каннаво [Cannavò 2007: 6] обоснованно заявляет: «Защита мест от любых изменений являлась бы упражнением в географической таксидермии; это сделало бы места безжизненными». Но вопрос в том, кто́ решает, что надо защищать.

Хотя в правление Ю. М. Лужкова сторонники сохранения памятников редко одерживали победы, после его отставки осенью 2010 года ситуация резко изменилась. Как показано ниже, в главе шестой, администрация С. С. Собянина избрала иной подход к градостроительству и сохранению культурного наследия, особенно в историческом центре, хотя разногласия по-прежнему возникают, а на горизонте появляются новые проблемы.

Настойчивое стремление сохранить

На исходе советского периода один из ведущих специалистов по истории СССР М. Левин заметил, что «гражданское общество болтает, сплетничает, требует, сердится, различными способами выражает свои интересы» [Lewin 1988: 146]. Не все исследователи советского общества и власти согласились бы с тем, что в Советском Союзе существовало такое явление, как гражданское общество. Но очевидно, что движение в защиту культурного наследия в последние годы советской власти было частично автономным от государства, частично встроенным в него и предпринимало довольно независимые и даже оппозиционные действия, типичные для целеориентированных групп гражданского общества. В период правления М. С. Горбачева гражданское общество было еще незрелым, но движение за сохранение культурного наследия закладывало его основы, пусть и непреднамеренно. Градозащитники эпохи гласности могли опереться на наследие героического протеста, уходящего корнями в ранние годы сталинской диктатуры.

Т. Колтон в своем объемном, основательном труде о советской Москве объясняет, что Сталин и его соратники относились к реконструкции столицы как к войне против старого города [Colton 1995: 280]. Как и во всех сталинских «прорывах», «враги» не могли рассчитывать на пощаду. Были расстреляны несколько священников, протестовавших против выноса мощей из храма Христа Спасителя в 1931 году; отправлены в трудовые лагеря два эксперта по сносу зданий, отказавшиеся участвовать в уничтожении собора [Colton 1995: 262]. В том же году Ассоциация новых архитекторов выступила с протестом против сноса Китайгородской стены, но безрезультатно [Colton 1995: 265]. В 1932 году Ассоциация влилась в официальный Союз советских архитекторов, нонконформистские ее члены были изгнаны, а другие объединения защитников культурного наследия распущены [Colton 1995: 307].

Пожалуй, самая узнаваемая достопримечательность России — храм Василия Блаженного — была намечена к уничтожению в 1933 году. Его спасла, по крайней мере отчасти, угроза П. Д. Барановского покончить с собой. Архитектор Барановский стал ведущим московским реставратором памятников архитектуры. С 1918 года он работал в Центральных государственных реставрационных мастерских, организованных ленинским правительством. В 1933 году Барановский был отправлен в ГУЛАГ, а в следующем году мастерские были ликвидированы [Colton 1995: 267].

Барановского освободили из трудового лагеря в 1936 году [Colton 1995: 267], но в Москву позволили вернуться лишь в 1944-м, когда его опыт понадобился для восстановления пострадавших во время войны зданий [Colton 1995: 351]. Урон, нанесенный войной, обеспечил реставраторов работой на многие десятилетия. По-прежнему занимаясь реставрацией, в 1964 году Барановский вдохновил молодежь на организацию городского клуба любителей русского искусства и зодчества «Родина». В недрах «Родины» зародилось Всероссийское общество охраны памятников истории и культуры (ВООПИиК), создание которого было официально одобрено в 1966 году правительством РСФСР (крупнейшей из 15 республик, входивших в состав СССР). К 1978 году одно только московское отделение Общества насчитывало 650 000 членов [Colton 1995: 406–407]. Хотя формально ВООПИиК являлось государственной организацией, оно отличалось от других структур, таких как комсомол (Коммунистический союз молодежи), который был образован властью для поддержки своих целей и членство в котором украшало биографию. ВООПИиК было объединением по-настоящему добровольным и занималось вопросами, которые до этого практически не интересовали коммунистическое руководство. Таким образом, по словам М. Урбана, ВООПИиК можно рассматривать как одну из «первых эмбриональных форм гражданского общества» в СССР [Urban 1997: 35][1]. ВООПИиК стало влиятельной организацией, и, во многом бла-

---

[1] Можно утверждать, что природоохранное движение в советский период также являлось предшественником гражданского общества, но хроникер движения Д. Р. Вайнер считает эту точку зрения упрощенной. Однако о ВООПИиК можно сказать то же, что Вайнер писал о защитниках природы: оно было хотя бы «суррогатом политики, поскольку реальная политическая дискуссия являлась запретной и наказуемой» [Weiner 1999: 444]. Оба движения свидетельствовали, что даже в СССР «отдельные люди могли найти способ объединиться для защиты и утверждения ценностей и представлений, радикально расходившихся с ценностями и представлениями правителей» [Weiner 1999: 443].

годаря ему, в Москве при Л. И. Брежневе сократился масштаб уничтожения памятников культуры [Colton 1995: 559].

Горбачев открыл дорогу новым типам «неформальных» объединений, количество которых к концу 1980-х годов стремительно умножилось, и к осени 1988 года в Москве их уже насчитывалось около 1500 [Colton 1995: 580]. Отличающиеся гибкостью, зачастую недолговечные, эти новые объединения включали в себя противников крупных строительных объектов; к марту 1988 года им удалось отменить в столице 200 проектов общественного строительства [Colton 1995: 592].

Один из наиболее значимых проектов, остановленных неформальными группами, — Третье транспортное кольцо (ТТК). ТТК впервые появилось в советском плане развития столицы в 1971 году, идея его была заимствована из печально известного сталинского Генерального плана реконструкции Москвы 1935 года. В отличие от других крупных автомобильных трасс, предусмотренных планом 1971 года, в сооружении ТТК власти действительно несколько продвинулись вперед [Colton 1995: 523–524]. В 1984 году работы на ТТК добрались до района Лефортово, расположенного восточнее Садового кольца в Юго-Восточном АО.

Лефортово прочно ассоциируется с российским военным наследием. Завсегдатаем Лефортова, называвшегося тогда Немецкой слободой, был юный Петр I. От иностранцев, в особенности профессиональных военных вроде Франца Лефорта, царь узнавал о Европе. Лефорт до самой смерти верно служил Петру, в частности, внес вклад в модернизацию армии и создание военно-морского флота.

План ТТК предусматривал уничтожение большей части исторической застройки Лефортова. Несколько местных жителей приняли близко к сердцу призыв к гласности, перестройке и демократии. Оппозиция сплотилась вокруг купеческих палат XVIII века, предназначенных под снос [Гурбошков 1990; Мусатов 1986]. После продолжительной, опасной борьбы в январе 1987 года тогдашний глава московского горкома партии Б. Н. Ельцин встал на сторону протестующих. Сопротивление распространялось вдоль планируемой трассы ТТК вплоть до

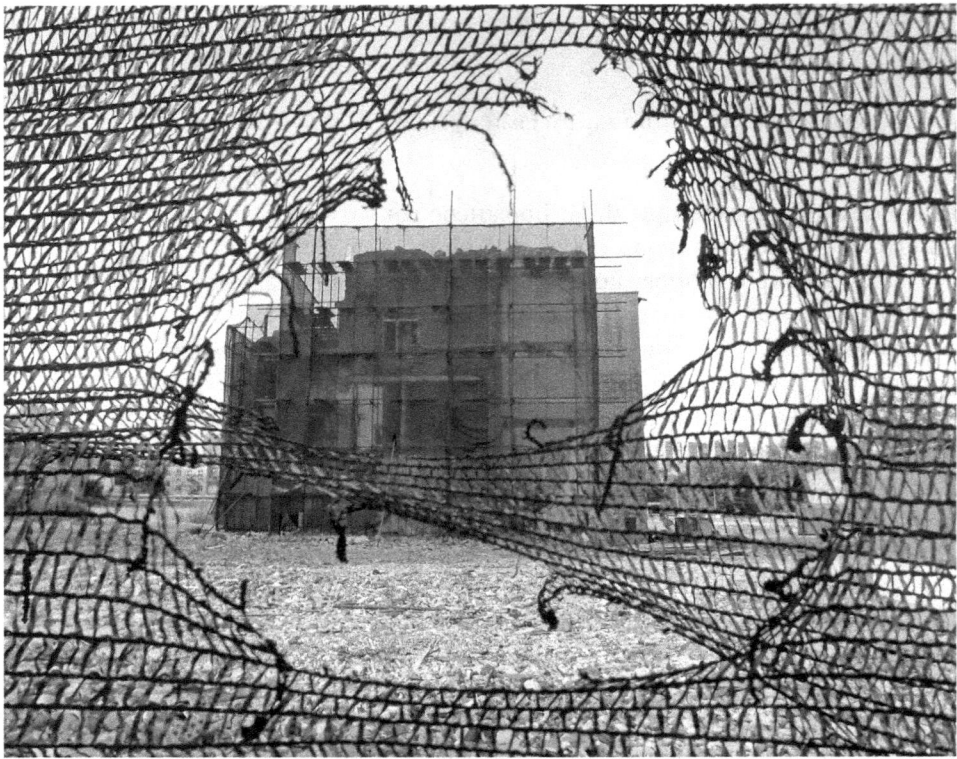

Ил. 4.1. «Созидательное разрушение» являлось неотъемлемой частью лужковской «московской модели»

1989 года, когда правительство РСФСР дало указание строителям идти в обход Лефортова [Colton 1995: 593–594]. Прежде чем был разработан новый план магистрали, Советский Союз распался, а новое государство — Российская Федерация — страдало от развала экономики. Как будет рассказано ниже, в 2001 году строительство ТТК, к тому времени ставшее главным проектом Лужкова, вновь спровоцировало сопротивление в Лефортове.

«Московская модель»

В 1990-е годы в России, в том числе и Москве, царил хаос. Однако в экономическом отношении столица неизменно обгоняла остальную страну, не считая отдаленных нефте- и газодобывающих регионов. Она стала воротами России в мировую экономику и приобрела репутацию города неисчерпаемых возможностей. По этим причинам население Москвы увеличивалось, когда почти все российские города пребывали в упадке. Сегодня столица во многих отношениях ощутимо опережает остальную Россию [Argenbright 2013].

В развитии Москвы в 1990-е годы участвовало бесчисленное множество отдельных лиц, групп, ведомств и несоизмеримостей. Однако не может быть никаких сомнений в том, что самым влиятельным агентом являлся мэр Лужков. У его команды «градостроителей» было гораздо больше гласных и негласных полномочий, чем у североамериканских или западноевропейских городских властей [Медведев 2005]. В. Куллудон утверждала, что «городское правительство удерживает абсолютный контроль над экономикой столицы» [Coulloudon 2001: 96]. Главнейшим преимуществом мэрии было (и остается) владение почти всей землей мегаполиса. Уже один этот факт означает, что режим Лужкова нельзя считать «неолиберальным», поскольку мэр, несмотря на давление Кремля, сопротивлялся приватизации земли.

Кроме того, существует наследие советского периода, например значительный массив «социального» жилья, отличающий Москву от других больших городов, особенно американских. Важным фактором являлась также продолжительность существования: лужковская управленческая машина основательно укоренилась за 18 лет градостроительной деятельности. Помимо этого, у мэра и его главных помощников имелась еще одна серьезная причина способствовать редевелопменту и контролировать данный процесс: согласно Р. А. Медведеву и многим другим, они делали на этом состояния [Rudnitskaya 2005][2]. Жена Лужкова Е. Н. Батури-

---

[2] Режим Лужкова расходился с неолиберализмом и в других важных отношениях. Некоторые из них можно было бы рассматривать как пережитки государственного социализма, однако они утверждались мэром как основополагающие черты «московской модели» [Медведев 2005]. Среди них бесплатное государственное жилье для лиц с московской пропиской; ограничение въезда российских граждан вопреки Конституции; особые социальные блага (в дополнение к федеральным) для различных категорий граждан, например ветеранов Великой Отечественной войны. Также город владел долей примерно в 500 компаниях и имел право решающего голоса в 260 из них [Salute 1998].

на благодаря участию в девелоперском бизнесе стала долларовым мультимиллиардером.

Город, в соответствии с принципом практически полной территориальности, сохранял за собой право определять, что и где будет, а чего не будет, не как арбитр или регулятор, но как лендлорд. Территориальное зонирование отсутствовало[3]. Решения о функциональном использовании земельных участков принимались администрацией в каждом случае отдельно. Более того, город выступал землевладельцем, который контролировал местную судебную систему и игнорировал федеральный Конституционный суд. Иными словами, столичная мэрия не подчинялась власти права, а пользовалась законом как одним из средств достижения собственных целей. Законодательная власть города (Московская городская дума) также не чинила препятствий лужковской администрации, поскольку подавляющее большинство ее членов всегда были лояльны к мэру.

Для администрации Лужкова главным недостатком этой «московской модели» [Медведев 2005] было то, что в любых проблемах обвиняли городское правительство, которое, казалось бы, держало все под контролем. Ответственность на город возлагали не только из-за социалистических ожиданий, переживших старый режим. Благодаря прессе и слухам люди знали, что городские чиновники вступили в сговор с частными застройщиками, чтобы, гонясь за прибылью, нарушать закон и российские нравственные нормы. Мэрия и другие органы власти извлекали из градостроительства выгоду, одновременно пытаясь делать вид, что защищают права граждан.

---

[3] Исправленный Генеральный план 2010 года, в который было включено чисто описательное понятие «зоны» (жилая, промышленная и т. д.), а кроме того, в котором проводилось различие между территориями, подлежащими и не подлежащими «комплексной реконструкции», не был осуществлен на практике. Расширение территории Москвы потребовало полной переработки плана, которая к октябрю 2014 года еще не завершилась.

Новая старая национальная святыня

В начале 1990-х годов необходимость повседневного выживания, как правило, превалировала над проблемами сохранения культурного наследия. Галопирующая инфляция и развал экономики представляли непосредственную угрозу существованию города и его жителей. Мало кто ожидал значительных вложений в реставрацию и содержание старинных зданий. В то же время строительная отрасль сильно пострадала от кризиса и нуждалась в реформировании, чтобы функционировать без Госплана. Реструктуризация этого сектора происходила в политико-экономическом контексте господства Лужкова, о доминирующем положении которого ярко свидетельствовало превращение «госпожи Лужковой» — Батуриной — в самую влиятельную неофициальную фигуру московского строительного комплекса. Немаловажную роль в данном контексте сыграл и лужковский бренд «воссоздания объектов культурного наследия».

В начале своего пребывания на посту мэра Москвы Лужков прикладывал большие усилия, чтобы отличаться от «варваров», нанесших большой урон историческому центру во время правления Сталина [Михайлов 2006: 11]. Но его подход заключался не в том, чтобы разработать и реализовать действенную систему сохранения и поддержания существующих исторических зданий. Вместо этого Лужковым была избрана куда более эффектная стратегия: полное воссоздание известных сооружений, уничтоженных в советскую эпоху. Особенно выделяются три «воссозданных» объекта. Действительно, нельзя побывать в столице и не увидеть их: Казанский собор на Красной площади, Воскресенские ворота, соединяющие Красную и Манежную площади, и храм Христа Спасителя. Эти «новые старые памятники», по словам градозащитника К. П. Михайлова, «стали символом не "покаяния" за вандализм недавнего прошлого, но одним из амбициозных строительных проектов городских властей» [Михайлов 2006: 11].

Именно ради «покаяния» многие либералы в конце 1980-х годов поддержали стремление националистических группировок восстановить храм Христа Спасителя: факт, проливающий свет на подход Лужкова к «воссозданию». Националисты же, напротив, пытались «возродить» свою (во многом воображаемую) родину. Этот замысел, вероятно, никогда не осуществился бы из-за нехватки средств, если бы в 1994 году им не увлеклись президент Ельцин и мэр Лужков. Ельцин в своем обращении писал о соборе: «Это русская национальная святыня, и она должна быть возрождена. С ней всем нам будет легче находить пути к общественному согласию, к созиданию добра, жизни, в которой будет меньше греха» [Smith 2002: 124][4]. В то время как Ельцин рассуждал о грехе, «местные московские власти монополизировали принятие решения» [Sidorov 2000: 562].

Ельцинский термин «национальная святыня»[5] вполне уместен, поскольку первоначально храм являлся патриотическим монументом, а именно памятником в честь победы над Наполеоном. Участок застройки расположен примерно в полукилометре к юго-западу от Кремля, вверх по течению Москвы-реки. Эта земля уже считалась священной, так как здесь с XIV века стоял Алексеевский монастырь; однако он был снесен, чтобы освободить место для «самого большого в мире православного храма», символа величия Российского государства. Средства на возведение храма пожертвовали московские горожане, а украшению его интерьера посвятили свое время и талант выдающиеся художники. Храм Христа Спасителя занял важнейшее место в символическом ландшафте империи, что, безусловно, делало его вдвойне неприемлемым в глазах большевиков — как имперский и как религиозный монумент. Сталин уничтожил собор в 1931 году и намеревался заменить его гигантским дворцом Советов,

---

[4] Первоисточник — «Обращение Президента Российской Федерации к членам Общественного наблюдательного совета по воссозданию Храма Христа Спасителя» (Храм Христа Спасителя. М.: Столица, 1996. С. 214).

[5] Эта фраза вполне применима и к мемориальному комплексу в московском парке Победы, который являлся федеральной инициативой, но осуществлен был в значительной степени Лужковым. Проект вызвал политическое противодействие, но не низовое сопротивление, являющееся предметом настоящего исследования [Schleifman 2001].

увенчанным самой большой в мире статуей В. И. Ленина, который стал бы высочайшим сооружением на планете. В некотором смысле это была мечта о новой «национальной святыне»: хотя коммунисты, по их собственному выражению, были «воинствующими безбожниками», культ Ленина и вера в заветы вождей оказались квазирелигиозными качествами. Различные трудности, в том числе неблагоприятные гидрологические характеристики участка, воспрепятствовали строительству. К 22 июня 1941 года был закончен фундамент и возведены 11 этажей стального каркаса, однако вмешалась война. К ее окончанию остался лишь затопленный фундамент, который Н. С. Хрущев в 1960 году прагматично превратил в огромный открытый бассейн с подогревом.

«Воссозданный» собор также является «национальной святыней» в том смысле, что его основная функция — служить местом проведения «торжеств с участием государственных чиновников и других высокопоставленных лиц» [Khazanov 1998: 297]. Многие комментаторы считают, что главной побудительной причиной для восстановления собора были политические соображения: Ф. Пагонис и Э. Торнли [Pagonis, Thornley 2000: 760] называют его «грандиозным проектом, конечная цель которого — повышение авторитета мэра», А. М. Хазанов утверждает, что Лужков стремился «к возвеличению собственных политических замыслов» [Khazanov 1998: 309]. Лужков воспользовался возможностью «возродить» важный объект исторического наследия России, но сделал это методами, которые вскоре стали для него типичны: ему хотелось «улучшать» это наследие в соответствии со своими эстетическими взглядами. В данном случае, например, мэр настоял на том, чтобы устроить под храмом офисный комплекс и подземный паркинг. Также у Лужкова появился шанс преуспеть там, где потерпел неудачу Сталин, однако активная пропаганда и головокружительные темпы строительства напоминали многим наблюдателям крупные проекты советского прошлого.

Отношение к проекту воссоздания храма большинства москвичей было одобрительным или равнодушным, но нашлось и немало критиков. Они атаковали проект с двух позиций. Пожалуй, самая распространенная претензия касалась стоимости строительства, оценивавшегося более чем в 400 000 000 долларов [Smith 2002: 122]. Одновременно осуществлялись еще два многомиллионных проекта: подземный торговый центр на Манежной площади и военный мемориальный комплекс на Поклонной горе [Khazanov 1998: 308]. Формально возведение храма финансировалось из частных пожертвований, порой весьма эффектных и широко разрекламированных, как, например, подарок банка «Столичный» в виде 50 кг золота [Khazanov 1998: 297]. Лужков располагал целым арсеналом средств для привлечения к участию в проекте фирм и частных лиц. Мэрия не только ведала, как обычно, разрешениями и налогами, но также владела большей частью земли и в те времена контролировала бóльшую часть офисных площадей столицы. Более того, федеральное правительство негласно предоставляло субсидии, а сама мэрия тайно выделяла на храм средства из внебюджетных доходов. Что касается ежедневных трат на возведение собора, то частные пожертвования покрывали лишь 10% [Smith 2002: 123]. Это было время, когда многим людям не выплачивали зарплату, а в здравоохранении, общественном транспорте, образовании и других системах происходили значительные ухудшения. В то же время крупные строительные проекты Лужкова стали экономическим стимулом, оживив строительную отрасль и создав рабочие места.

Другая претензия состояла в сомнительных эстетических качествах храма и его притязаниях на роль культурного символа — подобная озабоченность высказывалась в отношении многих лужковских проектов. Например, решение Лужкова сделать фасадные изображения святых и многофигурные рельефы из пластика, а не из мрамора вызвало раздражение широких слоев общественности. Считается, что мэр в данном случае играл на руку своему любимому скульптору З. К. Церетели [Khazanov 1998: 296]. Определенная критика исходила даже от Церкви, например по поводу использования бетона при возведении стен [Sidorov 2000: 563–564]. Также ставился вопрос о том, настоящая ли позолота на куполах [Gentes 1998: 87]. Замечание С. Ю. Бойм о новой старой национальной святыне мэра многое говорит о монументальных пространствах Лужкова: «Реплика собора в железобетоне — это своего рода псевдосинонимия, которая подменяет память и историю, полные несовершенства, разрушений, "пустых страниц" и мрачных эпизодов, чистой и успокаивающей символической конфабуляцией» [Бойм 2019: 173].

Лужковский проект, кажется, подтверждает замечание К. Маркса о том, что история повторяется в виде фарса, но сегодня храм Христа Спасителя, похоже, завоевал общественное признание. Возможно, в этом случае храм иллюстрирует собой наблюдение Каннаво:

> Хотя основание или сохранение места первоначально может происходить недемократически, его использование в качестве жилого или общественного пространства способно в конечном итоге реформировать это место и обусловить притязания на него всего населения в целом [Cannavò 2007: 229].

Тематический парк «Москва»

> Каждое политическое устройство имеет свои определенные формы задуманного пространства, которые сознательно воплощают определенные ценности [Kogl 2008: 24].

С точки зрения культурного наследия наиболее серьезные опасения в отношении лужковского культурного возрождения вызывала символическая и эстетическая ограниченность последнего. Мэр, часто действовавший через Церетели, демонстрировал «любовь к включению в городской ландшафт репрезентаций русского наследия», но, как заключает К. Смит, «идеальная Москва Лужкова больше напоминала исторический тематический парк, чем музей» [Smith 2002: 125, 127]. Со столичной общественностью перед осуществлением этих «включений», как правило, не советовались. Волюнтаризм и сомнительный вкус Лужкова заставили бóльшую часть столичной интеллигенции взяться за защиту городского ландшафта от банализации.

При обсуждении вопросов, связанных с культурным ландшафтом Москвы, Лужков обычно «придерживался определенного сценария», то есть создавал и воспроизводил дискурс, который легитимизировал и возвеличивал усилия мэра по обновлению и улучшению материальных репрезентаций славной московской истории в соответствии с его личными вкусами. Похоже, Лужков верил, что «московский Диснейленд» будет привлекательным для иностранных инвесторов и туристов. Даже если у него и были другие, более полно раскрывающие его личность, взгляды на архитектурное наследие столицы, то они не разглашались. Однако его жена и частный партнер по градостроительной деятельности Батурина, судя по всему, откровенно высказалась в одном интервью [Ляув и др. 2007]:

> Но когда критикуют снос полуразрушенных зданий, то я с этим не согласна. Город должен быть комфортным для проживания. Несмотря на то что историческая застройка должна быть сохранена, если ничего не делать, то город превратится в мертвый. И примеры тому мы знаем. Та же Венеция, которой все восхищаются, выглядит ужасающе. То есть город-памятник, наверное, это не самое хорошее решение для города, который активно развивается.

Каковы бы ни были его личные взгляды, Лужков явно не разделял приверженности градозащитников к «аутентичности», то есть ориентации на максимально возможное сохранение первоначальной постройки либо, если без реставрации не обойтись, на восстановление ее первоначального вида без дополнений и приукрашивания. По мнению Лужкова, чем больше украшений, тем лучше. Вероятно, ничто не иллюстрирует его мировоззрение столь наглядно и помпезно, как Царицынский парк, где был «воссоздан» дворец, в свое время оставшийся недостроенным, о чем речь пойдет в пятой главе. Это была *диснейлендизация* (слово, вошедшее в лексикон во многом благодаря Лужкову и Церетели) в самом ее экстравагантном проявлении.

Экспонаты тематического парка «Москва» отыскать очень просто. Например, навязанное городу в 1997 году устрашающее изображение Петра Великого на вершине башни из кораблей с судовым штурвалом в массивной руке, работы Церетели, вызвало широкое публичное возмущение и протест. Некий «Реввоенсовет» даже укрепил на памятнике пластиковую взрывчатку и пригрозил уничтожить памятник, если правительство попытается убрать с Красной площади мумифицированное тело Ленина. Город словно оказался на грани развязывания опосредованной гражданской войны, где жертвами должны были стать монументы различным и антагонистическим эпохам. К счастью, «революционеры» решили, что не хотят рисковать безопасностью случайных прохожих [Lebedeva 1997].

Впрочем, по большей части новые скульптуры сомнительных художественных достоинств вызывают скорее насмешки, чем провоцируют бесчинство. Среди объектов, подвергшихся критике, — китчевые изображения сказочных персонажей, украшающие нижнюю пешеходную зону у торгового центра на Манежной площади, близ Кремля. Находящаяся неподалеку статуя маршала Г. К. Жукова, изображенного верхом, с застывшей вытянутой рукой, словно ему самолично приходится отражать натиск врагов, представляет битву за Москву (первое поражение нацистского блока) в виде подвига сказочного богатыря. Точно так же 200-летие А. С. Пушкина в 1999 году было отмечено елейным посвящением поэту и его жене в виде памятника, изобразившего их бесстрастными манекенами. Многие разделяют взгляд Хазанова на лужковские «вставки»: «Все они примечательны необоснованной поспешностью сооружения, эстетической слепотой и откровенно политизированным характером» [Khazanov 1998: 297–298].

Казалось, что нашествию китча не будет конца, пока мэрия не взялась за преображение микрорайона Патриаршие пруды — редкого для оживленного мегаполиса тихого уголка, мало изменившегося с XIX века. Это пространство послужило одним из мест действия в романе М. А. Булгакова «Мастер и Маргарита», и город решил отметить данный факт установкой новых скульптур. Однако к тому времени общественность уже крайне настороженно относилась к монументально-строительной деятельности Лужкова. Возмущение вызвала не фигура самого писателя, сидящего в задумчивости на сломанной парковой скамейке, а предложение установить 12-метровый примус и статую Иешуа, идущего по воде. Очевидно, многие полагали, что впечатляющие булгаковские сцены лучше переживать, читая его книгу, а не разглядывая бронзовые карикатуры, которые изуродовали бы любимый сквер. На первом митинге протеста присутствовали 500 москвичей, в том числе «несколько почетных» граждан Москвы [Pond 2003].

Памятники стали для жителей района последней каплей. Первоначально эта местность намечалась к масштабному редевелопменту, включавшему огромный подземный паркинг [Кодзасова, Шейкина 2002; Munro 2002]. Столкнувшись с противодействием общественности и враждебной реакцией прессы, правительство пересмотрело эти планы. Но затем официально одобренный проект строительства нового четырехэтажного жилого дома рядом с прудом превратился в ярко-желтого 12-этажного постмодернистского «бегемота». Это был один из первых случаев «точечной (уплотнительной) застройки», которая через несколько лет приведет к протестному движению. В историческом районе к этому добавлялась также проблема сохранения культурного наследия.

Физическое противостояние началось, когда рабочие вытащили из пруда около 20 тонн карпа, осушили воду и начали земляные работы. Жители немедленно мобилизовались. Когда людям объяснили, что пруд просто чистят, они решили, что город все-таки собирается построить тут паркинг, несмотря на недвусмысленно выраженный протест [O'Flynn 2002]. Жалоба одной местной жительницы является наглядным примером переживаний горожан, которых утрата иллюзий сделала сознательными и активными: «Я думала, что наше городское правительство прислушается к голосам тех, кто любит пруд. Теперь я понимаю, что мы для них пустое место» [O'Flynn 2003a]. Позднее возникло впечатление, что мэр Лужков занял сторону протестующих, но газета «Moscow Times» сообщила, что в действительности проект был отменен после телеграммы федерального министра культуры [Pond 2003].

Идея «спасения» исторической Москвы до 2004 года, казалось, привлекала главным образом представителей «старого» среднего класса — людей, ставших интеллектуалами и профессионалами при прежнем строе. «New York Times», ссылаясь на «лефортовское» дело, которому посвящен следующий раздел главы, снисходительно окрестила их «разношерстной кучкой из нескольких сотен историков, интеллектуалов и энтузиастов» [Tavernise 2002], но похоже, что городские власти, а порой даже Кремль воспринимали их всерьез. Во-первых, как свидетельствует упоминание в «New York Times», они сумели привлечь к себе внимание в мировом масштабе. Еще до того, как возникла сильная оппозиция другим направлениям лужковской градостроительной деятельности, защитники культурного наследия разработали тактику, которую позднее будут применять и другие: налаживание связей, как личных, так и виртуальных; привлечение СМИ; расширение масштабов борьбы для привлечения внимания на государственном и международном уровнях.

«Удобство» для автомобилистов против культурного наследия

Администрация Лужкова нередко заявляла, что основополагающий принцип городского строительства — сделать город более *удобным*. Слово «удобный» характеризует образ жизни, который, как ожидалось, породит автомобилизация. Вопросы, связанные с автомобилизацией — как конфликты по поводу реорганизации пространства и транспортной мобильности, так и гражданская активность в этой сфере, — тема будущих исследований. В данном разделе рассматривается тот аспект автомобилизации, который угрожал культурному ландшафту и вызывал противодействие жителей в первой половине лужковской эпохи.

Первым крупным противостоянием между автомобилизацией и культурным наследием фактически стал второй раунд борьбы за Лефортово. В 1998 году Лужков поддержал идею ТТК, сделав ее ключевым проектом своего правления. В сущности, ТТК являлось панацеей, которая была призвана снизить стремительно возраставшую загруженность московских автомобильных дорог.

Кроме того, сооружение ТТК продемонстрировало бы огромный прогресс столицы на пути к комфорту, удобству и цивилизованности, попутно послужив прославлению лужковского режима. Однако строительство кольцевой городской автомагистрали всего в 2,5 км от Садового кольца неизбежно сулило стать непростым проектом, поскольку ТТК предстояло прокладывать через плотную городскую застройку.

Возникновение Лефортовского парка относится к началу XVIII века. Когда-то он, особенно благодаря своим пяти прудам, был излюбленным местом отдыха аристократии и остается одной из малоизвестных жемчужин столицы. Вероятно, следовало опасаться негативной реакции общественности на строительство дороги в этой местности, и, возможно, ее ожидали. Трудно было забыть, что в 1986 году жители уже поднимались на защиту парка; в то время Лужков был членом Моссовета (Московского городского совета народных депутатов). В общем, команда Лужкова поначалу, казалось, понимала, что не сможет проложить дорогу прямо через исторические кварталы, как это делала советская власть. Особенно ей не хотелось снова вызывать волнения в Лефортове, но подыскать альтернативный маршрут прокладки ТТК на практике не удалось. Поэтому летом 2001 года строители приобрели за границей дорогой немецкий проходческий щит, чтобы проложить под парком тоннель, не нарушая ландшафт.

Первоначально предполагалось завершить строительство ТТК в 2005 или 2006 году. Но в 2001 году Лужков, почти в соответствии со сталинским лозунгом «Пятилетку в четыре года!», сдвинул срок завершения работ на 2003 год. Очевидно, он хотел, чтобы его грандиозный успех был упрочен накануне очередных выборов мэра, предстоявших в декабре 2003 года. Лужков даже планировал начать до выборов сооружение Четвертого транспортного кольца [Иванов 2001].

Лужков неустанно, в лучших традициях советской пропаганды продвигал проект, пока не столкнулся с препятствием в Лефортове; проходческий щит не сумел быстро прокопать тоннель, чтобы сохранить желаемые темпы строительства. Кроме того, этот метод строительства довольно затратен. И тогда мэр принял решение соорудить тоннель открытым способом, с прокладкой через весь исторический район котлована, который разделил бы парк пополам. Он обещал вернуть все в первоначальное состояние, но такой исход представлялся крайне неправдоподобным. Многие москвичи были убеждены, что тоннель навсегда уничтожит важную составляющую культурного наследия столицы. Дополнение к плану показало, что первоначально проектировавшиеся две ветки ради экономии времени заменили на одну. Тоннель теперь предназначался только для легковых машин, а грузовики предстояло пустить по городским улицам, что еще сильнее встревожило местных жителей. Кроме того, при наличии лишь одной ветки исчезал аварийный маршрут эвакуации находящихся в тоннеле людей; в чрезвычайной ситуации им пришлось бы выбираться на поверхность по 40-метровой лестнице [Марчук 2001; Дейч 2001].

Местные жители проявили упорство при серьезной поддержке СМИ, и в конце концов был достигнут компромисс. С помощью проходческого щита под парком соорудили трехполосный тоннель глубокого заложения. Открытым способом — тоннель для движения в другом направлении, четырехполосный, но идущий в обход парка и исторической застройки. Парк был спасен, а город сэкономил время и средства. Однако спешка при сооружении тоннеля привела к целому ряду проблем, в том числе протечкам. Зимой на дороге может образоваться опасная наледь, которая, вкупе с традиционным для москвичей опасным стилем вождения, принесла Лефортовскому тоннелю печальную известность из-за видео с жуткими авариями, несколько из которых стали «вирусными» в Интернете[6].

Защита архитектурного наследия в 1990-е годы

Как показал первый эпизод борьбы за спасение Лефортова, в конце 1980-х годов в Москве возникло значительное движение в защиту культурного ландшафта. Но это было не совсем оппо-

---

6 См., например: URL: http://www.youtube.com/watch?v=kNZGHLQjU0I (дата обращения 20.05.2021).

зиционное движение, поскольку городским властям тогда еще не приходилось выбирать между сохранением / реставрацией и высокодоходной застройкой. Градостроители применяли системный подход к «комплексной реконструкции районов», как объясняют О. Ю. Голубчиков и А. В. Бадьина в своем исследовании джентрификации микрорайона Остоженка района Якиманка Центрального АО:

> В отличие от прежних планов, новая Программа утверждала продолжительное жилое использование Остоженки. Также она стремилась создать гармоничную городскую среду с помощью контекстуального подхода и тщательного возрождения структурных, исторических и эстетических ценностей района в целом. Реализация Программы должна была быть всесторонней: а) комплексный ремонт существующих жилых и исторических зданий, в том числе бывших монастырей и церквей; б) воссоздание утраченных строений; и в) удаление «нежелательных землепользователей», главным образом производственной и административной недвижимости, которая появилась в советское время или по какой-то иной причине не вписывается в историческое окружение района [Golubchikov, Badyna 2006: 199].

План комплексной реконструкции микрорайона был принят постсоветским городским правительством в 1992 году. К сожалению, экономика страны рухнула, и большая часть проектов была свернута. В начале 1990-х годов СМИ и общественность уделяли сравнительно мало внимания уничтожению и повреждению исторических зданий. Как уже отмечалось, экономический «переходный период» начала 1990-х годов стал для большинства людей кошмаром. Стабилизация в середине 1990-х годов сопровождалась активным ростом потребления, чему способствовал лужковский торговый комплекс на Манежной площади. Потребительство обладало наркотическим эффектом. Бывшие советские люди годами мечтали о товарах, которые на Западе воспринимались как нечто само собой разумеющееся: модной одежде, телевизорах, которые не взрываются, и так далее. Кроме того, потребительство помогало заполнять пустоту, образовавшуюся после крушения советской системы взглядов. В 1998 году разразился очередной экономический кризис: в одном только сентябре рубль потерял две трети стоимости. Импортные товары стали для большинства людей непозволительно дорогими, но в этом имелся и положительный момент, поскольку некоторые отечественные отрасли сумели расширить свою долю рынка.

Политическая ситуация во времена Ельцина разочаровывала и обескураживала большинство населения. Нижняя точка упадка была достигнута осенью 1993 года, когда вспыхнула ожесточенная борьба между бывшим вице-президентом РФ и большинством депутатов Думы с одной стороны и Ельциным, получившим поддержку военных, — с другой. Президент удержал контроль над государством, но на местном уровне порядка катастрофически не хватало. Утратив доверие к официальной власти, большинство людей старались использовать при решении своих проблем испытанный временем способ: в попытках найти неофициальные пути к какому-нибудь влиятельному лицу, способному оказать помощь, они обращались к друзьям и знакомым. В ту пору очень немногие интересовались чем-то кроме повседневного выживания и вряд ли стали бы создавать новые сообщества.

Даже ВООПИиК, обладавшее значительной общероссийской базой и многолетним влиянием в области сохранения культурного наследия, боролось за выживание. Общество приобрело заметный националистический уклон и тесно сотрудничало с Русской православной церковью, что проявилось в поддержке реконструкции храма Христа Спасителя. В 1990-е годы ВООПИиК пыталось, хотя и без особого успеха, привлечь к проблемам сохранения культурного наследия внимание СМИ [Корольков 1997]. Съезд ВООПИиК, состоявшийся в 1997 году, объявил период 1991–1996 годов самым сложным и конфликтным в истории общества. С распадом многих местных секций резко сократилось количество членов организации. Точка зрения Общества была выражена его руководством на съезде 1997 года:

Разрушение традиционных политических, экономических, национальных и культурных связей, внедрение рыночных отношений, охвативших все сферы общественной жизни, породили ряд кризисных процессов в обществе. В новых условиях стали доминировать крайне негативные факторы, получившие распространение в общественном сознании, в области культуры и духовной жизни. Эти процессы характеризуются: падением образовательного и культурного уровня, особенно в среде молодежи, утратой объективных критериев в оценке отечественной истории, снижением качества исторических знаний и ослаблением чувства сопричастности к великому прошлому своего Отечества, засильем чуждой и даже враждебной отечественным духовным традициям массовой культуры [Постановление 1997].

Как указывалось выше, Лужков представил свой проект храма с расчетом произвести впечатление на тех, кто тосковал по «отечественным духовным традициям». Мэр критиковал «варваров», рьяно уничтожавших культурные сокровища столицы, а себя изображал поборником возрождения исторического наследия. Возможно, его риторика была лицемерной, но Лужков, как представляется, действительно верил, что создает «наследие», которое улучшит город. Его можно считать образцовым постмодернистом. Советская Коммунистическая партия, особенно при Ленине и в предвоенный сталинский период, была воинствующе модернистской. Партийные вожди гордились тем, что ведут войну с прошлым, потому что они строили новый мир, который должен был стать лучше во всех отношениях. Разрушение древней столицы имело для них особое значение, являлось по сути героизмом. Лужков, напротив, рассуждал о славном дореволюционном прошлом, однако «возрождал» русское наследие в виде симулякров. Акцент ставился на броском внешнем виде (чем ярче, тем лучше) и упрощенном смысле сказочной истории. Мэр вроде бы и любил «наследие», но не подлинно старинные его черты.

Есть много веских причин критиковать администрацию Лужкова, но следует отдать ему должное. Он пришел к власти в пору всеобщего разочарования, тревоги, отчаяния и растерянности и все же неизменно излучал уверенность и энергию. Кто-то должен был решить, что делать, а потом взяться за это, тем более что федеральное правительство едва ли было способно к продуктивной деятельности. Лужков установил режим правления, ориентированный на градостроительство и материально зависевший от него. Он энергично взялся за преображение столицы, направленное на то, чтобы войти в число ведущих глобальных городов. Хотя Москва по-прежнему сильно отстает от Лондона, Нью-Йорка и других крупных мировых городов, по многим традиционным показателям она стала одним из немногих в России мест, привлекающих иностранные инвестиции: в течение многих лет на ее долю приходилось более половины всех зарубежных вложений в РФ. Основная часть этих средств на деле контролировалась русскими, которые отмывали их на Кипре, а затем инвестировали в строительство или недвижимость в Москве. По сравнению с остальной Россией Москва была хорошим вариантом; московские чиновники наживали состояния, однако заботились о том, чтобы их партнеры из частного сектора тоже получали прибыль. Одним из способов добиться этого было устранение или обход препятствий на пути девелопмента — охранных норм.

Лужков всегда старался делать вид, будто он точно знает, что делает, даже когда явно не имел об этом ни малейшего понятия. Например, в сентябре 1994 года мэр объявил о «планах» отреставрировать все исторические дома и памятники в центре к 1997 году — 850-летию основания Москвы [Yudin 1994]. На самом деле то, о чем объявил Лужков, являлось скорее мечтой, чем конкретным планом, не в последнюю очередь потому, что мэр вообразил, будто большую часть расходов покроет недавно возникший частный сектор. Более того, Лужков уже демонстрировал готовность уничтожать архитектурные памятники, чтобы освобождать место для новой застройки [Михайлов и др. 2006].

В конечном счете судьба многих зданий в Москве решалась в противоборстве, которое зачастую бывало многосторонним и сложным. Лужков выступал как главный градостроитель, руководя своим управленческим аппаратом и доминируя над застройщиками. Степень фактической независимости девелоперов от мэрии неизвестна, но в определенной мере они действовали самостоятельно. Например, могли использовать суды и нанимать частную охрану, а иногда прибегали к незаконным средствам вроде поджога [O'Flynn 2004d]. Мощным стимулом было то, что подлинная реставрация обходилась в среднем втрое дороже, чем замена старинных зданий новыми [Golubchikov, Badyna 2006: 204]. Стремление к обогащению и политические амбиции были (и остаются) труднопреодолимыми мотивирующими факторами, как и пространственные воззрения Лужкова, то есть то, как в его представлении должна была выглядеть «удобная», «цивилизованная» Москва. Федеральное правительство, конечно, тоже интересовалось столицей и иногда проявляло к историческим памятникам больше уважения, чем Лужков. Ельцин и особенно Путин настороженно относились к амбициям Лужкова и не вполне разделяли его «воззрения» и вкусы.

Что касается другой стороны — защитников культурного наследия, — то ВООПИиК по-прежнему стояло на страже, однако отстало от современности. Общество взывало к властям и пыталось судиться, но без особого успеха. ВООПИиК также обращалось к средствам массовой информации, но не организовывало достойных освещения событий, способных привлечь внимание. Местные проблемы обусловили появление нескольких довольно недолговечных движений — своего рода предтеч местной оппозиции девелопменту, которая получит свое развитие в следующем десятилетии[7]. Интерес Запада к жертвам московского градостроительства вылился в несколько критических газетных статей, но системная заинтересованность отсутствовала [Беззаконие 2004].

Как и в прошлом, основное бремя защиты московского культурного наследия в 1990-е годы лежало на плечах отдельных специалистов, таких как А. И. Комеч, директор Государственного института искусствознания. Комеч напрямую обращался к Лужкову и другим руководителям, пытался привлечь к пробле-

---

[7] См., например, [Dmitrieva 1995].

мам охраны памятников внимание СМИ. Подобные ему неравнодушные интеллигенты использовали научные аргументы и эмоциональные призывы, подчеркивая важность историко-архитектурного наследия и достопамятных мест для российского самосознания. Они шли по стопам своих предшественников — русских и советских интеллигентов, бесстрашно бичуя моральными доводами стремление к власти и богатству. Как отметил Комеч в одном из интервью, иногда ему удавалось убедить Лужкова отказаться от «особенно одиозных проектов». Но вместе с тем он признавал, что заседания с Лужковым, на которых он присутствовал, являли собой лишь «видимость демократического обсуждения» [Беззаконие 2004]. По сути, Комеч и другие были лишь подданными, обращавшимися к властелину.

В ельцинский период противоборство из-за памятника архитектуры по большей части выстраивалось по трем пунктам, перечисленным здесь в порядке убывающей важности: к чьей юрисдикции относится конкретное здание; является ли оно достаточно «историческим»; и если да, то не слишком ли велика аварийность строения, чтобы его реставрировать. На практике, когда по первому пункту преимущество было у Москвы, второй и третий пункты тем или иным способом решала команда Лужкова. Теоретически сохранение культурного наследия находится в совместном ведении российского правительства, «субъектов федерации», к которым относится в том числе Москва, и местных органов власти. Но, как отмечает Л. Виктуар, «подобную коллективную ответственность трудно координировать, что часто приводит к конфликту». Однако конфликты конфликтам рознь. По мнению Виктуар, «ни в одной другой части страны не было столь ожесточенных разногласий по вопросу защиты исторической архитектуры», как борьба между Кремлем и московской мэрией [Victoir 2006: 60, 63].

В идеале соответствующее законодательство устанавливается и исполняется компетентными, некоррумпированными органами, которые стоят «выше» политики, а оставшиеся конфликты рассматриваются высококвалифицированными, беспристрастными судьями, недосягаемыми для «телефонного права». Но в России было по-другому. В 1990-е годы конфликты из-за исторической застройки усугублялись отсутствием федерального законодательства, которое соответствовало бы постсоветской реальности. Еще действовал советский закон 1978 года «Об охране и использовании памятников истории и культуры», но, помимо прочего, он, разумеется, не принимал в расчет роль частного сектора [Рахматуллин 2009].

Москва унаследовала советское законодательство, а также ведомство, занимавшееся вопросами охраны памятников, — Управление государственного контроля охраны и использования памятников истории и культуры (УГК ОИП) г. Москвы. Уже в 1992 году городское правительство приступило к пересмотру законодательства. В выпущенном постановлении «О неотложных мерах по организации обеспечения сохранения историко-культурного наследия Москвы» было указано 1710 исторических памятников, внесенных в список охраняемых государством, из которых 627 находились на балансе УГК ОИП [О неотложных мерах 1992]. Но в документе также говорилось, что «особую тревогу вызывает положение дел с 9500 зданий, представляющих историко-культурную ценность и формирующих градостроительную среду исторического центра города и охранных зон памятников». В постановлении были указаны различные наказания, примененные УГК ОИП к нарушителям действующего законодательства, но они оказались не слишком внушительными. Общая сумма взысканных штрафов составила всего 100 000 рублей, или около 57 000 долларов по официальному курсу на тот момент [Курсы 2015]. Среди примененных санкций насчитывалось и 12 случаев принудительного выселения арендаторов, но составители документа сделали вывод, что эти меры «явно недостаточны».

Новое законодательство уполномочило руководство префектур и управлений муниципальных округов контролировать техническое состояние «зданий, представляющих историко-культурную ценность», но не охраняемых памятников. Местные чиновники должны были следить за тем, чтобы арендаторы должным образом заботились об архитектурных сооружениях, и, если необходимо, наказывать их. Право разрешать или запрещать изменение функционального использования зданий, а также проведение ремонтно-реставрационных работ также передавалось местным должностным лицам при условии тесного взаимодействия с УГК ОИП. Арендаторы были обязаны регулярно проводить ремонт, а договоры аренды надлежало продлевать каждые пять лет, в зависимости от результатов осмотра зданий. УГК ОИП с помощью местных властей должно было составить перечень аварийных построек, а также осуществлять контроль за охраняемыми объектами культурного наследия и разрабатывать необходимые нормативные акты [О неотложных мерах 1992; Moore 1995].

В 1996 году Лужков реорганизовал Архитектурный совет — городское ведомство советского периода, несколько раз менявшее официальное название [Совет 1996]. Совет был наделен (и до сих пор располагает) правом голоса при обсуждении вопросов, связанных с архитектурным наследием. В том же году УГК ОИП и Архитектурный совет были дополнены консультативным органом — Общественным советом при Мэре Москвы по проблемам формирования градостроительного и архитектурно-художественного облика города [Об утверждении 2001], что позволило обеспечить хотя бы видимость профессиональной дискуссии в процессе принятия решений по сохранению памятников. Однако ни одно из этих трех ведомств де-факто не имело полномочий отменять решения Лужкова.

Вскоре после провозглашения Российской Федерацией независимости московское правительство создало убедительную правовую базу для защиты памятников и исторических зданий и к середине 1990-х годов разработало подробную и солидную на первый взгляд систему управления наследием, и это поначалу производит довольно сильное впечатление. Возникает ощущение, будто сохранение культурного наследия являлась для мэрии важнейшей задачей. Но на фоне обвала экономики идеалы тускнели, а отчаяние возрастало. Многих из тех, кто процветал в новой социал-дарвинистской среде, отличали черствость и лицемерие. Законодательство, в том числе в сфере охраны культурного наследия, применялось избирательно. Если Ленин рассмат-

ривал закон как оружие в классовой борьбе, в 1990-е годы законодательные и судебные органы вместе с охранными агентствами
объединились в «группировки», возглавляемые лидерами вроде
Лужкова. Законы стали оружием в борьбе с политическими со-
перниками и средством получения «внебюджетных» доходов от
частного сектора.

Для чиновников из команды Лужкова новый закон был новым
источником дохода, однако сам мэр руководствовался не только
алчностью, но также (а возможно, в первую очередь) своими
амбициями, в частности желанием оставить долговечное наследие в московском ландшафте. Вероятно, именно на этом чувстве
играл Комеч, когда убеждал Лужкова отменять «одиозные проекты». Комеч говорил, что «Юрий Михайлович как хозяин ощу-
щает некую ответственность», в то время как остальная его команда просто жаждет денег [Беззаконие 2004]. Но Комеч также
вполне мог сказать, что закон для мэра отнюдь не священен. Однажды, пытаясь отговорить Лужкова от строительства стоянки,
угрожавшей Манежу — выдающемуся историческому сооружению, Комеч указал, что данный проект противоречит закону.
Ответ мэра он цитирует следующим образом: «Ну... закон... При
чем тут закон? Закон это не догма, это повод пофилософствовать»
[Беззаконие 2004].

Несмотря на два главных исключения — Патриаршие пруды
и Лефортово, на протяжении 1990-х годов в конфликтах из-за
культурного наследия последнее слово чаще всего оставалось за
Лужковым. К. П. Михайлов вспоминает случай с домом XVIII века на Кадашёвской набережной, 12, к югу от Кремля. Здание на-
ходилось под федеральной охраной как исторический памятник,
но в 1994 году Лужков подписал приказ о его сносе в рамках реконструкции Замоскворечья. ВООПИиК обратилось к генеральному прокурору РФ, который, в свою очередь, поручил главному
прокурору Москвы провести расследование. Последний напомнил
мэру, что виновные в уничтожении памятников, охраняемых
государством, подлежат лишению свободы на срок до двух лет.
Конечно, ничего подобного с Лужковым не случилось. В итоге
прокурор просто велел «устранить допущенные нарушения».

Поскольку «нарушение», собственно, состояло в полном уничтожении здания, устранить его вряд ли представлялось возможным. Когда же были снесены два соседних исторических здания, никаких наказаний и санкций не последовало [Михайлов 2006: 11–12].

Финансовый кризис 1998 года приостановил строительный бум в Москве, но в то же время подчеркнул стабильность и благосостояние столицы по сравнению с остальной страной. Авторитет Ельцина падал, состояние его здоровья ухудшалось. Лужков же производил впечатление человека, которому все удается: пожилые избиратели видели в нем «крепкого хозяйственника», молодые — настоящего менеджера. Лужков воспользовался этой возможностью, организовав собственную политическую партию и заключив союз с популярным в народе бывшим премьером Е. М. Примаковым. Мэр был близок к тому, чтобы занять Кремль, когда в 1999 году Ельцин удивил практически всех, назначив премьер-министром малоизвестного В. В. Путина. Оказавшись в центре внимания, Путин вскоре сумел создать привлекательный образ здравомыслящего, патриотичного и решительного человека. После того как избирательный блок Лужкова потерпел неудачу на парламентских выборах 1999 года, столичный мэр примкнул к сторонникам премьер-министра и поддержал президентскую кампанию Путина. Учитывая, что российская политика существует по принципу «победитель получает всё», Лужков поступил правильно, поскольку продержался в Москве еще 10 лет.

Глава пятая

Градостроители против градозащитников в первом десятилетии нового века

Экономический кризис 1998 года привел к резкому сокращению как иностранных, так и внутренних капиталовложений в город, а также критическому уменьшению налоговых поступлений от основных налогоплательщиков — нефтяных и газовых компаний. Сильно пострадал строительный сектор, и мэрия была вынуждена отложить некоторые проекты. Но уже в 2000 году восстановление шло полным ходом, главным образом благодаря росту цен на нефть и газ и, как следствие, увеличению налоговых доходов города [Semenenko 2000].

С оживлением строительной отрасли было «реконструировано» с сохранением лицевого фасада или полностью снесено еще больше исторических зданий. В течение первого десятилетия нового века древняя столица пережила волну разрушений, в результате которых исчезли или стали частью эрзац-репродукций сотни старинных построек[1]. Всего за два года, 2002–2003-й, благодаря спросу на помещения в историческом центре стоимость недвижимости в столице выросла в среднем на 60% [O'Flynn 2004d]. Большая часть объектов культурного наследия была

---

[1] В статье, опубликованной в апреле 2004 года, Ф. Мереу насчитала «400 исторических зданий», снесенных со времени прихода Лужкова к власти, 60 из которых числились под федеральной охраной [Mereu 2004]. М. Бинни утверждает, что только в период 2004–2007 годов были разрушены «сотни» зданий, представлявших «историческую и архитектурную ценность» [Бинни 2007: 6].

разрушена в процессе обычной хозяйственной деятельности политико-экономической машины Лужкова — они уступили место более выгодным площадям, которые лучше соответствовали пространственным воззрениям мэра. А. И. Комеч находился рядом с Лужковым в историческом Столешниковом переулке, когда мэр неожиданно приказал снести охраняемое государством здание, заявив, что это не будет противоречить закону, потому что дом восстановят [O'Flynn 2004d]. При этом Лужков также возобновил работу над грандиозными проектами, которые были призваны заменить чрезвычайно значимые столичные достопримечательности *муляжами* — «улучшенными» копиями, интегрировавшие лужковское наследие в городской ландшафт.

Москвичи все чаще выражали возмущение по поводу сноса исторических построек, поскольку журналисты настойчиво информировали общественность о подобных скандалах. Постепенно граждане, выступавшие против уничтожения московского архитектурного наследия, объединились в сообщества, способные противостоять реконструкции. Три случая замены исторических сооружений муляжами особенно способствовали мобилизации общественного мнения внутри России и привлечению пристального внимания из-за рубежа. Первое из этих сооружений — всеми любимый Манеж, находившийся к северу от Кремля. Второе — «Военторг» в трех кварталах к западу от Кремля; этот универмаг специализировался на военной одежде и аксессуарах. Третье — гостиница «Москва» напротив северного входа на Красную площадь.

«Военторг»

В Центральном военном универсальном магазине «Военторг» один этаж занимали военные товары, на других был представлен традиционный для универмагов ассортимент. Возведенный в 1910–1914 годах по проекту архитектора С. Б. Залесского, это был третий по значимости столичный универсальный магазин после всемирно известного ГУМа и Центрального универсального магазина — ЦУМа [Мезенцева и др. 2007: 156–163]. В июле 2001 года город объявил о намерении реконструировать «Военторг», превратив его в аукционный дом по продаже антиквариата, но в марте 2002 года от этого плана отказались [Кузьминский 2002]. Вместо этого было принято решение снести главное здание вместе с тремя более старыми постройками на этом участке, одна из которых датировалась началом XVIII века. Хотя сооружение было внесено в перечень «выявленных объектов культурного наследия», этот статус был аннулирован, несмотря на то что Главное управление охраны памятников г. Москвы (ГУОП, преемник УГК ОИП) объявило «Военторг» «прекрасным образцом общественного здания в стиле модерн» [Munro 2003; Voznesensky, Muratov 2007]. Город обещал воссоздать «важнейшие элементы фасада» [Munro 2003]. Одной из причин сноса «Военторга» послужила якобы большая потребность в подземном паркинге [O'Flynn 2003d]. Подписанный Лужковым приказ оправдывал уничтожение «Военторга» «в связи с важным градостроительным значением сохранения в историческом центре Москвы зданий бывшего Центрального военного универсального магазина». Иными словами, мэр разрушил здание с целью его сохранения [Михайлов 2007: 207]. Снос начался в августе 2003 года [O'Flynn 2003b].

К. П. Михайлов, на момент сноса «Военторга» — член Экспертно-консультативного общественного совета по формированию городской среды при главном архитекторе города Москвы, пришел к выводу, что личное разрешение мэра на реализацию проекта свидетельствует об участии в нем «очень влиятельных» людей [Михайлов 2007: 207]. Мэр проигнорировал Общественный совет. Возглавлял Совет главный архитектор города Москвы А. В. Кузьмин, который 13 августа объявил, что судьба «Военторга» еще не решена. Затем, 25 августа, начался снос, заставший Кузьмина и защитников московского культурного наследия врасплох. Кузьмин впервые пошел наперекор властям и публично высказался против уничтожения «Военторга», присоединив свой голос к голосам других защитников, таких как Михайлов, Комеч и Д. А. Саркисян, директор Государственного научно-исследовательского музея архитектуры имени А. В. Щусева [Мезенцева и др. 2007: 163; O'Flynn 2003b].

Однако на этот раз к отдельным интеллигентам, стремившимся сохранить культурное наследие города, присоединилось новое поколение активистов, которое применило новые методы борьбы. В сентябре проект «Москва, которой нет» (МКН) начал использовать Интернет для привлечения к защите архитектурных памятников столицы более широкого круга москвичей[2] [Мезенцева и др. 2007: 167]. В МКН также придумали «интеллектуальный флешмоб» — траурное бдение со свечами на стройплощадке. Для МКН «Военторг» стал «последней каплей» [Мезенцева и др. 2007: 167].

Министр культуры Российской Федерации М. Е. Швыдкой назвал уничтожение «Военторга» «государственным вандализмом», добавив, что московским депутатам городской Думы удалось остановить принятие закона, который упрочил бы процесс включения зданий в список охраняемых объектов [Мезенцева и др. 2007: 165; O'Flynn 2003c]. Это случилось на пресс-конференции в сентябре 2003 года, где Министерство культуры РФ представило трехтомный каталог всех зданий, находящихся под охраной государства, — «Судьба культурного наследия России. XX век. Архитектура и ландшафты России». Каждый том был своего цвета: в «Белую книгу» вошли все охраняемые здания, находящиеся под надежной защитой; в «Красную книгу» — здания, оказавшиеся под угрозой; в «Черной книге», самой большой по объему, перечислены утраты. Но Лужкова не остановила даже оппозиция «наверху», на федеральном уровне. Несмотря ни на что мэр одержал победу.

Облик «воссозданного» «Военторга» оказался почти столь же скандальным, как и снос первоначальной постройки. Комеч, например, назвал его «чудовищным проектом с множеством несоответствий» [Cecil 2004]. Новый *муляж* в шесть раз больше первоначального строения и имеет весьма отдаленное сходство с предшественником. Если «Военторг» был образцом московского модерна, то новодел историк архитектуры и критик Г. И. Рев-

---

2 См.: URL: http://moskva.kotoroy.net/ (дата обращения: 06.05.2021).

зин счел «характерным» для «лужковского стиля». Его комментарий, опубликованный во влиятельной газете «Коммерсантъ», вышел под заголовком «Надгробный памятник архитектуры» [Ревзин 2008].

Гостиница «Москва»

Гостиница «Москва» — серый колосс, возвышавшийся над северным проходом на Красную площадь, — также занимала видное место в московском «пейзаже памяти» [Phillips, Reyes 2011]. Она была возведена при Сталине, в 1930-х годах, для командированных партийных и советских чиновников со всей страны. Это была *советская* гостиница поблизости от Кремля, в отличие от «Метрополя», «Национальной» и «Центральной», существовавших еще до революции. «Москва» известна во всем мире, даже тем, кто не знает ее названия, поскольку ее облик украшает этикетку водки «Столичная».

В этой необычной постройке словно объединились два разностильных здания. Подобная странность объяснялась несколькими мифами о происхождении гостиницы: чаще всего утверждалось, будто Сталин одобрил сразу два разных проекта. По легенде, никто не осмелился уточнять у тирана, что он имел в виду, поэтому проекты объединили и сделали из двух один. Сталин действительно сыграл решающую роль в формировании облика здания, но он не утверждал два проекта одновременно. Л. И. Савельев и О. А. Стапран разработали проект гостиницы в конструктивистском стиле, доминировавшем в ранней советской архитектуре. К несчастью для архитекторов, во время строительства здания в 1932 году Сталин увлекся классицизмом. Конструктивистское сооружение попытались обрядить в классический декор, но вождь остался недоволен. Работа была передана А. В. Щусеву, автору проекта Мавзолея В. И. Ленина, и разработанное им убранство получило одобрение верховного архитектора [Ардаев 2002; Зиновьева 2009: 56–57]. Из-за значимости места и основной функции гостиницы с расходами не считались; «Москва» была роскошно обставлена соответственно своему элитарному статусу.

Ил. 5.1. Снос гостиницы «Москва» в 2004 году

В период перестройки и последовавшего за ней экономического кризиса начала 1990-х годов «Москва» пострадала из-за отсутствия надлежащего содержания и обветшала. Тем не менее обширный участок в двух шагах от Красной площади не мог вечно пребывать в небрежении. Мэр Лужков занимался этим проектом 14 лет. Коммерческие аспекты реконструкции «Москвы», как всегда, остались неизвестны, однако некоторые подробности были обнародованы, по-видимому, благодаря масштабу и значимости этого проекта. В 1996 году город объявил тендер на реконструкцию «Москвы», однако аннулировал его результаты. Второй тендер в 2001 году выиграла компания «Decorum Corp.», зарегистрированная в США, но основанная и контролируемая российским бизнесменом с неоднозначным прошлым А. Г. Егиазаряном [Егиазарян 2013; Ейсков 2002]. Город вступил в партнерство с «Decorum», образовав компанию «Декмос», которая должна была заняться реализацией проекта. В июле 2002 года было объявлено, что «Москву» полностью снесут и заменят огромным *муляжом* стоимостью около 300 000 000 долларов. Сообщалось, что руководство проектом взял на себя российский миллиардер Ш. П. Чигиринский, оставив «Декмос» на вторых ролях, но в 2003 году Чигиринский вышел из предприятия. В 2009 году, после обвинений в уклонении от уплаты налогов, Чигиринский бежал из страны, утверждая, что был обманут на сотни миллионов долларов тайным деловым партнером — Е. Н. Батуриной [Lyauv et al. 2010].

В конце концов «Декмос» довела проект до конца, но 87 500 000 долларов, выделенных из городского бюджета, бесследно исчезли [Police 2009]. В недостаче обвинили Егиазаряна, но он возразил, что его вынудили отказаться от вложений в «Декмос» Лужков и олигарх С. А. Керимов [Belton 2012]. В конце концов город получил контроль над этой недвижимостью. К осени 2013 года Егиазарян, обвиняемый в мошенничестве в России и разыскиваемый Интерполом, уже три года добивался политического убежища в США [US 2013]. В 2015 году он стал субъектом судебных разбирательств в Лондоне и Лос-Анджелесе в связи с обвинением в том, что скрылся со средствами, вложенными его деловым партнером в один из крупнейших торговых центров Москвы [Thomson 2015].

Строительные проекты в России традиционно обходятся дороже, чем в Европе, несмотря на более низкую стоимость материалов, рабочей силы, электроэнергии и других составляющих. Это не такая уж большая загадка; главная причина — воровство. По мнению профессора Московского архитектурного института В. Л. Глазычева, именно воровство было целью «реконструкции» «Москвы», потому что «никакой особой потребности в сносе гостиницы <...> не было» [Мельников 2010].

Выпускаемая мэрией газета, в попытке доказывать обратное, перечислила три причины сноса гостиницы: 1) нехватка парковочного пространства в центре города; 2) низкий уровень «комфорта, чистоты и безопасности»; 3) потребность в ремонте фасадов, с учетом того, что в здании был асбест. Журналист городского издания ясно давал понять: «Держать такое чудовище в самом центре города по меньшей мере глупо» [Корнилов 2002].

По словам эксперта в области архитектуры К. Лота, хотя «Москва» и нуждалась в «обширной модернизации», это была добротная постройка: при ее возведении «использовались строительные, отделочные и декоративные материалы самого высокого на тот момент качества» [Лот 2009: 79]. Общая конечная стоимость реконструкции «Москвы» была оценена «почти в миллиард долларов» [Мельников 2010], чего, безусловно, было более чем достаточно для самой «обширной модернизации».

Но модернизация взамен воссоздания означала бы отказ от подземного паркинга, тогда как мэрия рассчитывала, что новый гостиничный гараж «позволит наконец решить проблему парковки в центре города» [Корнилов 2002]. По завершении строительства в 2012 году многоуровневый паркинг «Москвы» насчитывал 770 машиномест [Паркинг 2012]. В середине 2000-х годов количество автомобилей в Москве ежедневно увеличивалось на 500–740 единиц [Метелица 2006; Резник 2006]. Ко времени открытия подземного паркинга ежедневный темп прироста составлял, вероятно, более 1000 машин [Commute 2013]. Следовательно, за срок, потраченный на создание 770 машиномест, в Москве прибавилось еще около 2,5–3 млн автомобилей. Более того, если, как было подсчитано в 2002 году, многоуровневый паркинг составлял треть от общей стоимости строительства, то каждое машиноместо обошлось более чем в 400 000 долларов [Ейсков 2002]. Таким образом, представляется справедливым сделать вывод, что если объявленные причины реконструкции действительно были первостепенными, то перестройка «Москвы» оказалась чудовищной и глупой ошибкой. В феврале 2012 года состоялось торжественное открытие в новой «Москве» торгового центра, хотя в то время магазинами было занято лишь около половины торговых площадей [Nielsen 2012]. Отель «Four Seasons» начал работу в 2014 году.

Процесс реконструкции «Москвы» шарахался от драмы к комедии, от фарса к «ужасам», подобно неумелому телесценарию. Одним из самых странных событий стала «ликвидационная распродажа», проводившаяся в общероссийском масштабе. Роскошная обстановка «Москвы» включала малахитовые колонны, 25 роялей и 250 картин. Хотя ценные произведения искусства попали в музеи, большая часть движимого имущества (список составил 200 страниц) была передана учреждениям и частным лицам по всей стране. В первую очередь, например, получали постельное белье и кухонную утварь детские дома [O'Flynn 2003e]. Похоже, это единственный случай, когда московское «наследие» было не сохранено или не уничтожено, а пущено в повторный оборот разрозненными частями.

Еще один тревожный момент возник в октябре 2004 года, после того как старая «Москва» была полностью снесена, а стоимость завершения проекта оценили в 500 000 000 долларов. Лужков публично размышлял о том, чтобы оставить участок незастроенным и превратить его в новую городскую площадь [Maternovsky 2004]. Реакция общественности была неоднозначной. Председатель Комиссии по вопросам развития культуры и сохранению духовного наследия Общественной палаты РФ, председатель Союза художников России А. А. Клименко приветствовал это решение и рекомендовал воссоздать здание XIX века, которое некогда выходило на Театральную площадь. Другие опасались, что инвесторы потеряют доверие к мэрии. Еще одно объяснение заключалось в том, что, приостановив проект, Лужков таким образом предлагал Кремлю пойти на мировую [Maternovsky 2004]. Какова бы ни была подоплека, прошло более трех месяцев, прежде чем мэр объявил о возобновлении проекта, который к тому времени оценивался в 600 000 000 долларов [Maternovsky 2005].

Подобно «Военторгу», «Москва» была внесена в перечень «выявленных объектов культурного наследия», но этот статус был позднее аннулирован [O'Flynn 2004d]. Министр культуры Российской Федерации М. Е. Швыдкой, как и в случае с «Военторгом», высказал недовольство по поводу сноса и воссоздания гостиницы «Москва» [Minister 2002]. Швейцарский историк архитектуры В. Хубер в статье, опубликованной «Moscow Times», разъяснил свою озабоченность:

> План мэрии снести «Москву» и выстроить на том же месте ее реплику — это отрицание истории, потому что памятник является памятником только в том случае, если он настоящий. Все остальное, каким бы идеальным или дорогостоящим ни было воссоздание, может быть лишь неполноценной копией. Восстанавливать памятник следует только в исключительных случаях, например, если он уничтожен пожаром. В Москве бесчисленное множество архитектурных памятников всех эпох; некоторые из них — архитектурные шедевры, другие же обрели ценность благодаря своей истории. Они превращают город в калейдоскоп различных форм и цветов [Huber 2003].

Манеж

В своей статье В. Хубер не только осудил новодельную «Москву», но и предвосхитил, разумеется невольно, судьбу еще одного исторического здания. Манеж был построен в начале XIX века как императорская академия верховой езды, а с 1831 года стал использоваться для выставок. Все три здания — и Манеж, и «Военторг», и «Москва» — являлись выдающимися и неповторимыми произведениями архитектуры, важными ориентирами в московском «пейзаже памяти», но Манеж был безукоризненно прекрасен. Контрастируя на фоне неприступной кремлевской стены, арочные окна Манежа предлагали простор и свет. Первоначально кровля поддерживалась уникальными 45-метровыми стропилами из лиственницы, что устраняло потребность в колоннах и таким образом создавало открытое внутреннее пространство, способное вместить целый полк.

Город подумывал о реконструкции Манежа с 1998 года; особенно много разногласий вызывал план устроить два подземных этажа, один под «техническое оборудование», другой под паркинг. Собственно, подземный гараж присутствовал во всех трех проектах. Именно в тот момент, когда Комеч стал возражать, что идея мэра соорудить паркинг под Манежем незаконна, Лужков и заявил, что для него верховенство закона — «повод пофилософствовать» [Беззаконие 2004].

Инвесторы для реконструкции «Манежа» нашлись только в 2003 году, когда австрийская фирма выиграла тендер на 30 000 000 долларов, организованный городом. Однако законность контракта оспорили федеральные ведомства. В отличие от «Военторга» и «Москвы», Манеж имел статус памятника архитектуры федерального значения [O'Flynn 2004c]. Юридически его можно было реставрировать в общепринятом смысле слова, но нельзя было сносить и перестраивать.

Вечером 14 марта 2004 года, вскоре после объявления победы Путина на выборах, в Манеже вспыхнул пожар. Пожарные мужественно боролись с огнем (двое погибли, еще один сильно пострадал), но им удалось лишь не дать огню распространиться.

Ил. 5.2. После пожара уцелели лишь наружные стены Манежа

Мэр тотчас объявил причиной пожара короткое замыкание, другие чиновники позднее предложили в качестве причины непотушенный окурок или петарду. Но эксперты ФСБ и МЧС пришли к выводу, что пожару «предшествовал мощный выброс тепловой энергии, создать который можно только с помощью горючих жидкостей или пиротехнических средств» [Дюпин 2004]. А. А. Клименко утверждал, что видел на месте пожара пустые канистры из-под бензина, когда той же ночью приходил осматривать повреждения [Levitov 2004].

22 марта город объявил, что планирует отреставрировать Манеж, поскольку установлено, что его фундамент и стены в довольно хорошем состоянии. По словам главного архитектора города Москвы А. В. Кузьмина, здание должно было сохранить статус памятника, к большому облегчению градозащитников. О таком исходе последние, казалось, могли только мечтать, если бы не упорное стремление Лужкова построить под Манежем паркинг. Министр культуры М. Е. Швыдкой также казался в целом удовлетворенным и предложил выделить на проект 300 000 000 рублей (около 100 000 000 долларов) [O'Flynn 2004b].

Однако в мае город объявил, что реставрировать Манеж все-таки нельзя — его придется полностью перестроить. Хотя австрийская фирма, как сообщалось, была готова взяться за восстановление, несмотря на ущерб от пожара, город аннулировал сделку. Активисты опасались, что это решение означает, что Манеж больше не находится под охраной государства [Korchagina 2004]. Действительно, в 2002 году была назначена комиссия, чтобы определить, под чью «охрану» теперь поступит здание, но она так и не решила этот вопрос. Тем не менее строительство нового Манежа началось сразу же. Вопрос об официальной юрисдикции остался нерешенным, но мэра это не отпугнуло. Министерство культуры добилось отмены подземного паркинга, но, очевидно, практически не участвовало в составлении остальной части проекта: первая встреча представителей города и министерства для обсуждения плана состоялась 23 сентября, когда строительство шло уже почти пять месяцев [Manezh 2004]. Очевидно, Лужков настоял на независимости после того, как в июне объявил, что все расходы понесет город. По собственной инициативе мэр одобрил устройство подземного этажа, но не для паркинга, а для удвоения выставочных площадей, что, разумеется, значительно повысило доходность Манежа к выгоде его единственного фактического владельца — города Москвы [Сыров 2004].

Открытие нового Манежа состоялось 18 апреля 2005 года благодаря исключительно быстрым темпам реконструкции, что немало беспокоило реставраторов. Некоторыми чертами новодел напоминал своего предшественника, но по существу это было другое здание. На противопожарную систему и систему центрального кондиционирования не поступило ни одной жалобы. Однако другие «усовершенствования», включая лифт и две пары эскалаторов, обеспечивающие доступ к 10 000 м2 выставочных площадей на подземном этаже, не были встречены всеобщими аплодисментами. Градозащитников поразили антресоли, где располагались кафе и ресторан, которые «выглядели как в каком-то ультрасовременном аэропорту». Пожалуй, мнение защитников культурного наследия лучше всего выразил Д. А. Саркисян, директор Государственного научно-исследовательского музея архитектуры имени А. В. Щусева: «Реставрацией это никак не назовешь. Это антиреставрация» [City 2005].

Лужков в опасности

Нужно совершить огромное число ошибок и проявить беспредельное отсутствие такта, чтобы спровоцировать революцию снизу [Липпман 2004: 238].

Хотя за первые 12 лет правления Лужкова были снесены или «воссозданы» в неузнаваемом состоянии сотни исторических зданий, широко освещавшаяся СМИ утрата за короткий период трех выдающихся зданий вызвала всеобщее негодование, что привело к трансформации движения за спасение культурного наследия. Возможно, помимо всего это показало Лужкову, что он не так уж неуязвим. В апреле 2004 года Саркисян провел в Музее архитектуры круглый стол, на котором было подготовлено возмущенное письмо президенту Путину. Наряду с ревностными градозащитниками, такими как Комеч и Клименко, письмо подписали десятки известных деятелей культуры, в том числе писательница Т. Н. Толстая. Наряду с осуждением алчности и коррупции, провоцирующих разрушение культурного наследия Москвы, в письме содержался призыв к федеральному правительству создать и осуществить комплексную «программу действий по спасению и сохранению памятников отечественной архитектуры в масштабах России» [Исчезает 2004; O'Flynn 2004a]. Позднее Комеч дал интервью телеканалу «Россия»; после этого Лужков подал в суд на канал и на активиста. Комеч был убежден, что Лужкова привело в ярость открытое письмо, но он ничего не может с этим поделать, поэтому нападает [Игнатьева 2004]. Иск против Комеча был настолько безосновательным, что не мог иметь успеха даже в лужковском «прикормленном» суде, но это означало, что Лужков рассматривает закон не только как «повод пофилософствовать», но и как оружие против своих врагов.

Высокомерие Лужкова, возможно, поставило его в этот момент под угрозу. После завершения президентских выборов Путину больше не нужно было беспокоиться по поводу московского электората. В апреле 2004 года по меньшей мере три газеты сообщили, что Лужков вскоре будет смещен, помимо прочего, из-за недовольства Кремля уничтожением «Москвы», «Военторга» и особенно Манежа [Mereu 2004].

Лужков каким-то образом пережил кризис и простоял у руля столицы еще шесть лет. Он продолжал преображать облик города, но уже не располагал той свободой действий, которой наслаждался до 2004 года. Столкнувшись с гражданскими группами и организациями, приверженными борьбе за сохранение архитектурного наследия столицы, мэрия, хотя и неохотно, внесла поправки в свою деятельность. Ниже я вернусь к теме наследия Лужкова, но вначале речь пойдет о развитии движения за сохранение наследия.

Градозащитная деятельность становится движением

К битвам за Манеж, «Москву» и «Военторг» присоединилось новое поколение активистов. Например, в то время основателям МКН Ю. Мезенцевой и А. Крупчанскому было немного за двадцать. Крупчанский рассказывает о возникновении МКН на своем сайте:

> Этот проект родился в августе 2003 года. Просто собрались несколько человек, которым небезразличен был старый город, и подумали о том, как бы свою «любовь к развалинам» донести до других. Придумали сайт не с сухими информационными справками, а с живыми историями московских домов. Этакий виртуальный дом москвоведа, где в «библиотеке» размещались статьи, в «кабинете» лежали карты и старые фотографии, а на «кухне» расположился форум [Крупчанский 2013].

На сайте МКН размещены фотографии и краткие истории сотен снесенных московских зданий. Как отметил Крупчанский, у сайта есть форум и блоги. МКН поддерживал дружественные отношения с другими виртуальными группами близких направлений, такими как archi.ru/, ведущим российским архитектурным сайтом, и порталом «Архитектура московского модерна». Кроме того, МКН выпустил в свет ряд тематических изданий, в том числе серию книг, в которых подробно описаны архитектурные утраты в отдельных районах центра Москвы. Каждая книга серии построена в форме путеводителя, ведущего от первого ориентира к последнему, чтобы служить пособием для пешеходных экскурсий. МКН также организует пешие прогулки с гидами по историческим районам столицы. А сообщество активно проводит выставки в музеях, художественных галереях и других общественных местах. Словом, наряду с борьбой за спасение и сохранение конкретных исторических зданий, МКН ставит перед собой и более глобальную цель — углублять культурно-историческую основу сохранения московских памятников, отчасти в надежде, что к этому делу будет привлечено больше людей. МКН не является политической партией и не связан ни с одной из партий, тем не менее «политическая деятельность» удается ему очень хорошо. Те, кто участвует в мероприятиях МКН, узнают о достоинствах, недостатках и нюансах непосредственного физического протеста, об эффективном использовании СМИ и налаживании связей посредством Интернета и соцсетей — все эти навыки жизненно важны для политических активистов XXI века.

Кто-то из активистов сам является журналистом, некоторые журналисты поддерживали дело спасения наследия, особенно с тех пор, как были утрачены «Москва», Манеж и «Военторг». Например, К. П. Михайлов в 2003 году открыл в «Известиях» рубрику «Осторожно, Москва!». В следующем году рубрикой стал заведовать Р. Э. Рахматуллин, и она просуществовала до 2011 года [Cecil 2009: 198]. Позднее Михайлов и Рахматуллин вместе с другими соавторами выпустили одну из первых книг о разрушении исторической архитектуры столицы — «Хроника уничтожения старой Москвы: 1990–2006» [Михайлов и др. 2006]. В 2006 году историк архитектуры, журналист и активист МКН А. В. Можаев начал проводить пешеходные экскурсии по историческому центру столицы и создал собственный сайт «Архнадзор». В 2009 году Можаев объединил усилия с Михайловым, Рахматуллиным и другими, чтобы превратить Архнадзор в союз MAPS (Московское общество охраны архитектурного наследия), МКН и других сообществ, занимающихся защитой памятников [Cecil 2009: 197].

Хотя оппозиция разрушительному лужковскому градостроительству явно представляет собой разновидность политической деятельности, Архнадзор, МКН и MAPS (о которых речь пойдет ниже) избежали официальной принадлежности к какой-либо из партий. В начале 2000-х годов в стране существовали три крупные политические партии: «Единство», признанное «партией власти»; Коммунистическая партия, пришедшая в упадок еще до прихода

Путина к власти в 1999 году; и авторитарная Либерально-демократическая партия (ЛДПР), ориентированная на своего основателя-демагога. Ни одна из партий не проявляла интереса к сохранению московского культурного наследия. Как говорилось выше, в главе третьей, градозащитников периодически поддерживали отдельные члены «Справедливой России». Однако больше, чем любая другая партия, для защиты культурного наследия сделало либеральное «Яблоко». Весной 2004 года «яблочники» помогли организовать Комитет защиты москвичей на собрании 30 инициативных групп, очевидно, с целью охвата остальных 200 с лишним подобных групп, возникновение которых было связано с проблемами градостроительства. Хотя основное внимание Комитета сосредоточилось скорее на спасении рядовой застройки, нежели исторических зданий, иногда эти цели совпадали, как показало дело о Малом Козихинском переулке. Кроме того, Комитет положил начало установлению деловых отношений между группами пострадавших граждан, государственными чиновниками и представителями строительной отрасли. Ответственным секретарем комитета стал А. А. Навальный, которому тогда было всего 28 лет. В 2013 году Навальный выставил свою кандидатуру на выборах мэра Москвы на платформе, оппозиционной режиму Путина. К тому времени он явно был самым популярным из противников путинской администрации и обычно изображался западными СМИ в весьма благоприятном свете.

Уничтожение «Москвы», «Военторга» и Манежа привлекло к жертвам лужковского градостроительства внимание зарубежных специалистов в области архитектуры и сохранения культурного наследия. В мае 2004 года, опять же в Государственном научно-исследовательском музее архитектуры им. А. В. Щусева, независимый журналист и глава Американской торговой палаты в России Г. Арчер, московский корреспондент лондонской «Times» К. Сесил и К. О'Флинн из «Moscow Times» организовали Московское общество охраны архитектурного наследия (MAPS). С самого начала группу поддерживали ЮНЕСКО и Всемирный фонд памятников, а также Клименко, Саркисян и другие ветераны борьбы за московское культурное наследие. Саркисян был не одинок в том, что «наша единственная надежда — вывести дискуссию на международную арену» [Levitov 2004].

MAPS активно сотрудничало с международными СМИ в освещении бедственного положения московской исторической архитектуры [Сесил 2007]. Действительно, агентство «Associated Press» освещало создание группы и сделало беглый обзор истории борьбы за московские культурные памятники. К концу 2005 года западные СМИ, включая «New York Times», «Guardian», «Reuters» и «Bloomberg», захлестнула волна статей о разрушении московского культурного наследия [Ouroussoff 2005; Сесил 2009]. В 2007 году MAPS совместно с организацией «SAVE Europe's Heritage» выпустило двуязычный отчет «Московское архитектурное наследие: точка невозврата (Moscow Heritage at Crisis Point)» [Сесил, Харрис 2007], куда были включены краткие статьи как зарубежных, так и российских экспертов и активистов. Публикация отчета освещалась широким кругом печатных газет и журналов, интернет-изданий, а также российскими радиостанциями. Русская служба Би-би-си подготовила видео, которое можно было загрузить с их сайта. Об отчете также сообщали информационные агентства «Associated Press», «France Press», «Reuters» и «Bloomberg» [Сесил 2009]. Обновленное и расширенное издание появилось в 2009 году [Харрис и др. 2009]. Можно утверждать, что MAPS дало возможность московскому движению за сохранение культурного наследия «наращивать масштаб» [Herod, Wright 2002], но, как утверждает Латур, «масштаб — это собственное достижение актора» [Латур 2014: 259].

Дополнением к стратегии привлечения западных СМИ стало сотрудничество с зарубежными специалистами и учреждениями, занимающимися вопросами сохранения культурного наследия. В этом отношении важную роль сыграла профессор Московского архитектурного института Н. О. Душкина, участвовавшая в учредительном собрании MAPS. Собственно, она задолго до возникновения MAPS зарекомендовала себя за рубежом как видный представитель движения в защиту российского культурного наследия. В некоторых отношениях Душкина идеально подходила для этой работы, не только благодаря своим многочисленным публикациям и организаторским способностям, но еще и потому, что она олицетворяет собой русское / советское архитектурное наследие. Ее дед, А. Н. Душкин, был одним из крупнейших архитекторов СССР; он спроектировал несколько знаковых станций метро, в том числе «Площадь Революции» и «Новослободскую», а также любимый детьми «Детский мир», к сожалению, не избежавший лужковской «реставрации». С 1990 по 1996 год Душкина работала в исполнительном комитете Международного совета по сохранению памятников и достопримечательных мест (ИКОМОС). В 2002 году в отчет «Heritage at Risk: ICOMOS World Report 2002/2003»[3] был включен ее доклад «Россия — наследие XX века» [Dushkina 2002]. Впоследствии Душкина явилась соучредителем Международного комитета ИКОМОС по наследию XX века.

В 2006 году Н. О. Душкина стала ключевым организатором ежегодной конференции ИКОМОС, проходившей в Москве, — «Сохранение архитектуры XX века и всемирное наследие». В связи с этим редакторы отчета ИКОМОС 2006 года писали, что Душкина «и сообщество ее коллег из Москвы и со всего мира были сердцем и душой проекта» [Haspel, Petzet 2007: 10]. В организации Конференции, которую проводили Государственный научно-исследовательский музей архитектуры имени А. В. Щусева, Союз московских архитекторов и Московский архитектурный институт, помогали городские и федеральные ведомства. Среди иностранных организаторов были Всемирный фонд памятников (WMF), Международный союз архитекторов (UIA) и Международная рабочая группа по документации и консервации зданий, достопримечательных мест и объектов градостроительства современного движения (DOCOMOMO International) [Haspel, Petzet 2007: 9–10].

К середине десятилетия сопротивление гражданского общества уничтожению архитектурного наследия Москвы было много-

---

3   «Наследие в опасности: Всемирный отчет ИКОМОС 2002–2003 по памятникам и достопримечательным местам в опасности». Публикации на русском языке: URL: http://icomos-spb.ru/nauchnye-publikatsii/46-sergey-gorbatenko-threats-to-the-historic-urban-landscape-of-st-petersburg (дата обращения: 06.05.2021).

образным, продуктивным и обширным. В освященной временем манере уважаемые эксперты и деятели культуры, а также достопочтенное ВООПИиК, защищая столичные памятники архитектуры, продолжали оказывать давление на чиновников. В то же время появились новые группы наподобие МКН, которые состояли в основном из молодежи, поднаторевшей в использовании электронных ресурсов. Как электронные, так и печатные СМИ превращали конфликты из-за исторических зданий Москвы в вопросы общественной значимости на местном, государственном и мировом уровнях. Иностранные специалисты и международные учреждения, занимающиеся сохранением культурного наследия, поддерживали московских коллег в противостоянии режиму Лужкова, которого теперь повсеместно считали неотесанным корыстолюбцем. Всем было очевидно, что президент Путин недоволен столичным градоначальником, а в борьбу за наследие включилась по меньшей мере одна оппозиционная партия. Мэрия ныне сталкивалась с противодействием практически каждому проекту, предполагавшему уничтожение исторического сооружения или его замену муляжом.

Последние годы правления Лужкова

Лужков продержался на посту мэра до осени 2010 года и в целом продолжал одерживать победы в большинстве конфликтов из-за исторических памятников. Мало того, опросы общественного мнения неизменно показывали, что москвичи в основном его поддерживают. Однако это была поддержка в духе «меньшее из зол». После всего пережитого москвичи гордились своим скептическим взглядом на политику. О. Шевченко установила, что «выражение недоверия приобретает самостоятельную ценность, поскольку предоставляет индивидам четкие рамки для мышления» [Shevchenko 2009: 165]. Мало кто сомневался, что лужковская машина присваивала огромные деньги, но в России коррупция свирепствовала практически повсюду, на всех уровнях власти. Разница заключалась в том, что Москва процветала, в то время как почти вся остальная страна пребывала в застое. Для большинства жителей столицы эта разница по-прежнему была важнее спасения каких бы то ни было зданий. Лужков избежал новых скандалов масштаба Манежа, «Военторга» и «Москвы», хотя его намерение реконструировать территорию вокруг и под Пушкинской площадью привело бы к эпической борьбе, доведи он дело до конца. Но мэр колебался. В ряде других случаев он также менял планы, столкнувшись с решительным сопротивлением. Кроме того, в попытке повысить значимость дела сохранения культурного наследия Лужков реструктурировал чиновничий аппарат. Несмотря на это, лужковская система градостроительства продолжала процветать без серьезных преобразований.

Что касается ведомства по охране городских памятников, то лужковская «реформа» не слишком изменила фактическую ситуацию. В 2005 году ГУОП был реорганизован и переименован в Комитет по культурному наследию города Москвы (Москомнаследие). Тогда же он был переведен из Комитета по архитектуре и градостроительству города Москвы, возглавляемого главным архитектором, в Комплекс архитектуры, строительства, развития и реконструкции города, которым руководил В. И. Ресин, первый заместитель Лужкова и глава строительного сектора [Доброновская, Вайнтрауб 2012: 238]. С организационной точки зрения эта перемена означала большой шаг вперед. Но Ресин заставлял вспомнить поговорку «пусти козла в огород». Он был строителем и гордился этим, а критикам градостроительной программы Москвы выказывал исключительно презрение. Уступая первенство только Лужкову, Ресин писал, что его начальник «всегда прав» [Ресин 2002: 313].

В 2006 году главой Москомнаследия был назначен В. А. Шевчук — бизнесмен с темным прошлым [Полховская 2008]. В правительственной «Российской газете» Шевчук повторил мнение Лужкова о важности поддержания прежде всего фасадов и отверг идею сохранения «рядовой» застройки прошлого. Он также раскритиковал отчет «Московское архитектурное наследие: точка невозврата», тем самым дав понять, что мэрия по-прежнему не склонна вступать с градозащитниками в конструктивный диалог

[Логинова 2007]. Позже, допустив разрушение усадьбы купцов Алексеевых, одного из немногих сохранившихся образцов «московского ампира», Шевчук утверждал, что усилия Архнадзора по спасению здания — всего лишь «попытки самопиара» [Суд 2010].

Журналист «Московских новостей», возможно, чересчур упростил роль Москомнаследия во второй половине 2000-х годов, но тем не менее уловил суть дела:

> Итак, что же такое Москомнаследие? Это организация, которая очень полезна московскому правительству. Скажем, властям нужно снести какое-нибудь здание, но его в определенный момент объявили памятником архитектуры. И тогда ведомство по «наследию» должно изобрести веские причины, а затем сделать все, что необходимо, чтобы здание больше не считалось памятником. По сути, это единственная функция этого уважаемого учреждения [Арпишкин 2007].

Отношения между мэрией и градозащитниками оставались абсолютно конфликтными, без малейшего стремления к сотрудничеству, до конца пребывания Лужкова на посту мэра.

Царицыно

Царицыно — охраняемая территория площадью более 100 га в Южном АО[4]. Центральным объектом парка были руины огромного дворца, возведение которого началось в 1775 году, при Екатерине II, когда столицей являлся Санкт-Петербург. Интерес императрицы к проекту менялся, следовательно, финансирование и темпы строительства были неравномерными. Первоначально сооружение главного здания было поручено известному русскому архитектору В. И. Баженову, но, когда Екатерина проинспектировала его в 1785 году, она пришла в ярость и приказала снести постройку. Вдобавок к этому императрица унизила Баженова,

---

4 Обычно я воздерживаюсь от использования в научной работе материалов «Википедии». Однако статья «Царицыно» в русской «Википедии» превосходна: URL: https://ru.wikipedia.org/wiki/Царицыно_(дворцово-парковый_ансамбль) (дата обращения: 20.05.2021).

передав проект его ученику М. Ф. Казакову. Старания Казакова тоже оказались тщетными. К моменту смерти Екатерины в 1796 году главный дворец оставался недостроенным. Ее сын и преемник Павел I остановил стройку. Хотя завершение главного дворца в XIX и XX веках оказалось слишком трудной задачей, другие парковые сооружения все же были закончены. Например, в 1990-е годы был отреставрирован Оперный дом; по выходным здесь проходили концерты классической музыки. Посетители могли любоваться парком, хотя и не очень ухоженным, зато датируемым Екатерининской эпохой. Словом, Царицыно было одним из лучших мест для тихого отдыха посреди многолюдного мегаполиса. Но за этим редким качеством иные могут усмотреть недостаточно эффективное использование.

Проект стал возможен благодаря необычной сделке Кремля и города в 2004 году, когда между ними было много пререканий из-за недвижимости. Федеральное правительство отказалось от притязаний на Царицыно в обмен на Музей В. И. Ленина, занимающий видное место на площади Революции, рядом с Красной площадью. В то время как Царицыно преобразовывалось Лужковым, Музей В. И. Ленина был незаметно поглощен Государственным историческим музеем и с тех пор якобы находится на реставрации [Центральный 2011].

Очевидно, ни с кем не посоветовавшись, мэр Лужков решил потратить на полную реконструкцию усадебно-ландшафтного комплекса «Царицыно», центральным звеном которой стала «реставрация» руин недостроенного главного дворца, около 15 000 000 долларов. Как часто бывало, стремительные планы мэра дезориентировали градозащитников и другие заинтересованные стороны. Лужков в очередной раз обошелся без взвешенных размышлений и обеспечил аврал, самовластно установив крайний срок завершения проекта — 2 сентября 2007 года, День города:

«Раньше, когда музей был федеральным, все делалось неспешно и спокойно, с долгими обсуждениями, — сказал [В. В.] Егорычев [директор Музея-заповедника «Царицыно»]. — Сейчас в течение одного дня решается множество вопросов. Утром сказано — вечером сделано» [Luzhkov 2005].

Действительно, П. Д. Барановский выдвигал план сохранения руин главного дворца в существующем виде, посредством сооружения над ними стеклянной крыши и установки в пустующих помещениях стеклянных кабинок с целью создания музея [Размахнин 2007]. Этот подход поддерживали эксперты в области архитектуры и градозащитники [Хачатуров 2005; Ларина 2007; Luzhkov 2005]. Но Лужков намеревался «исправить» историческую несправедливость и «воссоздать» в Москве «русский Версаль», чтобы соперничать с величественными дворцами XVIII века в Санкт-Петербурге и его окрестностях. Разумеется, дворцы эти были построены под Петербургом потому, что там находился Императорский двор. В этом смысле Лужков, как умел, подкорректировал историю, устроив в главном дворце Тронный зал [Ларина 2007].

Конечно, в первоначальном дворце Тронного зала не было, потому что он так и остался недостроенным. Монархия в конечном счете отвергла и Царицыно, и Москву, но этот был просто неудобный факт, который никак не мог помешать деятельности Лужкова по «возрождению» исторической славы Москвы. Подробные планы интерьеров дворца, созданные Казаковым, не сохранились, что позволило лужковской команде вволю изобретать «подлинность». Экспозиции нового / старого главного дворца — чистейшей воды фантазии, возмущающие градозащитников и историков [Kamenev 2007]. Очевидно, Лужков предвидел противодействие последних, но вместо диалога со специалистами воззвал к суду общественности. Был проведен опрос местных жителей, результаты которого показали, что люди предпочитают консервации руин воссоздание дворца. Мэр понимал, что народу нравятся диснейленды — именно так градозащитники окрестили новое Царицыно [Ларина 2007].

Дворец, как и планировалось, открылся в 2007 году, в День города, став триумфом Лужкова. Хотя репортеры широко извещали о недовольстве ведущих архитекторов и градозащитников, противодействие царицынскому проекту оказалось на редкость неэффективным. По-видимому, чрезвычайно трудно защищать руины, заросшие деревьями и заваленные мусором. Лужков чутко уловил общественные настроения и воспользовался преимуществом. По сообщениям, сегодня Царицыно пользуется у публики гораздо большей популярностью, чем до реконструкции [Ларина 2007; Malpas 2008b; Lyauv et al. 2008]. Таково и мое собственное впечатление, основанное на многочисленных визитах до и двух посещениях после завершения проекта. Царицыно явно повысило престиж мэра и показало, что для борьбы за наследие у него еще имеется несколько тузов в рукаве.

Однако вопрос о том, достаточно ли Царицыно простимулирует экономику своего проблемного района, чтобы оправдать значительно возросшие расходы на его содержание, остается открытым. Действительно, уже в феврале 2010 года стало очевидно, что парковые постройки и ландшафт нуждаются в капитальной реставрации и дополнительных работах. Потолок главного дворца протекал, а в других зданиях обнаружился грибок. Катастрофически не хватало складских площадей и помещений для персонала, а также туалетов. Реконструкция берегов парковых прудов привела к нарушению дренажной системы, что нанесло ущерб фундаментам зданий. На заседании мэрии, где были подняты эти вопросы, мэр Лужков изволил гневаться, возмущенный тем, что подобные затруднения не решаются на местах. Он объявил выговоры префекту Южного АО и директору музея-заповедника «Царицыно», но не предложил для решения проблем никакой помощи, ни финансовой, ни материальной [Петренко 2010a]. У Лужкова не было времени обсуждать ремонт, потому что он, как рука, что «упрямо чертит приговор»[5], из рубаи Омара Хайяма, не отступался от начертанного.

Большой театр

О том, что Большой театр нуждается в серьезной реставрации, знали уже давно. В 1993 году было объявлено, что в 1995 году театр закроется на ремонт, который обойдется примерно

---

[5] Перевод И. И. Тхоржевского.

в 300 000 000 долларов и займет не менее двух лет. В сентябре Лужков торжественно заложил первый камень в фундамент предполагаемого нового флигеля. Город разработал генеральный план строительства и надеялся привлечь частных инвесторов, но безрезультатно. Кроме того, для труппы, состоявшей из 1000 исполнителей и 2000 сотрудников, не нашлось альтернативной сценической площадки [Bolshoi 1995; Vakhrusheva 1993]. Решение заключалось в том, чтобы построить «сестру» Большого театра, «новую сцену», расположенную неподалеку, с западной стороны исторического здания. Новая сцена открылась 29 ноября 2002 года, отнюдь не получив всеобщего признания, о чем свидетельствует следующая оценка Саркисяна:

> Качество архитектуры в филиале, который построен — ниже всякой критики. Ничего более странного, нелепого, чем второй театральный дом Большого театра — нет. Филиал Большого театра нельзя показывать никакому культурному человеку. Это смешно [Реконструкция Большого 2009].

Поскольку строительство Новой сцены близилось к завершению, в январе 2003 года должен был начаться ремонт Большого театра, который оценивался в 160 000 000–180 000 000 долларов [Nicholson 2001]. Но фактически Большой театр был закрыт лишь 1 июля 2005 года; на тот момент ремонт должен был занять три года и обойтись в 610 000 000 долларов. Проект осуществлялся федеральным правительством, в частности Дирекцией по строительству, реконструкции и реставрации объектов культуры, выполнявшей функции генерального подрядчика [Mikulova 2009].

Здание устарело практически во всех отношениях, от артистических гримерных до туалетов для публики. Особой проблемой была пожарная безопасность, что мог подтвердить и я, и любой другой наблюдательный зритель. Кроме того, реставрационные работы 1950-х годов плохо сказались на первоначальной акустике [Bolshoi 2005]. Было известно, что фундамент неустойчив, но вскоре инженеры обнаружили, что он сдвинулся, образовав такие трещины, что здание могло рухнуть [Alpert 2011].

Градозащитники по-прежнему враждебно относились к проекту, но из-за состояния фундамента простого решения не существовало. Грунт под театром на глубину 20–25 метров состоит из глины и песка [Harris 2005]. В этой части Москвы, как и во многих других местах, непредсказуемое течение подземных вод. Временами возникают неожиданные провалы почвы, иногда вследствие прорыва труб с горячей водой. В 1998 году из-за внезапно образовавшейся воронки понесли непоправимый урон два здания XIX века в нескольких кварталах от театра, на Большой Дмитровке. Из-за провала почвы в яму площадью 500 м2 провалились фасад одного из зданий и автомобиль [Korchagina 1998]. Кроме того, рядом с Большим театром под землей пролегают три линии метро; ежедневно с шести утра до часа ночи рядом проходят около 2500 поездов, вызывая значительные вибрации грунта [Атлас 2013].

Первым делом предстояло укрепить фундамент, чтобы он надежно поддерживал стены Большого театра. Тысяча строителей в ходе круглосуточных работ установили 2000 бетонно-стальных свай, уходящих на 26 метров вниз, в материковую породу [Opening 2008]. Масштабная выемка грунта под зданием и лежащей перед ним площадью сделали возможным удвоение репетиционных, технических и складских площадей [Alpert 2011]. К счастью, паркинг под театром не планировался.

Невзирая на отсутствие подземной парковки, градозащитники резко осуждали масштаб изменений. Клименко, в это время входивший в президиум Экспертно-консультативного общественного совета по формированию городской среды при главном архитекторе города Москвы, посетовал, что «Большой театр, действительно, символ нашей страны, ждет судьба Царицыно. Будет очередной китч, будет очередной балаган». К. П. Михайлов из Архнадзора подчеркнул, что проект явно незаконен, так как Большой театр — памятник федерального значения, который можно тщательно отреставрировать, но не реконструировать. «Если у вас есть, предположим <...> какой-нибудь раритетный автомобиль начала 20-го века, вы не будете заставлять его гонять со скоростью болида "Формулы-1". Вы будете заботиться о том, что у вас есть единственный раритет. И его поддерживать» [Реконструкция Большого 2009].

Вероятно, никто не был шокирован скандалом, разразившимся в 2009 году, когда закончилось продление срока завершения строительства, а Большой театр так и остался по большому счету пустой оболочкой. В августе Федеральная счетная палата установила, что затраты на реконструкцию превысили первоначальную смету в 16 раз. Следственный комитет Российской Федерации заявил, что Дирекция по строительству, реконструкции и реставрации трижды заплатила одному из своих подрядчиков за одни и те же проектные работы [Mikulova 2009]. В результате для реализации проекта под надзором Лужкова была привлечена новая компания [Luzhkov 2012]. В конечном счете скандал утих, поскольку никаких обвинений не выдвинули [Alpert 2011]. Собственно говоря, затраты были ниже мирового уровня, а многократные корректировки проекта объяснялись тем неоспоримым фактом, что в России нет институтов, способных предоставить детальную документацию, необходимую для столь сложного проекта. Однако в 2013 году, через два года после открытия Большого театра, Главное управление МВД Российской Федерации по городу Москве начало расследование предполагаемого хищения более 3 000 000 долларов при реконструкции Большого и Малого театров [МВД 2013].

Двери Большого распахнулись 1 октября 2011 года, в день первого за шесть лет представления, за которым 28 октября последовало торжественное открытие театра. В то время затраты на реконструкцию оценивались в 688 000 000 долларов [Alpert 2011]. Однако в 2012 году Счетная палата обнародовала новые данные: примерно 1 200 000 000 долларов [Израсходовано 2012]. По оценке MAPS, окончательная стоимость составила 1 500 000 000 долларов [Харрис, Броновицкая 2009: 158]. Как выразился представитель застройщика, «на реконструкцию этого театра не пожалели ни средств, ни усилий». Торжество было официально открыто тогдашним президентом Д. А. Медведевым, и на нем побывала большая часть политико-экономической элиты, за одним любопытным исключением — отсутствовал премьер-министр Путин [Милова 2011]. Все билеты на торжественное открытие распространялись Кремлем [Alpert 2011]. Лужкова, смещенного годом ранее, не пригласили; впрочем, заслугу налаживания процесса реконструкции после заминки он приписывал себе [Luzhkov 2012].

Случай реконструкции Большого театра уникален в нескольких отношениях. В отличие от «Москвы», «Военторга» или Манежа, здание, без всякого сомнения, опасно обветшало. Без масштабных работ по фиксации здания на нижележащем «материке» Большой театр навряд ли мог продолжать функционировать. Неясно, чего желали градозащитники в качестве альтернативы новому фундаменту. Ведь если масштабные земляные работы под зданием были неизбежны, вполне понятно, что власти воспользовались возможностью создать дополнительные помещения для репетиций, хранения и других нужд театра. Кроме того, едва ли можно признать ошибочными восстановление акустики и повышение уровня пожарной безопасности.

Реконструкция Большого театра как национального символа, пользующегося мировым признанием, не являлась только предлогом для обогащения, хотя хищение значительных сумм, по-видимому, все же имело место. Это обычное дело для крупных строительных проектов постсоветской России. Тем не менее перерасход средств по большей части был обусловлен крупномасштабными работами по укреплению фундамента, которые было невозможно предусмотреть в полной мере, а также повальным непрофессионализмом, не связанным с коррупцией.

Кремль решил, что реконструкция Большого театра слишком важное дело, чтобы поручать его мэрии, но впоследствии не смог эффективно руководить проектом, как продемонстрировал Лужков, вновь взявший работы под свой контроль в 2009 году. Кроме того, в представлении режима Большой театр являлся прежде всего символом, внутреннее функционирование театра в значительной степени оставалось для Кремля тайной. Реконструировать Большой театр означало завладеть им в широком смысле, то есть переместить театр и его наследие в путинскую эпоху. Следовательно, добросовестная реставрация видимых архитектурных форм, обстановки и декоративного убранства, по-видимому, не являлась приоритетом. А теперь оказывается, что в новом подземном пространстве реальные потребности людей, которые будут там работать, не были учтены полностью. Например, в своем интервью один из премьеров Большого театра и народный артист РФ Н. М. Цискаридзе, окрестив реконструкцию «вандализмом», пожаловался, что потолок в новой репетиционной зоне настолько низкий, что нельзя будет поднять балерину [Цискаридзе 2011]. Впоследствии контракт с Цискаридзе не был продлен, что стало лишь одним из многих неприятных последствий реконструкции Большого театра [Golubock 2013].

Пушкинская площадь

Пушкинская площадь занимает весьма заметное место в российском «пейзаже памяти», среди достопримечательностей Москвы уступая, пожалуй, только ансамблю Кремля и Красной площади. А. С. Пушкин — величайший поэт России, «русский Шекспир», и его бронзовая статуя на Тверской улице, на которой обычно сидят голуби, — вероятно, самый известный памятник страны. А Пушкинская площадь — самое известное место свиданий в России, и не только для москвичей. Под задумчивым взглядом Пушкина встречались бесчисленные литературные, кино- и телеперсонажи. Словом, русские привязаны к Пушкинской площади; она в значительной степени стала частью национальной идентичности.

Несмотря на все это, в середине 1990-х годов одна из архитектурно-планировочных мастерских подготовила проект реконструкции пространства под Пушкинской площадью, а именно прокладки тоннеля, который позволил бы автомобильному потоку с Бульварного кольца беспрепятственно пересекать Тверскую, строительства торгового центра и подземного паркинга. Считалось, что тоннель необходим, чтобы убрать светофор на перекрестке и тем самым повысить пропускную способность на Тверской. Финансовый кризис 1998 года приостановил реализацию проекта до 2001 года. Генеральным подрядчиком, как обычно бывало при отсутствии открытого тендера, выбрали турецкую фирму. Представитель архитектурно-планировочной мастерской заявил, что наземная поверхность восточной части Пушкинской площади, где стоит памятник, затронута не будет. Участок по западной стороне Тверской — Новопушкинский сквер — будет реконструирован, но это не проблема, потому что сквер и фонтан датируются всего лишь 1970-ми годами и поэтому не имеют исторической ценности [Munro 2001]. В то же время Новопушкинский сквер, о чем не упомянул представитель, был и остается излюбленной отправной точкой для прогулок к храму Христа Спасителя на Москве-реке. Кроме того, несмотря на название сквера, первоначально памятник находился именно там.

План реконструкции был утвержден в августе 2002 года Общественным советом при мэре Москвы [Business 2002]. Однако он так и остался на бумаге. В декабре 2003 года Совет одобрил проект и попытался заверить общественность, что тоннель обойдется всего в 10 000 000 долларов и в целом строительство не нанесет ущерба зданиям в этом районе [News 2003]. Несмотря на заверения, люди, мягко говоря, сомневались. Предполагалось, что подземный торговый комплекс будет уходить вниз на четыре этажа, вдобавок к этому будет оборудован подземный паркинг. В Новопушкинском сквере должно было появиться трехэтажное надземное сооружение, что радикально изменило бы ландшафт.

План реконструкции Пушкинской площади неспешно циркулировал по кабинетам чиновников до середины десятилетия, когда его увязали с двумя гигантскими мегапроектами. Первый — расширение центра Москвы за счет строительства нескольких подземных коммерческих пространств. Второй — реконструкция Тверской как части «Большой Ленинградки» (Большого Ленинградского шоссе) — автострады без светофоров и с восемью полосами движения в каждом направлении, которая должна была протянуться от Кремля к аэропорту Шереметьево [Humphries 2006]. Об этих проектах будет рассказано ниже. Здесь я упоминаю о них только для того, чтобы показать, что план реконструкции Пушкинской площади был вдвойне важен для Лужкова, как и включение в проект торгового комплекса, чтобы привлечь частные инвестиции.

Команда мэра как будто не понимала побуждений людей, которые озаботились участью площади и предпринимали действия по ее спасению, хотя сами от этого ничего не выигрывали. «Не возьму в толк, почему народ протестует», — сетовал крупный городской чиновник, который повторил обещание администрации, что надземный облик площади изменен не будет [O'Flynn 2006]. Однако, учитывая опасения, вызванные закрытием Большого, надуманные предлоги для уничтожения «Москвы» и «Военторга» и особенно подозрительный пожар в Манеже, общественность, что вполне понятно, не желала верить на слово городским властям. И хотя официальный представитель генерального подрядчика утверждал, что некоторые протестующие — «профессиональные агитаторы», среди недовольных были такие заметные деятели культуры, как заслуженный артист РФ певец Б. М. Моисеев, всенародно известный телеведущий М. Г. Осокин и даже Н. С. Михалков, игравший в деле Малого Козихинского переулка совсем иную роль [O'Flynn 2006].

Впрочем, оппозиция, пожалуй, была не столь устрашающим препятствием для реализации проекта, как трудности с привлечением частных капиталовложений. Эти два фактора дополняли друг друга, поскольку торговый комплекс был призван заманить инвесторов, а подземный паркинг в основном предназначался для покупателей. Эти огромные пространства представляли гораздо бóльшую угрозу для надземного культурного ландшафта, чем просто тоннель. Летом 2007 года Лужков заявил, что крупный торговый центр под площадью не нужен, а это неизбежно означало, что город должен увеличивать финансирование проекта. Однако два других проекта «Большой Ленинградки» — тоннель под станцией метро «Сокол» и сложная развязка «Тверская застава» перед Белорусским вокзалом и станцией метро «Белорусская» — отстали от графика, превысили бюджет и тоже столкнулись с противодействием. В связи с этим «Тверская застава» имела приоритет перед тоннелем на Пушкинской площади, пока искали средства на финансирование последнего [Пушкинскую 2009; Реконструкция Пушкинской 2009].

В августе 2009 года Ресин объявил: «Деньги нашли, контракт подписан» [Власти 2009], но проект Пушкинской площади по-прежнему пребывал в подвешенном состоянии. Противодействие реконструкции все нарастало. В декабре была сформирована «Общественная коалиция в защиту Москвы». Ее манифест придавал первостепенное значение сохранению Пушкинской площади — «сердца Москвы» [Ни шагу 2009]. Частые противоречивые заявления должностных лиц отнюдь не облегчали городу задачу. Например, несмотря на прозвучавшее в 2007 году утверждение мэра, что крупный торговый комплекс не нужен, в феврале 2010 года глава фирмы, взявшейся за проект, объявил, что «это будет своего рода подземный город» [Filatova 2010]. Среди противников проекта на данном этапе были Навальный и Экспертно-консультативный общественный совет по формированию городской среды при главном архитекторе города Москвы А. В. Кузьмине.

Летом 2010 года появилось заявление о необходимости внесения в план новых корректив. «Под давлением москвичей» город уменьшил плановый масштаб торгового комплекса с 95 000–100 000 м2 до 20 000, а сметная стоимость строительства достигла 400 000 000 долларов, что превысило первоначальную смету в пять раз [Бычкова 2010]. Хотя в прошлом опасения местных жителей игнорировались, к данному моменту чиновники явно обеспокоились возможным повреждением фундаментов соседних зданий. Также город признал необходимость действовать с учетом возможного обнаружения под площадью, на которой некогда находился Страстной монастырь, ценных археологических артефактов. Помимо того, рядом с Пушкинской площадью когда-то проходила стена Белого города, окружавшая Москву в XVI веке.

В середине октября 2010 года одним из последних действий Ресина на посту исполняющего обязанности мэра стала приостановка проекта реконструкции «в связи с протестами жителей». Ресин заявил, что планируемые коммерческие площади следует значительно сократить или вообще исключить [Ляув, Филатов

2010; Filatov, Dranishnikova 2010]. В следующем месяце новый мэр С. С. Собянин учредил и возглавил Градостроительно-земельную комиссию города Москвы. Одной из ее основных задач являлось рассмотрение инвестиционных контрактов крупных городских проектов, начиная с реконструкции Пушкинской площади, соглашения по которому Комиссия аннулировала на первом же заседании. Собянин подтвердил, что большого подземного торгового комплекса не будет, но продолжал планировать строительство тоннелей и паркинга [Ляув, Филатов 2010].

Новый мэр и его команда тщательно пересмотрели транспортный режим города и, как будет сказано ниже, внесли ряд существенных изменений. Одним из них стал полный отказ от реконструкции Пушкинской площади. Это решение было принято Градостроительно-земельной комиссией в феврале 2013 года, но официально не оглашалось и вступило в законную силу лишь в октябре того же года. Пресс-служба мэрии назвала причинами отмены проекта «транспортные ограничения, протесты жителей и изменение градостроительной ситуации» [Буранов 2013]. В том же новостном сообщении самый крупный московский специалист по транспорту М. Я. Блинкин подытожил то, о чем многие думали годами:

> Согласно транспортной науке, городские улицы, которые граничат с жилой застройкой, должны иметь светофоры: это совершенно нормально. Тверская улица — это не магистраль. Проект этот появился, поскольку его разработчики имели определенные коммерческие интересы.

Наследие Лужкова

Из всех московских руководителей только Сталин уничтожил и создал столько же памятников, сколько Лужков. За время правления Лужкова было разрушено 2000 старых зданий[6], 200 из которых в свое время числились памятниками архитектуры [Dowson

---

[6] В это число не входят жилые дома массовых серий эпохи Н. С. Хрущева.

2010]. Здесь у меня была возможность рассказать лишь о некоторых из наиболее заметных сооружений и утрат, составляющих наследие Лужкова. Даже появление в середине 2000-х годов эффективного, многопланового и постоянно действующего движения в защиту культурного наследия не побудило Лужкова укротить свои амбиции и самоуверенность. Впрочем, в нескольких случаях движению удалось повлиять на его планы.

Для этой главы я отобрал самые значительные, на мой взгляд, примеры того, что происходило в городе в последние годы правления Лужкова. Очень важным событием была также борьба за Химкинский лес, но она развернулась в Московской области. Проблемы, связанные с некоторыми другими объектами культурного наследия, в частности «Детским миром» и домом Мельникова в районе Арбата, не были решены в период пребывания Лужкова у власти[7]. Случаи с Царицыным, Большим театром и Пушкинской площадью были выбраны потому, что, благодаря своим различиям, они дополняют отчет о роли лужковских градостроителей и движения за сохранение культурного наследия. Если говорить конкретнее, ощутимые различия проявляются в материальном масштабе, местоположении, характеристиках городского режима, характеристиках оппозиции и настроениях населения.

Царицынский проект следует считать одним из крупнейших успехов Лужкова, если под успехом понимать практически полное достижение чрезвычайно амбициозной цели. В этом отношении состояние Царицына до его реконструкции и географическое положение явились для исхода дела решающими факторами, которыми Лужков умело воспользовался. Добираться до Царицынского дворца из центра любым способом (на метро, электричке или на автомобиле, а затем пешком) не меньше часа. Следовательно, это не та достопримечательность, к которой были лично привязаны хотя бы немногие москвичи. Люди знали историю

---

[7] Я не обсуждаю здесь случай с домом Мельникова, хотя он весьма интересен, потому что основной конфликт происходил между членами семьи К. С. Мельникова, а не между мэрией и градозащитниками.

Царицына, которая придавала ему некоторую значимость как символу Екатерининской эпохи, или, возможно, монархии вообще. Жителей Царицына исторические руины, занимавшие столь обширную площадь в их районе, напротив, волновали куда меньше, чем настоятельная потребность в экономическом росте. Словом, широкая общественность не испытывала к этому месту особой привязанности, в то время как несентиментальные местные жители жаждали перемен.

Немаловажным был и тот факт, что самая заметная достопримечательность Царицына — остатки главного дворца — являлась всего лишь недостроенным сооружением. Хотя многие ценят руины, считая, что они побуждают к размышлениям об истории и человеческом опыте, другие видят в них неприглядные развалины и напрасно занимаемое пространство. Как признавал даже градозащитник Э. Харрис, «раньше в парке было опасно гулять по вечерам» [Харрис 2009: 243]. Эта «запущенность» четко отличала Царицыно от Большого театра и Пушкинской площади, которые ни жители Царицына, ни остальные россияне никогда не признали бы бесполезными.

Лужков сумел воспользоваться состоянием и местоположением Царицына, чтобы подорвать позиции градозащитников и заручиться поддержкой жителей района. Парк явно пользуется у москвичей большей популярностью, чем прежде, хотя и являет собой эрзац-репродукцию. Однако на фоне триумфа Лужкова сохраняются две связанные друг с другом проблемы. Содержание музея-заповедника «Царицыно» ныне обходится куда дороже, чем в прошлом, когда им по большей части пренебрегали. Новое строительство осуществлялось не всегда качественно, а проходило в большой спешке. В то же время убежденность Лужкова в том, что Царицыно станет важным местом притяжения иностранных туристов, едва ли оправдается. Парк расположен неудобно, далеко от центра, и при своей нынешней исторической ценности гораздо менее примечателен, чем грандиозные дворцы под Петербургом, не говоря уже о Версале.

Большой театр и Пушкинская площадь, разумеется, расположены в центре и столь глубоко вплетены в ткань русской культуры, что их подлинность вряд ли можно было поставить под сомнение. В этих случаях даже Лужков не мог настаивать на необходимости «улучшения» исторического наследия. И градозащитникам не приходилось беспокоиться о том, что общественность может предпочесть сохранению «диснейлендизацию». Но и здесь сыграли свою роль материальные факторы. Большой театр, несмотря на все свои выдающиеся достоинства, являлся потенциальной огненной ловушкой под угрозой обрушения. Реконструкция фундамента была неизбежна, хотя можно было бы лучше позаботиться о сохранности самого театра. Но с тех пор, как проектом занялся Кремль, градозащитники мало что могли сделать, поскольку у них отняли и само здание, и возможность участвовать в процессе планирования. Проект реконструкции Большого театра был *режимным*, он непосредственно контролировался кремлевским режимом.

В случае с Пушкинской площадью градозащитникам благоприятствовали как надземные, так и подземные факторы. Не только специфический геологический состав грунта, но и содержимое подземного пространства (три станции и линии метро, трубы холодного и горячего водоснабжения, электрические кабели, канализация, археологические артефакты) гарантировали, что подземное строительство сулит быть сложным, трудоемким и затратным. Приблизительные подсчеты количества объема грунта, который предстояло вынуть, чтобы освободить место только для торгового комплекса, дают цифру в более чем 300 000 тонн. Мало того, грузовики могли вывозить землю только по ночам, чтобы избежать легендарных московских пробок. Потребовалась бы огромная подсобная площадка на поверхности, но не существовало такого места, на решительную защиту которого не поднялись бы активисты и широкая общественность, как местная, так и российская. Теперь, по прошествии времени, кажется, что гораздо легче резонно объяснить, почему проект был отменен, чем почему он так затянулся. Осмысленный ответ на последний вопрос найти непросто; движущей силой, по-видимому, являлось непомерное упрямство Лужкова.

Падение Лужкова

Движение в защиту культурного наследия не было главной силой, сместившей мэра, хотя оно и создавало для лужковской администрации неблагоприятный информационный фон. Защита культурного наследия, наряду с другими видами градозащитной борьбы, помогла разоблачить продажность и непрофессионализм лужковского режима и подорвать его легитимность. Очевидно, желание убрать Лужкова созрело давно. Слухи о его неминуемом крахе возникали не однажды, но мэр продолжал цепко держаться за власть. Однако к 2009 году он, похоже, начал терять хватку. Лидеры трех оппозиционных партий осудили коррупционность лужковской команды; в ответ градоначальник подал в суд на всех троих [Odynova 2009]. В период с апреля по октябрь народная поддержка Лужкова упала с 65 до 36%, что стало рекордно низким показателем [Twickel 2009].

Весной следующего года вспыхнул коррупционный скандал, связанный с вице-мэром А. В. Рябининым; в том же году последовали и другие обвинения в коррупции. 18 мая около 50 московских блогеров провели саркастический митинг «в защиту чиновников-коррупционеров», который, по данным главного российского поисковика «Яндекс», стал крайне популярным в Интернете [Митинг 2010]. В июне Лужков распорядился ремонтировать в светлое время суток путепровод в Химках, что вызвало затор, растянувшийся до центра столицы. Тысячи людей опоздали на свои рейсы в аэропорт Шереметьево, но Лужков оставался равнодушен к возмущению, пока не вмешался Путин, что, конечно, не добавило мэру поддержки [Aeroflot 2010]. А в июле ядовитый смог от лесных пожаров сделал жизнь в городе невыносимой и удвоил смертность, однако Лужков неохотно прервал свой отпуск в Австрии [Сумской 2010].

Последней каплей стало дерзкое нарушение Лужковым субординации. Федеральные власти решили проложить новую трассу в Петербург через старинный Химкинский лес. В ответ развернулось крупномасштабное, упорное, изобретательное сопротивление нового типа [Evans 2012; Клеман 2013б]. Напряженность усилилась после ареста активистов и жестокого избиения неизвестными журналиста О. В. Кашина, писавшего о химкинском деле [Leading 2010]. Вмешался президент Медведев, который объявил паузу, чтобы дать протестующим возможность высказать свое мнение и пересмотреть план строительства. Лужков публично раскритиковал решение Медведева, а затем попытался вбить клин между президентом и премьером [Сумской 2010]. Путин встал на сторону Медведева, и судьба мэра была решена.

Глава шестая
Согласование целей

Причиной отстранения Ю. М. Лужкова от должности в октябре 2010 года стало отнюдь не противодействие защитников культурного наследия градостроительной политике мэра. Тем не менее скандалы вокруг нескольких крупных проектов вызвали недовольство многих представителей интеллигенции, в том числе журналистов и известных деятелей культуры. Плохо скрываемая продажность лужковского режима, с которой через силу, как с «платой за ведение бизнеса», мирились при реализации обычных проектов, вызывала куда большее негодование, когда под угрозой оказывались исторические символы России. Более того, борьба за сохранение культурного наследия не происходила в изоляции. Лужковской градостроительной политикой, в частности принудительным выселением жильцов из «хрущевок» и возведением в плотно застроенных кварталах огромных домов для элиты, были возмущены все горожане.

В 2009–2010 годах различные местные конфликты постепенно объединились в общем недоверии к лужковскому Генеральному плану города Москвы на период до 2025 года, по-советски именуемому Генпланом. Многие критики, включая членов федеральной Общественной палаты, считали, что главная цель Генплана — содействовать беспрепятственной градостроительной деятельности, а вместе с ней стремительному обогащению девелоперов и московских чиновников в ущерб жилым кварталам, достопримечательностям, окружающей среде и управлению дорожным движением [Петренко 2010б]. В свой первый полный рабочий день новый мэр С. С. Собянин заявил о намерении внести в Генплан поправки [Krainova 2010]. Через несколько недель созданная Градостроительно-земельная комиссия города Москвы приняла решение о пересмотре Генплана [Собянин 2010].

Собянинское Мосгорнаследие

Придя к власти, Собянин сразу же понизил в должности некоторых людей Лужкова, но предусмотрительно растянул процесс их смещения на многие месяцы. В. И. Ресин, например, оставался вице-мэром до декабря 2011 года, когда был избран депутатом Государственной Думы, члены которой пользуются парламентской неприкосновенностью [Собянин 2011]. Исключением из планомерного подхода Собянина к реструктуризации бюрократического аппарата стал В. А. Шевчук, глава Москомнаследия, уволенный на второй неделе работы нового мэра [Захаров 2010]. Вероятно, он был худшим из худших. Разумеется, градозащитники не питали уважения к лужковскому Москомнаследию. И. М. Коробьина, после смерти Д. А. Саркисяна в январе 2010 года сменившая его на посту директора Государственного музея архитектуры имени А. В. Щусева [Sarkisyan 2010], высказала мнение, преобладавшее среди градозащитников:

> Они торговали всевозможными разрешениями. А большинство сотрудников учреждений по охране памятников <...> имели собственные строительные фирмы [D'Amora 2013].

Хотя лужковское и собянинское ведомства по охране памятников имеют схожие аббревиатуры, в октябре 2010 года собянинскому Мосгорнаследию был придан статус департамента, а не комитета. Если начальником Шевчука был Ресин, руководитель строительного комплекса при Лужкове, то глава Мосгорнаследия занимает пост министра в городском правительстве и подчиняется непосредственно мэру. Еще одним существенным расхождением с прежней практикой стало то, что новый глава, А. В. Кибовский, имеет ученую степень по истории и всю профессиональную карьеру посвятил охране культурного наследия[1]. По окончании вуза Кибовский работал в московском Музее-панораме «Бородинская битва». На момент назначения руководителем Мосгорнаследия занимал должность главы Федеральной службы по надзору за соблюдением законодательства в области охраны культурного наследия [Кибовский 2020]. Можно было бы подумать, что переход из этого федерального ведомства с громоздким наименованием на аналогичную должность в Москве — понижение, однако мне представляется, что это скорее показатель особого, а возможно и доминирующего, положения столицы в Российской Федерации.

Преобразование Мосгорнаследия в респектабельное профессиональное учреждение — важный этап истории до сих пор продолжающихся взаимоотношений градостроителей и градозащитников собянинского периода. Впрочем, следует сразу же отметить, что единственной важной мерой по охране памятников стал мораторий на новое строительство в центре, официально объявленный мэром в марте 2011 года, хотя продолжающийся пересмотр контрактов и без того фактически заморозил большинство проектов [Запрет 2011]. Основной причиной запрета строительства Собянин назвал необходимость борьбы с перегруженностью дорог, но в действительности мораторий послужил сигналом к перемирию в борьбе за культурное наследие, не считая нескольких исключений. Это перемирие позволило Мосгорнаследию заново наладить деятельность и изменить свою репутацию, а активистам-градозащитникам — пересмотреть отношение к мэрии.

В апреле 2011 года на Мосгорнаследие были возложены обширные функции, и среди них не только обязанность обеспечивать соблюдение всех законов и нормативных актов, связанных с охраной памятников, но и право отменять любые проекты, угрожающие «объектам культурного наследия», в том числе археологическим [Положение 2013]. Оздоровленное ведомство, по-види-

---

[1] В июне 2015 года, после того как А. В. Кибовский был назначен главой городского Департамента культуры, пост руководителя Мосгорнаследия занял А. А. Емельянов [Емельянов 2015].

мому, серьезно отнеслось к своим обязанностям[2]. В начале мая 2011 года Мосгорнаследие отменило все разрешения на снос или частичную разборку зданий на территориях, где расположены исторические сооружения.

> Все согласования, разрешения, утвержденные проекты, включая полный или частичный демонтаж любых зданий, как имеющих, так и не имеющих статуса объектов историко-культурного наследия, в объединенных охранных зонах или зонах строгого регулирования застройки города Москвы, ныне без повторного согласования с Департаментом культурного наследия считаются утратившими силу [Petrova 2011].

Поводом к принятию Мосгорнаследием подобных мер послужило обращение Архнадзора к мэру после вопиющего незаконного сноса исторического здания [Petrova 2011]. С точки зрения градозащиты отмена всех подобных контрактов стала большой победой. Но охрана культурного наследия была не единственной задачей собянинской администрации. Аннулировать все контракты означало поставить мэрию выше закона, ведь контракты — это документы, имеющие обязательную юридическую силу. Кроме того, город нуждается в частных инвестициях в реконструкцию жилых районов и, возможно, в будущем пожелал бы сотрудничать по крайней мере с некоторыми из пострадавших застройщиков. Примирить эти три требования было непросто, как следует из нижеприведенного отрывка из интервью М. Ш. Хуснуллина.

«Сносная комиссия»

Москомнаследие было не единственным городским ведомством, занимавшимся вопросами защиты и уничтожения культурного наследия. В 1995 году Лужков создал Комиссию при

---

[2] С презентацией PowerPoint А. В. Кибовского, в которой подытожены прошлые упущения и планы на 2012–2016 годы, можно ознакомиться здесь: URL: http://issuu.com/moscow_heritage/docs/results (доступ к ресурсу ограничен).

Правительстве Москвы по вопросам сохранения зданий в исторически сложившихся районах г. Москвы, вскоре прозванную «сносной комиссией» [Постановление 2007]. При Лужкове «сносная комиссия» под председательством Ресина рассмотрела 4000 дел и в 3000 из них вынесла решения об уничтожении зданий [Подолян 2011]. Хотя в Комиссии было представлено и ВООПИиК, в основном в нее входили городские чиновники и специалисты в области строительства и архитектуры, в том числе сотрудники Москомнаследия [Постановление 2007; Постановление 2008].

После падения Лужкова Ресин, исполнявший обязанности мэра, попытался дистанцироваться от лужковской градостроительной политики. Одним из доказательств этого стало приглашение в «сносную комиссию» К. П. Михайлова из Архнадзора [Елсукова 2010]. Но в октябре 2011 года за этим небольшим, по-видимому символическим, изменением состава последовала более радикальная реформа. О ней оптимистически возвещал заголовок материала на сайте радио «Вести FM»: «На смену "комиссии по сносу" Москвы пришла "комиссия по сохранению"» [Подолян 2011]. Формальное название комиссии стало еще менее удобочитаемым: Комиссия при Правительстве Москвы по рассмотрению вопросов осуществления градостроительной деятельности в границах достопримечательных мест и зон охраны объектов культурного наследия. Председателем комиссии стал преемник Ресина на посту вице-мэра по вопросам градостроительной политики и строительства Хуснуллин, а его заместителем — Кибовский. В Комиссии продолжили работать Михайлов и представитель ВООПИиК; кроме того, в ней появилось значительно больше представителей гражданского общества. Среди них — известный газетный обозреватель, специализирующийся на исторической географии города, и топ-менеджер независимой радиостанции «Эхо Москвы» [Подолян 2011; Постановление 2011]. Поэтому, хотя в составе Комиссии большинство составляют городские чиновники, ее решения уже невозможно утаить от общественности. Архнадзор публикует подробные отчеты о заседаниях, их регулярно освещают СМИ [Четыре 2013; Итоги 2013].

Михайлов понимал, что вопрос о сотрудничестве может возникнуть. Приняв предложение Ресина объединить представителей Москомнаследия и Москомархитектуры (Комитета по архитектуре и градостроительству города Москвы) в специальную рабочую группу, Михайлов прагматично оправдывал свой поступок: «Мы согласились — странно было бы настаивать на решении вопросов и не участвовать в их обсуждении» [Михайлов 2010]. В интервью, данном 20 октября 2010 года, после того как Михайлов дал согласие войти в «сносную комиссию», на вопрос «Не боитесь, что войдете в комитет, и вам начнут объяснять, что этот дом сохранить невозможно, или деньги начнут предлагать?» он ответил: «Не боюсь — нам и сейчас все время пытаются объяснить, что все разваливается. Мы находим аргументы в составе этой комиссии, будем находить и другие. Никто, приглашая нас туда, не обольщается, что мы себя станем вести иначе» [Елсукова 2010].

Одиозная семерка

Судя по всему, Архнадзор, как и прежде, проявлял бдительность и преданность своему делу, а вот подход Мосгорнаследия, «сносной комиссии» и Собянина к вопросам сохранения культурного наследия стал намного более открытым к сотрудничеству и профессиональным, чем деятельность лужковского режима. Яркий пример этих перемен — исход семи строительных проектов, которые Архнадзор назвал «наиболее одиозными» в «меморандуме», адресованном тогда еще неизвестному новому мэру в 2010 году [Архнадзор 2010]. Архнадзор потребовал приостановить эти проекты, пересмотреть и переделать их планы, чтобы привести их в соответствие с законом.

В четырех случаях мэрия поступила в соответствии с требованиями Архнадзора. Как уже упоминалось, Собянин отменил проект подземной стройки на Пушкинской площади еще до развертывания значительных работ. Архнадзор счел одиозной и одну из составляющих проекта реконструкции площади Тверская Застава, также упоминавшегося выше. Группа осудила планируемую разборку путепровода, сооруженного в начале XX века и являющегося главной отличительной особенностью площади. Город изменил проект, чтобы сохранить путепровод [Смирнов 2012]. Еще один скандальный проект планировался на Хитровской площади, увековеченной В. А. Гиляровским в популярной книге очерков «Москва и москвичи». Местные жители и активисты решительно воспротивились плану построить здесь бизнес-центр, о чем было объявлено в 2009 году. В 2010 году Собянин отменил стройку, но решил соорудить под площадью подземную парковку, против чего вновь выступили жильцы соседних домов [Резник 2010]. В ходе ряда общественных слушаний и дискуссий парковка тоже была отвергнута, и, наконец, в 2013 году жители и чиновники приняли новое решение: разбить на площади парк [Добрянская 2013]. В результате был отменен снос двух исторических зданий на Остоженке, и без того заметно изменившей облик, а дома внесены в перечень объектов культурного наследия города Москвы [Lyauv, Filatov 2011; Объекты 2020].

В этих четырех случаях, когда уничтожение объектов культурного наследия было предотвращено, очень помогло то, что все сооружения еще существовали. Если исторического памятника больше нет, требование «воссоздать» его скорее всего не найдет поддержки у общественности и чиновников. К тому времени, как Архнадзор опубликовал меморандум, в двух из трех оставшихся «одиозных» случаев фактическое разрушение уже состоялось.

12 июля 2010 года активисты Архнадзора в связи со строительными работами на территории усадьбы купцов Алексеевых, о которой говорилось выше, провели *гражданский рейд* с целью проверки разрешительных документов. Им показали копию приказа о сносе построек, который еще не начался. Градозащитники сочли приказ не соответствующим закону, поскольку здания расположены в охранной зоне Замоскворечья. Кроме того, Москомнаследие не утвердило проект и не вынесло решение по заявлению Архнадзора о признании усадьбы памятником [Беловский 2010]. На следующий день активисты услышали, что за строительным забором, окружавшим территорию усадьбы, ра-

ботают отбойные молотки, и немедленно отреагировали, чтобы спасти здания [Усадьба 2010]. Им удалось приостановить строительные работы на десять дней, но затем демонтаж возобновился. Члены Архнадзора окружили стройку живой цепью, а руководство движения обратилось в прокуратуру с просьбой обеспечить соблюдение охранного законодательства [Беловский 2010]. 25 июля милиция оттеснила протестующих, чтобы на стройплощадку смогла попасть тяжелая строительная техника, которая к концу дня снесла все, кроме стен первого этажа [Самая 2010]. На следующий день Общественная палата РФ потребовала восстановить комплекс и «ввести персональную уголовную ответственность должностных лиц за принятие решений о сносе памятников истории и культуры» [ОП РФ 2010], но у нее, как всегда, недостало способов осуществить свою волю. На следующий день Москомнаследие твердо заявило, что усадьба не является историческим памятником [Усадьба 2010]. Архнадзор подал жалобу в суд, но в октябре она была отклонена [Суд 2010].

Вторым «одиозным» поражением градозащитников стала расправа над усадебным комплексом, ранее принадлежавшим семье Шаховских-Глебовых-Стрешневых, в котором ныне располагается «Геликон-опера». К моменту увольнения Лужкова уже были снесены два ее флигеля, за исключением одной фасадной стены, выходящей на улицу. Главный дом был надстроен, усадебные дворы уничтожены. Архнадзор утверждал, что проект незаконен и все разрушенное необходимо воссоздать [Архнадзор 2010].

16 октября город приостановил проект «Геликон-оперы», чтобы провести проверку [Остановлено 2010]. В марте 2011 года состоялось заседание Общественного совета при Мэре Москвы по проблемам формирования градостроительного и архитектурно-художественного облика города. Присутствовали Михайлов и Рахматуллин из Архнадзора, а также несколько видных деятелей культуры. Председательствовавший Ресин выступил за проект строительства, отметив, что тот «всеми принят, всеми подписан, со всеми согласован: и с федеральными властями, и с городскими, и по линии аппарата президента РФ». Он выразил надежду, что возможен компромисс по отдельным деталям.

Михайлов и Рахматуллин отвергли компромисс, предпочтя продолжить разбирательство в городской прокуратуре [Геликон-оперу 2011]. Окончательное решение принято не было, а ночью с 18 на 19 июня, пока Собянин находился в Петербурге, застройщик снес последний уцелевший флигель особняка [В Москве 2011].

Город не оставлял попыток найти компромиссное решение до ноября 2012 года, когда «сносная комиссия» объявила о наличии пяти объектов, в том числе «Геликон-оперы», по которым градостроители и градозащитники просто не могут договориться. Комиссия решила передать все пять дел федеральному Министерству культуры. В конце концов город выступил за завершение проекта «Геликон-оперы», под тем предлогом, что тот и так близок к концу. Хуснуллин откровенно признал утверждение данного проекта ошибкой, но поскольку в него уже вложили более 300 000 000 долларов, отступать оказалось попросту поздно. Более того, по его словам, за «скорейшее завершение» стройки ратовала «театральная общественность» [Москва 2012]. Принимая во внимание заявление Ресина в 2011 году, не будет преувеличением предположить, что под «театральной общественностью» могли подразумевать в том числе и Кремль.

Седьмой «одиозный» проект — реконструкция «Детского мира», построенного архитектором А. Н. Душкиным и открытого в 1957 году. Это был крупнейший в Советском Союзе детский универмаг с лучшим ассортиментом товаров, первое здание в Москве с эскалаторами, кондиционерами и каруселью в атриуме. Миллионы москвичей сохранили самые теплые воспоминания о «Детском мире». Однако после приватизации в 1992 году его интерьер заметно обветшал. В 2005 году Министерство культуры РФ внесло «Детский мир» в список объектов культурного наследия регионального значения, а это означало, что его силуэт, высота, фасад и историческая функция не подлежат изменениям. Зато интерьер можно было полностью опустошить и заменить, что и предусматривал план реконструкции, обнародованный в 2008 году. Хотя Душкина, Саркисян и другие подчеркивали, что нет необходимости демонтировать структурные элементы интерьера, план реконструкции предполагал полное уничтожение внутреннего наполнения здания с целью освободить место для шестиэтажного стеклянного атриума. Главный архитектор проекта был известен по «воссозданию» Царицынского дворца и строительству торгового центра «Охотный ряд», что, разумеется, тоже встревожило градозащитников. Универмаг был закрыт летом 2008 года. Предполагалось, что проект начнется следующим летом, продлится два года и обойдется в 200 000 000 долларов [Malpas 2008a]. Здание, являвшееся заметной городской достопримечательностью, было затянуто фасадной сеткой и скрыто от посторонних глаз. То, что происходило внутри, оставалось загадкой; ходило множество слухов, например, что на здание претендует ФСБ, располагающаяся как раз напротив «Детского мира», на другой стороне Лубянской площади [Здание 2012]. В декабре 2009 года активистам Архнадзора удалось тайно проникнуть в универмаг и сделать фотографии. Хотя сооружению был нанесен значительный урон, он на тот момент казался поправимым [Тяжелая 2009]. Впоследствии интерьеры так и оставались закрытыми для публики.

Из-за финансового кризиса проект затянулся, и срок его завершения был перенесен на 2012 год [Detsky 2011]. Вскоре после отставки Лужкова Хуснуллин сообщил прессе, что Мосгорнаследие намерено поддержать новый проект расширения предмета охраны «Детского мира», подготовленный независимыми специалистами [Архнадзор2011]. Но в 2011 году это решение не осуществилось, хотя мэр продлил срок завершения проекта до 2013 года [Detsky 2011]. Когда 28 декабря 2011 года Архнадзор зафиксировал крупные работы по разборке внутренних конструкций, движение обратилось в мэрию с просьбой остановить работы [Архнадзор 2011]. На следующий день представитель Мосгорнаследия заявил, что город потребует внести изменения в проект реставрации «Детского мира», перед тем как утверждать его, и раскритиковал подрядчика за сокрытие от общественности подробностей реконструкции [Власти 2011б]. На общественных слушаниях, состоявшихся в середине января, независимые эксперты подвергли сомнению уверения застройщиков о том, что интерьер пришлось уничтожить из-за аварийности конструкций [Эксперты 2012]. Однако девелопер настаивал, что первоначальные конструкции были сооружены небрежно и состояние здания небезопасно [Карев и др. 2012]. Под давлением мэрии застройщик разрешил доступ в универмаг, но спор продолжался.

12 марта Союз архитекторов России заявил, что поддерживает позицию градозащитников [Союз 2010]. На следующий день городские власти официально изменили цель строительных работ [Мэрия 2012]. В начале июня застройщик объявил, что проект «переделали на 90%», в том числе решили отреставрировать исторический атриум, а не заменять его новым. Доступ к нему теперь планировался со всех сторон, что должно было превратить атриум в «городскую площадь» [Концепцию 2012]. На контрасте с чрезмерной секретностью, годами окружавшей объект, архитектор нового проекта дал пространное интервью интернет-изданию «Газета.ru» [Здание 2012]. Однако в тот момент «реставрация» интерьера неизбежно означала появление новодела, поскольку в здании не осталось ничего, кроме строительного мусора. Вероятно, мнение большинства подытожил редактор интернет-журнала «The Village»: «Всё могло быть ещё хуже» [Болотов 2015]. Хотя городской чиновник утверждал, что конечный результат — «пример того, как государство плюс общественное мнение влияют на инвесторов» [Сопова 2012], Архнадзор назвал уничтожение интерьеров универмага «Детский мир» первым в списке главных утрат столичного культурного наследия 2012 года [Архнадзор 2012].

Мэрия и градозащитники: эволюция взаимоотношений

В пресс-релизе Архнадзора за 2013 год говорилось: «Некоторые позитивные сдвиги намечены, но разрушение исторической Москвы продолжается, причем масштабы потерь не уступают 2000-м годам» [Марат Гельман 2013]. Тем не менее, по мнению Коробьиной, «Департамент культурного наследия под руководством Александра Кибовского <...> проделал колоссальную работу», особенно в том, что касалось внедрения новых правил охраны исторического центра, судебного преследования за нарушение закона и повышения прозрачности процедур [D'Amora 2013]. В той или иной мере можно согласиться с обеими точками зрения.

Мэр Собянин следит за тем, чтобы его ведомства были профессиональными и не преступными. Мэр публично выражает озабоченность сохранением архитектурных памятников Москвы. Он открыл каналы связи с широкой общественностью и градозащитниками. Его подчиненные в определенных областях сотрудничают с активистами. Мосгорнаследие пытается повысить ценность старинной московской архитектуры в глазах столичных жителей. Мэрия учитывает общественное мнение, не желая вызывать публичное возмущение. Московский градоначальник пытается обеспечить более строгое соблюдение соответствующих законов, в то же время поддерживая доверие инвесторов.

Впрочем, проблемы и ограничения существуют до сих пор. Не каждое старинное здание можно сохранить, особенно если расходы на его реставрацию и содержание должны покрываться за счет городского бюджета. Доверие инвесторов и цели градозащитников зачастую конфликтуют между собой. Контракты и решения, унаследованные от прежней администрации, мешают серьезному отношению к законодательству и договоренностям. Интерес широкой общественности варьируется от случая к случаю; точно так же люди в большинстве своем готовы скорее «спасать китов», чем защищать малоизвестные, непривлекательные биологические виды. Население и инвесторы заинтересованы в экономическом росте. Возможности нового строительства в Старой Москве ограничены: парки уничтожению не подлежат; уплотнительная застройка встречает противодействие; реновация промышленных зон сложна и, как правило, затратна. Наконец, есть проекты, которые, судя по всему, представляют интерес для Кремля, который имеет решающее слово во всех вопросах.

Работа с населением, привлечение общественности

В январе 2011 года администрация Собянина провела интернет-опрос москвичей, касающийся их позиции в отношении сохранения столичного архитектурного наследия. Почти 77% опрошенных поддержали идею создания «заповедников в старых районах столицы, чтобы полностью сохранить старую Москву», снос старых зданий с целью обновления города поддержали менее 3% [Москвичи 2011]. Значимость исследования заключалась не только в его результатах, оно свидетельствовало о серьезном отношении новой администрации к общественному мнению. С тех пор мэрия регулярно проводит подобные опросы на самые разные темы [Опрос 2020]. Кроме того, была создана круглосуточная горячая линия по выявлению действий, наносящих ущерб объектам культурного наследия.

При Кибовском Мосгорнаследие предпринимало многообразные усилия по воспитанию бережного отношения к материальному культурному наследию города. Раз в два месяца это ведомство издает богато иллюстрированный журнал «Московское наследие», который распространяется бесплатно в 50 точках в центре столицы. Каждый выпуск можно скачать на сайте Мосгорнаследия[3]. Вдобавок к этому журнал вел свой блог на Tumblr[4]. Кроме того, Департамент культурного наследия опубликовал книгу «Москва, которая есть» — крупноформатное, цветное, щедро иллюстрированное фотографиями издание, посвященное отреставрированным столичным памятникам архитектуры; ее тоже можно свободно скачать[5]. Наконец, Мосгорнаследие организует тематические выставки и пешие экскурсии[6].

---

[3] URL: https://www.mos.ru/dkn/function/populiarizatciia/zhurnal-moskovskoe-nasledie (дата обращения: 30.05.2021).

[4] Сообщество журнала «Московское наследие» на Facebook: https://www.facebook.com/Московское-наследие-726860257336055 (дата обращения: 30.05.2021).

[5] URL: https://www.mos.ru/dkn/documents/view/242171220 (дата обращения: 30.05.2021).

[6] URL: https://www.mos.ru/dkn/function/populiarizatciia/informatciia (дата обращения: 30.05.2021).

Мэрия проводила опросы населения и в связи с конкретными случаями. Один из таких случаев — предполагаемый снос Шуховской башни, о котором речь пойдет ниже. Другой — планировавшееся уничтожение Буденновского городка, жилого массива 1930-х годов в конструктивистском стиле. Весной 2013 года город вознамерился снести их и разрешить строительство современных многоквартирных домов. 40% нынешнего жилого фонда здесь составляют коммуналки, в некоторых до сих пор есть кухни с ваннами. Архнадзор и другие градозащитники настаивали на том, что все конструктивистские постройки необходимо сохранить, в том числе Буденновский городок и соседнее здание, в котором располагались Донские бани. По мнению города, следует сосредоточиться на ценности конкретных сооружений, а не целой архитектурной эпохи. Градостроители и градозащитники не сумели прийти к соглашению. Город провел опрос населения; подавляющее большинство его участников (84%) высказались за сохранение жилого массива в нынешнем виде. «Сносная комиссия» приняла решение оставить городок, хотя Донские бани впоследствии были снесены [Егорова 2013, Квартал 2013]. Для собянинской администрации подобный компромисс не является чем-то из ряда вон выходящим.

Частные вложения в сохранение наследия

Город не имеет возможности полноценно поддерживать и охранять даже то значительно сократившееся количество памятников архитектуры, которое унаследовала администрация Собянина. В январе 2012 года правительство Москвы приняло новую программу по привлечению частных инвесторов для восстановления отдельных старинных зданий, нуждающихся в ремонте. Столица предлагает аренду на 49 лет из расчета один рубль за 1 м^2 ежегодно. Взамен инвестор обязан в течение пяти лет отремонтировать здание в соответствии с нормативными актами. В 2013 года по программе «один рубль за квадратный метр» город сдал в аренду 20 исторических памятников [Зеневич 2013].

В 2013 году частные инвестиции в реставрацию увеличились с 1 000 000 000 до 5 500 000 000 рублей [В Москве 2013]. Ожидалось, что в 2014 году эта сумма вырастет до 6 000 000 000 [Мелешенко 2014].

Частично облегчить финансовое бремя затрат на охрану старинных построек были призваны еще две программы. В 2013 году мэрия развернула программу, позволяющую покупать некоторые здания, нуждающиеся в ремонте. Причем город оставляет за собой право выкупить здание обратно в случае, если новый владелец не проведет ремонт должным образом. Чтобы сделать программу более привлекательной для инвесторов, город готов санкционировать изменение функционального назначения сооружения, например переоборудование под гостиницу или ресторан [Собянин 2013]. А в мае 2014 года Мосгордума приняла закон, позволяющий городу восстанавливать ветхие строения, находящиеся в частной собственности коммерческих фирм, а затем взыскивать с собственников компенсацию затраченных средств [Шаталова 2014].

Работа с наследием Лужкова

Собянинская администрация, судя по всему, серьезно относится к законодательству и существующим контрактам, хотя в прошлом они воплощали собой скорее «верховенство Лужкова», чем «верховенство права». К концу 2012 года город пересмотрел 55 контрактов и, по словам главы Мосгорнаследия Кибовского, в большинстве случаев удалось добиться от застройщика согласия сохранить габариты прежнего здания или хотя бы «технико-экономические показатели» нового. Но суды вынесли решения в пользу застройщиков примерно по 20 делам, в том числе и по одному из самых «одиозных» [Москва 2012].

Очевидно, что можно было разрешить не все юридические сложности, доставшиеся в наследство от лужковской эпохи. Весьма напряженный конфликт вспыхнул в связи с решением города санкционировать реконструкцию (полный снос за исключением фасада, выходящего на улицу, и новое строительство) домов Привалова в Замоскворечье, поскольку инвестор получил разрешение мэрии еще при Лужкове. На фоне скандала с домом Прошиных, о котором речь пойдет ниже, Архнадзор адресовал вице-мэру Хуснуллину письмо с призывом не допустить незаконного сноса исторических зданий. Не получив ответа, 20 октября 2014 года Архнадзор и еще одна организация, «Общественная коалиция в защиту Москвы», организовали акцию протеста. Среди материалов прессы появилась конфузная ссылка на созданный городскими властями сайт «Узнай Москву», на котором утверждалось, что владельцы участка пытались «сжечь, затопить и истребить» здания, но потерпели неудачу [Пикет 2014].

Сконфузилась «сносная комиссия» или нет, однако 29 декабря она приняла решение разрешить стройку; заседание было закрыто для местных жителей и градозащитников (за исключением членов комиссии), что нарушало российское законодательство [В Москве 2014]. Как и прежде, активисты обратились за помощью к московской культурной элите: помимо прочих явлений и событий, связанных с искусством, в одном из домов Приваловых бывали собрания, где часто читал свои стихи С. А. Есенин. Обращение к Путину с просьбой спасти здания подписали более 40 современных деятелей литературы, но безрезультатно [Епифанова 2015].

Последняя отчаянная попытка защитить здания с помощью Министерства культуры провалилась [В Минкультуры 2015], несмотря на обращение уполномоченного по правам человека в РФ Э. А. Памфиловой к министру [Петин 2015]. В тот самый момент, когда работы по сносу подходили к концу, Архнадзор потребовал серьезно реформировать городское управление объектами культурного наследия, в частности создать Совет по культурному наследию и сохранению исторического города, который будет состоять исключительно из экспертов в этой области и представителей общественных организаций и ведать вопросами, связанными с памятниками архитектуры [Крижевский 2015]. Через несколько дней политическая партия «Яблоко»

Ил. 6.1. Фасад дома Привалова. 2015

организовала пикет у мэрии с требованием уволить Хуснуллина [Хуснуллина 2015].

Заместитель мэра ответил через «Российскую газету», официальный печатный орган РФ, назвав пикет «яблочников» «дешевым популизмом». Он выдвинул четыре тезиса в защиту «сносной комиссии» и ее решения требовать сохранения только фасадов домов Приваловых. Во-первых, так называемая сносная комиссия в подавляющем большинстве случаев голосует за сохранение зданий; решения о сносе являются исключениями. Во-вторых, хотя Хуснуллин и возглавляет комиссию, по его утверждению, он имеет не больше полномочий, чем любой другой член, его голос всего лишь один из 14. В-третьих, здание не числилось памятником культуры. В-четвертых, инвестор получил необходимые разрешительные документы еще при Лужкове; подай инвестор в суд на мэрию, он бы выиграл [Проценко 2015].

Было неясно, при чем тут «необходимые разрешительные документы», ведь, как отмечалось выше, в 2011 году Мосгорнаследие объявило все подобные «согласования, разрешения, утвержденные проекты <...> утратившими силу» [Petrova 2011]. Представляется, что единственный вариант, когда проект можно считать законным, — если его одобрило Мосгорнаследие, в каковом случае возлагать вину на предыдущее ведомство уже нельзя.

Покончив с четырьмя вышеперечисленными тезисами, Хуснуллин продолжал выдвигать свои доводы. Он добавил, что инвестор готов отказаться от проекта, если ему возместят расходы — 4 000 000 000 рублей. Заместитель мэра отметил, что за такие деньги город может построить километр линии метро и потому не собирается возвращать средства. Хуснуллин передал мнение инвестора о том, что скоро жалобы прекратятся и общественность оценит красивое новое здание, сохранившее исторические фасады.

Наконец, чиновник выступил в защиту достижений собянинской администрации в сохранении культурного наследия и выразил свое личное возмущение оппозицией, выдвинув беспрецедентное обвинение. Заместитель мэра вспомнил, что, придя к власти, Собянин занялся спасением 187 памятников культуры, намеченных к сносу. «Но об этом почему-то ни одна политическая партия не вспоминает», — добавил Хуснуллин. И сообщил, что лично разбирался с каждым застройщиком, лишившимся стройплощадки, рискуя во время этого процесса, который он сравнил с войной, собственной безопасностью. В заключение заместитель мэра «допустил», что пикет «Яблока» мог быть заказан недовольными бывшими инвесторами [Проценко 2015].

Закон и правоприменение

Когда большинство конфликтов, оставшихся от лужковского периода, были улажены, градозащитники как будто нашли способ использовать закон в поддержку своего дела. В ноябре 2010 года активистка Архнадзора подала судебный иск как частное лицо против научного института — пользователя исторического здания, дома Быкова, построенного в 1909 году Л. Н. Кекушевым и принадлежащего Российской Федерации. Начиная с 2009 года постройка стремительно разрушалась. Как это было характерно для того периода, город намеревался исключить здание из перечня объектов культурного наследия, что подготовило бы почву для его сноса. Архнадзор изо всех сил пытался спасти дом при поддержке Москонтроля (городского ведомства финансового надзора). Благодаря этому здание осталось в списке памятников. Иск активистки Архнадзора преследовал цель заставить институт отреставрировать здание. Когда в 2012 году институт приступил к уничтожению элементов фасада, Архнадзор и Мосгорнаследие воспрепятствовали разрушению. В апреле 2013 года суд вынес решение в пользу истца, обязав пользователя провести необходимые работы по консервации и реставрации здания. Это был первый случай, когда рядовой гражданин выиграл подобное дело. Архнадзор объявил его прецедентом, который вызовет новые судебные разбирательства не только в Москве, но и по всей России [Горожанин 2013].

Дело дома Быкова можно рассматривать как пример того, как может функционировать институт управления наследием. Но Архнадзор и другие градозащитные движения утверждают, что сделать предстоит еще очень много. Вот один чрезвычайно важный пример, когда потенциально эффективный закон не действовал более семи месяцев. В январе 2015 года мэрия одобрила поправки в закон «Об объектах культурного наследия». Согласно новой редакции, каждый гражданин имел право подать в Мосгорнаследие заявление о том, что он обнаружил в своем районе ценное историческое сооружение. После этого здание должно получить статус «заявленного объекта» и будет охраняться государством. Но на практике Мосгорнаследие отказывается принимать такие заявления, поскольку не приняты подзаконные акты, которые подробно разъясняют, как должен функционировать закон [Памятники 2015]. Пробел был восполнен дополнительным нормативным актом от 26 августа 2015 года, который Архнадзор назвал «мудрым решением» [Москва 2015; Об утверждении 2015].

Однако даже когда существующего законодательства в принципе достаточно для защиты отдельных зданий, власти иногда не в состоянии предотвратить их разрушение. В августе 2013 года город повысил максимальный штраф за повреждение объектов культурного наследия до 60 000 000 рублей (на тот момент около 2 000 000 долларов) и уполномочил Мосгорнаследие проводить расследования [D'Amora 2013]. Несмотря на это, некоторые строители по-прежнему действуют на собственное усмотрение. Например, в конце 2013 года были незаконно снесены военные казармы XIX века в районе Сокольники Восточного АО. Предыдущая попытка уничтожить постройку была пресечена городскими властями в сентябре. Однако в ноябре строители воспользовались праздником, Днем народного единства, чтобы полностью снести здание, прежде чем активисты и чиновники успели отреагировать [Старинные 2013]. Вот более недавний случай: в феврале 2015 года Мосгорнаследие распорядилось прекратить уничтожение доходных домов Михайлова на Большой Дмитровке. Но каждый раз, когда сотрудники полиции или чиновники Мосгорнаследия покидали объект, застройщик возобновлял снос [Дома 2015].

Отсюда не следует, что город никогда не преуспеет в защите памятников, находящихся под угрозой. В 2013 году Мосгорнаследие добилось судебного постановления о принудительном закрытии и сносе кафе «Белая лошадь», которое 20 лет незаконно занимало визуально значимое место на территории объекта культурного наследия — сквера на Страстном бульваре [Знаменитое 2013]. В апреле 2014 года Мосгорнаследие остановило «незаконные строительные работы» в знаменитом доме Наркомфина на Новинском бульваре, рядом с посольством США [Наркомфина 2014; Cathcart-Keays 2015]. Кроме того, в июле 2014 года было возбуждено уголовное дело по факту сноса усадебного дома на Большой Ордынке, в центре города [По факту 2014].

Как говорилось выше, в мае 2014 года мэрия в соответствии с новым законом «О благоустройстве» получила право приводить в порядок ветхие и аварийные здания и взыскивать с собственника компенсацию затрат [Шаталова 2014]. Через три недели Арбитражный суд Москвы обязал владельца дома Пастернака, где родился писатель, выплатить городу 5 000 000 рублей (тогда около 170 000 долларов) в возмещение расходов по демонтажу самовольно надстроенного мансардного этажа [Самострой 2014].

Еще один серьезный случай был связан как с незаконным уничтожением, так и с запоздалым применением закона. Для градозащитников стал горьким поражением снос в августе 2014 года доходного дома эпохи Серебряного века (дома Прошиных) на «главной» улице Москвы, 1-й Тверской-Ямской. Построенный в 1905 году дом Прошиных являлся редким образцом московского модерна. Архнадзор объявил эту утрату самой крупной со времен сноса «Военторга» десятью годами ранее [Утрата 2014]. Само здание не входило в перечень объектов культурного наследия, но из-за его расположения вопрос о реконструкции дважды рассматривался Рабочей группой Комиссии при правительстве Москвы по рассмотрению вопросов осуществления градостроительной деятельности в границах достопримечательных мест и зон охраны объектов культурного наследия. Рабочая группа одобрила реконструкцию (в том числе частичную разборку, надстройку и освоение подземного пространства), однако настаивала на сохранении подлинного фасада. Так исторические здания «сохраняли» при Лужкове, но сегодня никто, включая Архнадзор, не утверждает, что городские чиновники, принимавшие решения о сохранении памятников, коррумпированы.

В случае с домом Прошиных даже Архнадзор считал, что за исключением фасада ничего спасать не стоит [Сохарева 2014]. Однако активисты возмутились, когда был разрушен и фасад. Также градозащитники с подозрением отнеслись к причастности к проекту дочери нынешнего президента Азербайджана, И. Г. Алиева: подразумевалось, что, возможно, проект *режимный*, неподвластный мэрии [Утрата 2014]. Генподрядчик еще сильнее запутал ситуацию, заявив, что фасад пришлось разобрать, поскольку он был аварийным и угрожал общественной безопасности [Генподрядчик 2014]. Собянин явно не принял этого оправдания. Назвав снос фасада «актом вандализма», он оштрафовал подрядчика на 27 000 долларов и отозвал разрешение на строительство на этом участке [Власти 2014; Nechepurenko 2014].

Вдобавок к этому мэрия подала на компанию в суд [Мэрия 2014]. По состоянию на август 2015 года было неясно, будет ли здание восстановлено в прежнем виде или же на его месте разобьют сквер [Архитектурные скандалы 2015].

Интересы государства

С тех пор как мэр Собянин вступил в должность в октябре 2010 года, он многое сделал для реформирования управления культурным наследием в Москве. Закон уже не «повод пофилософствовать». Чиновники, отвечающие за охрану памятников, больше не извлекают личную выгоду из их уничтожения. Однако конфликты все еще случаются, старинные здания до сих пор сносят. На взгляд градозащитников, город по-прежнему оказывает предпочтение застройщикам. Возможно, до какой-то степени это так, но уже не столь вызывающе очевидно, как было при Лужкове. Впрочем, в тех случаях, когда проекты, при реализации которых с явным нарушением закона разрушаются исторические сооружения, отвечают нуждам городского правительства или путинского режима, по-видимому, осуществляется некий типовой сценарий. Как известно, в России глубоко укоренилось традиционное представление о том, что государство выше закона.

Например, главный корпус Ново-Екатерининской больницы (бывший дворец усадьбы князей Гагариных) был восстановлен властями. Однако город снес три других строения на этом участке, чтобы освободить место под новое здание и подземный паркинг для Мосгордумы. Два из разрушенных зданий датировались XVIII веком, третье было построено при Сталине. Собственно здания не входили в состав исторического памятника; участок же однозначно находится в охранной зоне памятников архитектуры — на Страстном бульваре, недалеко от Пушкинской площади. Мэрия и в принципе, и в соответствии с законом была категорически против возведения на подобных территориях новых зданий; как с горечью отметил Михайлов из Архнадзора, этот принцип был частью «новой градостроительной политики»

Собянина [Михайлов 2014]. Город определенно нарушил закон, который сам же и установил [Михайлов 2013а, б]. Также мэрия проигнорировала тот факт, что ранее согласовала план реставрации, разработка которого стоила частной фирме значительных временных и материальных затрат [Бурлакова 2014].

Несмотря на многочисленные возражения, на территории Ново-Екатерининской больницы, главный корпус которой отреставрировали, было возведено шестиэтажное административное строение. Казалось, что дело на этом кончилось, но в июле 2014 года стало ясно, что Мосгордума в новое здание не переедет. Никаких официальных разъяснений не последовало, что давало повод к различным спекуляциям. Возможно, рассуждал Михайлов [Михайлов 2014], история с переездом Городской думы — лишь «операция прикрытия». Особенно подозрительно активист Архназдора отнесся к тому, что коллективом, проектировавшим новое сооружение, руководил главный архитектор столицы С. О. Кузнецов. В феврале 2015 года Собянин объявил о создании новой пешеходной зоны, которая объединит парк на территории старой усадьбы со знаменитым садом «Эрмитаж» по соседству. Тогда же мэр упомянул четыре государственных учреждения, которые, «возможно», переедут в новое здание [К лету 2015].

Иногда механизмы управления культурным наследием отключают «сверху». Вероятно, одним из таких случаев вследствие позиции Михалкова и Путина стало строительство в Малом Козихинском переулке [Bratersky 2010]. Кроме того, Кремль участвовал в проекте, который Архнадзор включил в число «наиболее одиозных». Усадебный комплекс, ранее принадлежавший семье Шаховских-Глебовых-Стрешневых, был частично разрушен, чтобы освободить место для расширения «Геликон-оперы». На заседании «заинтересованных сторон» председательствующий В. И. Ресин высказался в пользу проекта, отметив, что тот был согласован различными ведомствами, в том числе «по линии аппарата президента РФ» [Геликон-оперу 2011].

Еще одним примером может служить крупный скандал 2013 года вокруг дома князя Волконского — прототипа дома князя Болконского в романе «Война и мир». Владельцы хотели надстроить первоначально двухэтажное здание, расположенное недалеко от

Кремля, еще двумя этажами. Дом был исключен из перечня выявленных объектов культурного наследия в 2009 году, однако находится в зоне охраны объектов культурного наследия. Архнадзор утверждал, что надстройка незаконна — закон разрешает только восстановление. Город возражал, что вся документация оформлена и подписана еще при Лужкове, а кроме того, это частная собственность, поэтому сделать ничего нельзя. Сообщалось, что тысячи москвичей написали письма с призывом остановить работы и устранить повреждения, однако собственники дома принадлежат к «близкому окружению» В. В. Путина [Айвазян 2013; D'Amora 2013; Резник 2013а]. Сегодня в доме Волконских четыре этажа.

Место в центре общественного внимания?

Защитники культурного наследия являются знатоками архитектуры, а кроме того, хорошо понимают, какое место занимает то или иное здание в истории Москвы. То есть в их представлении старинные постройки — «хранители» искусства и истории. Широкой публике чаще всего недостает эстетического вкуса и исторических знаний, имеющихся у градозащитников. Довод, что здание — редкий образец чего-то там, о чем большинство обывателей не знают и не хотят знать, политически слаб. Уязвимы и сооружения, которые мало кто из москвичей видел.

Существование обратного явления также подкрепляется событиями. Ярким примером служит судьба Шуховской башни. Уникальное сооружение — радиобашня (ил. 6.2) — было построено в 1922 году гениальным В. Г. Шуховым. Как и многие объекты культурного наследия, за последние десятилетия оно пришло в ветхое состояние. Специалисты заявили, что лет через пять башня будет представлять опасность для местных жителей. Девелоперы были готовы застроить этот участок. Раздавались призывы снести сооружение либо разобрать его и смонтировать в другом месте. Градозащитники и архитекторы пришли в ужас, и не только московские: Рем Колхас обратился непосредственно к Путину, который оставил эту тему без комментариев. Мэрия, судя по всему, была бессильна, поскольку башня принадлежит

Ил. 6.2. Шуховская башня. 2015

федеральному ведомству, а именно Министерству связи. Городские чиновники хотели, чтобы башню включили в Единый государственный реестр объектов культурного наследия, что освободило бы Москву от финансовой ответственности за ее ремонт и содержание [Tower 2014].

В апреле 2014 года общественная коалиция «В защиту старой Москвы», куда входил и Архнадзор, пригрозила «масштабным протестом» против сноса Шуховской башни [Градозащитники 2014]. Коалиция пользовалась явной поддержкой общественности. В рамках процесса принятия решения мэрия запустила электронный опрос; москвичам предложили с помощью iPhone с приложением Android проголосовать за будущее этого инженерного сооружения. Правнук В. Г. Шухова и Архнадзор возражали против опроса ввиду его очевидной непредставительности, поскольку у большинства столичных жителей айфонов нет [Eremenko, Naylor 2014]. Их опасения не оправдались. Из почти 78 000 жителей, принявших участие в опросе, 91% проголосовал за сохранение башни [Большинство 2014]. В июле город признал Шуховскую башню исторической достопримечательностью и пообещал отремонтировать [Tower 2014]. В августе Мосгорнаследие взяло башню под охрану [Иванова 2014].

Резюме: охрана и уничтожение культурного наследия при Собянине

В сентябре 2014 года Архнадзор опубликовал список 60 исторических зданий, разрушенных при Собянине [Черная книга 2014]. Правда, среди примеров были «Детский мир» — «унаследованная» проблема; строения в Сретенском монастыре, принадлежащем РПЦ; незаконно снесенный фасад дома Прошиных, упоминавшийся выше. Некоторые федеральные ведомства, например Министерство обороны, позволяют себе игнорировать усилия мэрии по сохранению старинных построек [В мэрии 2015]. Каково бы ни было точное количество уничтоженных зданий, ответственность за которые следует возложить на администрацию Собянина, оно выгодно отличается от примерно 100 памятников архитектуры, сносившихся при Лужкове ежегодно [Nechepurenko 2014]. Впрочем, если подсчеты Архнадзора корректны, темпы уничтожения растут; движение утверждает, что за первые шесть месяцев 2015 года были утрачены 23 исторических сооружения [Памятники 2015].

Город, естественно, предпочитает подчеркивать позитивные моменты. В 2012 году было восстановлено более 100 зданий [Мелешенко 2014]. В декабре 2013 года на Московском урбанистическом форуме Собянин объявил, что в городе идет реставрация 296 зданий, тогда как в 2010 году, когда он вступил в должность, на реставрации находились всего 10. В 2013 году общий объем вложений в реставрацию составил 13 500 000 000 рублей (около 450 000 000 долларов); частные инвестиции в реставрацию выросли с 1 000 000 000 (около 33 000 000 долларов) в предыдущем году до 5 500 000 000 рублей (около 183 000 000 долларов) [В Москве 2013]. По данным города, в 2014 году реставрационные работы проводились на 393 объектах культурного наследия, в том числе завершены на 125 объектах [Об итогах 2015]. На реставрацию в 2014 году было потрачено около 15 000 000 000 рублей, поступивших от федеральных, городских и частных инвесторов, причем от последних — 6 000 000 000 рублей[7] [Мелешенко 2014]. В целом город утверждал, что количество объектов культурного наследия в «неудовлетворительном состоянии» сократилось с 1325 в 2010 году до 838 в 2014 году [Об итогах 2015].

«Удовлетворительное правление»?

По мнению К. Сесил, с мая 2004 года

> движение за сохранение культурного наследия в Москве окрепло и активизировалось, став важной частью низового гражданского движения, которое не боится отстаивать свои права, невзирая на политический характер проблемы [Cecil 2009].

---

[7] Начиная с сентября 2014 года рубль обесценился примерно на 50%, поэтому стоимость денег, потраченных на восстановление, сильно варьировалась в течение года.

Столичные градозащитники — это сила, с которой приходится считаться, эффективный постоянный институт, деятельно участвующий в управлении культурным наследием Москвы. Руководство движением осуществляет Архнадзор. В отличие от почтенного, доныне действующего ВООПИиК, Архнадзор с самого начала применял состязательный подход во взаимоотношениях с мэрией. Несмотря на готовность участвовать в управлении наследием и время от времени, когда это необходимо, признавать заслуги мэрии, Архнадзор никогда не уступал властям только потому, что это власти. Такая агонистическая политика представляет собой нечто новое для России, где обычно выбирали между подчинением, пассивным сопротивлением или организацией кровавого мятежа.

У администрации Собянина действительно имеются некоторые заслуги, хотя градозащитники, разумеется, по-прежнему находят много поводов для критики. Собянинская мэрия с самого начала работала над заменой коррумпированных чиновников профессионалами и реформированием возмутительных порядков, процветавших при Лужкове. По-видимому, у мэрии есть искреннее желание сохранить как можно больше столичных памятников, хотя ей, безусловно, приходится искать баланс между этой насущной задачей и другими, которые не обязан принимать во внимание Архнадзор.

Что действительно необходимо Архнадзору — это сохранять поддержку общественности. В сентябре 2014 года движение организовало перед станцией метро «Улица 1905 года» митинг с «десятками» участников. Требовали «единого градостроительного регламента» для исторической части Москвы, сохранения всех зданий, возведенных до 1960-х годов и создания ведомства по охране культурного наследия [Архнадзор 2014]. Но «десятков» людей, разумеется, недостаточно, чтобы вынудить городское правительство осуществить реформы. Общественная поддержка градозащитников нарастает, когда разрушение грозит известному объекту, занимающему видное место в коллективном «пейзаже памяти». Публика поддержит спасение скорее детенышей морских котиков, чем акул. Шуховская башня для людей важнее, чем обветшалое здание, где учились Зоя и Александр Космодемьянские [Минкультуры 2015].

В ходе этого исследования я узнал, что есть люди, которые обладают познаниями и заботятся практически о каждом здании в мегаполисе — даже о зданиях, находящихся в ужасном состоянии или скрытых от взгляда широкой публики. Есть люди, способные рассказать о сооружениях, являющихся частью их биографии и истории их родного города, Москвы. Однако, чтобы спасти здание от разрушения и восстановить его, необходимо, чтобы оно вписывалось в планы мэрии либо получило значительную поддержку общественности, желательно включая выдающихся деятелей культуры, вроде народных артистов. Шуховская башня, гостиница «Москва», Манеж, Пушкинская площадь занимают важное место в мире почти каждого москвича. Но большинство достопримечательностей, защищаемых активистами, не так заметны в столичном «пейзаже памяти».

Архнадзор и другие движения в защиту культурного наследия усердно работали над тем, чтобы просвещать публику относительно старинных зданий, в частности разъясняли ценность сооружений — в первую очередь в контексте истории архитектуры, а затем в более обширном контексте истории столицы и страны. Однако широкая общественность воспринимает точку зрения градозащитников до определенных пределов. Достаточно ли иметь по нескольку образцов каждого архитектурного стиля, как заявляет город, или надо сохранять все, как требуют активисты? Во взглядах Архнадзора нетрудно усмотреть менталитет коллекционера, который может быть чужд рядовым обывателям. Очевидно, что место, где останавливался на ночлег Пушкин, по-прежнему считается значимым. А как насчет Демьяна Бедного[8]? Общественное мнение, а также его предвосхищение мэрией сегодня являются основными факторами, определяющими сохранность зданий и, в более широком смысле, состав российско-

---

8   Демьян Бедный — большевистский поэт и личный друг В. И. Ленина. Сегодня немногие причислили бы его к великим русским поэтам.

го культурного наследия. С моей точки зрения, огромная заслуга градозащитников заключается не в успешном спасении какого-то конкретного здания и даже не в совокупности всех их побед. Возможно, самое весомое достижение — то, что благодаря их борьбе общественность впервые в российской истории обрела право решать, какие здания «исторические», а какие просто старые и никчемные.

Ни в коем случае нельзя полагать, что зарождение гражданского общества в сфере охраны памятников и защиты рядовой застройки, которой посвящена следующая глава, произошло бы без эксцессов лужковского режима. К середине 1990-х годов налицо были разительные изменения, неудивительно, что старые здания стали сменяться новыми. Русские легко приспосабливаются. Я сам помню, что сказала мне в 1995 году моя приятельница Наташа. Мы прогуливались возле недавно сооруженного торгового центра на Манежной площади, близ Кремля. Меня обуревало негодование. Подобно многим русским интеллигентам, я был шокирован столь вызывающей роскошью на фоне повального обнищания. Особенное презрение вызывали у меня слащавые сказочные персонажи работы лужковского «придворного» скульптора З. К. Церетели. Наташа, учительница по профессии и призванию, терпеливо дождалась, пока утихнут мои раздраженные словоизлияния, и сказала: «Боб, русским это понравится. Мы любим гулять, и вот у нас появилось еще одно интересное место для прогулок». С тех пор я десятки раз посещал эту площадь, и мои наблюдения за окружающими показали, что Наташа оказалась совершенно права.

В. З. Паперный, являющийся, помимо прочего, историком архитектуры, предложил сходную «общую картину», когда его попросили высказаться по поводу скандала из-за надстройки дома князя Волконского:

> Москва постоянно варварски разрушалась. И это была часть ее истории и, если угодно, часть ее шарма <...> В таком городе ценностью является именно наслоение старого и нового. И чем больше таких исторических слоев, тем лучше.

Люди, которые знают историю Москвы и историю архитектуры, будут травмированы перестройкой дома. Люди, которые будут жить через сто лет, не заметят разницу. То же самое с муляжами лужковской эпохи: нам они кажутся чудовищными, но я не сомневаюсь, что лет через сто их будут изучать так же, как сейчас изучают Исторический музей, построенный в псевдорусском стиле. В свое время он казался варварством, ужасом, который надо забыть, а потом прошли годы, и теперь говорят, что в этом есть на самом деле что-то интересное. Время сглаживает все эти ужасные наслоения, и они приобретают даже какое-то благородство [цит. по: Айвазян 2013].

Можно принять к сведению точку зрения Паперного на «лес, который видно за деревьями», просто в начале 2000-х годов за короткий период срубили слишком много «деревьев», чтобы граждане могли это вынести. Более того, почву для появления новых несговорчивых движений наподобие Архнадзора подготовил не только снос зданий или сомнительные эстетические качества новых лужковских творений, но и самонадеянность и продажность мэрии. У. Липпман считал, что «нужно совершить огромное число ошибок и проявить беспредельное отсутствие такта, чтобы спровоцировать революцию снизу» [Липпман 2004: 238]. Лужков, быть может, не ошибался до такой степени, но, похоже, гордился отсутствием такта.

Правительство Собянина, напротив, оказалось умнее, проявило больше уважения к гражданам и намного больше внимания к общественному мнению. Мэрия при Собянине допускала ошибки, и некоторые ее политические меры вызвали ощутимое противодействие. Но протесты градозащитников по сравнению с дособянинским десятилетием заметно ослабели. Это не значит, что москвичи вновь обрели свою якобы пассивную и фаталистическую «природу». Остается множество разногласий, вызывающих общественный протест, некоторые из них будут рассмотрены в следующей главе. И все же важно, что, в отличие от лужковской эпохи, ныне представители общественности, заботящиеся о сохранении культурного наследия, могут рассчитывать, что Архнадзор и его сторонники будут вести непрерывное наблюдение, в случае необходимости бить тревогу и бороться за спасение исторических зданий. И хотя, вероятно, большинство москвичей по-прежнему испытывает глубокое недоверие к мэрии, те, кто разбирается в градозащитной проблематике, не станут отрицать, что при Собянине ситуация значительно улучшилась.

Мы не должны уповать на хеппи-энд: мэрия, градозащитники и другие группы гражданского общества занимаются агонистической политикой, а не пытаются построить утопию или достичь всеобщего согласия. То, что они создали к настоящему моменту, продолжая работать над сохранением наследия, может считаться всего лишь «удовлетворительным правлением» [Grindle 2012].

Глава седьмая
«Оставьте нас в покое!»

В данной главе фокус внимания смещается с защитников архитектурного наследия Москвы на активистов, обороняющих свои жилые дома и районы от новой застройки. Хотя масштаб их деятельности кажется менее значительным, они тоже объединяются в «инициативные группы» для противостояния переменам, навязываемым их жизненному укладу извне; тоже учатся доверять незнакомым людям, имеющим схожие проблемы; тоже стремятся к «праву на город» [Mitchell 2003; Sassen 2003]. Осваивая новые способы сопротивления и солидаризируясь с другими протестующими, москвичи меняют самих себя. Они становятся гражданами, хотя осознанно ставят перед собой гораздо более скромные цели, например спасение местной детской площадки. В отличие от движения за сохранение культурного наследия гораздо более распространенное явление — защита типовой застройки — не привело к созданию постоянных структур наподобие Архнадзора. Однако представляется, что защитники обычных жилых кварталов вместе с защитниками культурного наследия и другими самоорганизовавшимися протестующими создали в российской столице культуру протеста. Жители каждого района города теперь знают, что делать, если их округа окажется под угрозой, и многие из них готовы поддержать протестующих в других местах.

Примечательно, как быстро протодвижение и его участники поднимаются от местных проблем к гораздо более возвышенным размышлениям о правах и их связи с государством. <...> Их отчаяние вызвано чувством бессилия, выходящим далеко за рамки частных претензий. А их надежду укрепляет тот факт, что к ним в знак солидарности присоединяются протестующие из других районов, разделяющие, несмотря на разницу частных проблем, то же недовольство и говорящие на том же языке возмущения несправедливостью [Greene 2014: 165].

В настоящей главе в хронологическом порядке рассматривается эволюция двух родственных типов местной оппозиции: сопротивления принудительному расселению и уплотнительной застройке. Эти взаимосвязанные темы вытекают из явления, которое можно обозначить старым термином «диалектический процесс». Жители, самоорганизовываясь в инициативные группы, строят гражданское общество, заявляя о своих «правах на город», а мэрия, реагируя на протесты москвичей, реформирует свой подход к реконструкции жилых районов. В отличие от марксистской диалектики или химеры неолиберального консенсуса здесь нет никакого расчета на окончательное решение. Однако можно надеяться, что зачастую антагонистические отношения между местным государством и группами гражданского общества перерастут в *агонистические*. Ш. Муфф поясняет:

Разница в том, что в случае агонизма мы имеем дело не со связкой «друг — враг», а с взаимоотношениями соперников, которые признают законность требований друг друга. Понимая, что рационального решения их конфликта не существует, соперники тем не менее принимают свод правил, в соответствии с которыми будет регулироваться их конфликт [Mouffe 2013: 138].

«Цивилизовать» Москву

На протяжении почти двух десятилетий московский мэр Ю. М. Лужков пытался превратить бывшую советскую столицу в то, что он называл «цивилизованным», «комфортным» глобальным городом. Так как в Москве осталось мало свободного пространства, особенно в историческом центре, неизбежным элементом реконструкции являлось «созидательное разрушение». А поскольку московское правительство возглавляли в основном люди, которые учились решать поставленные задачи при советском строе, неудивительно, что до недавнего времени градостроительство представляло собой административно-командный процесс без участия общественности в планировании и принятии решений.

Подчас городское строительство при Лужкове принимало колоссальный размах и бешеные темпы. Мэрия, иногда в сотрудничестве с частными застройщиками, участвовала в борьбе за территории по всему городу, а не только в историческом центре. Тогда как в центре основное внимание уделялось сооружениям, необходимым глобальному городу, включая дорогостоящее жилье для новой элиты, остальная часть мегаполиса претерпевала трансформации, призванные расчистить место для «нового среднего класса». Вскоре после избрания на пост мэра Лужков заявил, что ключевая задача его правления — «создать средний слой» собственников [Юрий Лужков 1992]. По сути, градоначальник реконструировал городской ландшафт, чтобы способствовать социальной революции. Разумеется, речь шла не о революции, совершаемой под дулами пистолетов. Более того, первоначально сопротивление организовывалось не на классовой или партийной основе и, как правило, не задействовало язык классовой борьбы. Это была социальная революция, осуществляемая посредством пространственной трансформации, и оппозиция формировалась в процессе градозащиты.

Протесты против реконструкции городов имели место даже в советскую эпоху. Например, Т. Колтон сообщает, что из-за общественного сопротивления в марте 1988 года было остановлено около 200 московских строительных проектов. Он также зафиксировал появление по меньшей мере одной «инициативной группы» [Colton 1995: 592–599]. Локальная оппозиция редевелопменту имела место не только в Москве. Б. Рубл отмечает, что в начале постсоветского периода «многие органы местного самоуправления расширяли возможности участия граждан в принятии решений по городскому планированию посредством публичных слушаний и других дискуссионных площадок» [Ruble 1995: 76–103, 107–108]. Но ни политическая активность граждан, ни инициативы по совместному планированию не получили массового развития и распространения.

Выше, в главе четвертой, обсуждалась «московская модель» Лужкова. Из-за того, что бо́льшая часть московских земель принадлежала городу, доминирующим партнером почти в каждом крупном градостроительном проекте становился лужковский режим. С этой точки зрения «московская модель» отличалась от неолиберальных систем редевелопмента, возникших на Западе. Помимо этого, она сохранила некоторые элементы советского строя, например «социальное жилье», для которого необходимо было искать новые источники финансирования. Наконец, «московская модель» была «предпринимательской» не только в неолиберальном смысле «двигателя роста», но и потому, что мэр, его жена и городские чиновники наживались непосредственно на градостроительных проектах. При этом Лужков мог позволить себе игнорировать законы и даже Конституцию Российской Федерации либо использовать их как оружие, поскольку ему были подвластны городские суды.

Тем не менее имелись и проблемы. Самым труднопреодолимым препятствием на пути градостроительства являлась нехватка пригодных для использования территорий. Некоторая доля «созидательного разрушения» при городской реконструкции неизбежна, однако в Москве из-за дефицита площадей и поспешности лужковской команды и застройщиков деструктивный аспект усилился. Москва не имела возможности просто расширяться вовне, потому что Московской областью руководил Б. В. Громов, герой-афганец и враг Лужкова. Дополнительные площади находили в самом городе, «восстанавливая» здания из числа объектов культурного наследия столицы, уплотняя новыми сооружениями уже сложившиеся районы или сноса постройки, не имеющие эстетической ценности, чтобы освоить освободившееся пространство. В этой главе основное внимание уделяется двум последним способам создания пригодных для застройки участков.

Расселение

Первые разногласия возникли в связи с принудительным расселением, проводившимся в основном при лужковской администрации, хотя отдельные случаи имеют место и ныне. Люди были вынуждены переезжать из своих домов, если те попадали в одну из двух основных категорий: первая определялась физическим состоянием здания, вторая — принадлежностью к конкретным типовым сериям массовой застройки. У жителей старых зданий, не относящихся к какой-либо серии, возникали две основные проблемы. Первая — месторасположение здания: обычно это определяющий фактор потенциального интереса со стороны застройщиков. Вторая серьезная проблема — признание здания аварийным, с износом конструкций более 60%, или ветхим, с износом 20–60%.

Жильцы аварийных домов не имеют возможности отказаться от переезда, и в основном их переселяют в государственный жилой фонд в любом районе города. Жильцы ветхих домов формально имеют право вести переговоры с застройщиком. Если они не хотят соглашаться на денежную компенсацию или новое жилье, предложенные девелопером, то теоретически могут этого не делать. У них есть право либо остаться на прежнем месте проживания, либо вернуться после реконструкции здания [Волошина 2004]. Очевидно, что в данном случае становится важно, изношено здание на 59% или 61% [Домнин 2005]. Если жильцы не согласны с оценкой города, они могут нанять собственного эксперта, а затем обратиться с результатами в суд. Впрочем, во времена Лужкова суд вынес решение не в пользу города лишь однажды [Волошина 2004]. Возможно, городские эксперты были непогрешимы, но скорее этот факт следует объяснять «телефонным правом» — покорностью судов желаниям властей [Ledeneva 2006: 186][1].

---

[1] Ю. М. Лужков подал в суд на политического оппонента, утверждавшего, что мэр контролирует городские суды. Победа, разумеется, осталась за Лужковым [Московский суд 2007].

Тем не менее законы предоставляют жильцам поле, в котором они могут бороться, чтобы оставить дом за собой или извлечь максимальную выгоду из смены места жительства. В период расцвета Лужкова их сопротивление исполняло в процессе реконструкции Москвы роль силы трения, что задерживало отдачу от инвестиций. В то время считалось, что местная власть не беспристрастный арбитр, а ближайший партнер застройщика (в случае Лужкова и Батуриной — в прямом смысле). В этом отношении локальная оппозиция в лужковской Москве напоминала жилищные протесты в китайских городах, которые, по мнению Юдянь Сина, осложнили не только легитимацию, но и накопление капитала [Hsing 2010: 67]. В Москве негативный информационный фон и трения порой побуждали власти идти на компромисс или, по меньшей мере, пресекать вопиющие нарушения правил со стороны застройщиков. Подобные злоупотребления происходили постоянно и до сих пор изредка имеют место. В одном случае, привлекшем внимание СМИ, протестующие жаловались, что их выживают из домов разрушительными «ремонтами», пожарами и методом «100 таджиков» [Bransten 2004; Бычкова 2004; Резник 2005; Вермишева, Петренко 2006; Застройщик 2007].

В другую категорию зданий, намеченных к массовому сносу, входят многоквартирные дома определенных типов. С 2002 года мэрия предназначает к демонтажу и замене определенные серии пятиэтажных жилых домов времен правления Н. С. Хрущева (так называемые хрущевки или — реже встречающееся — хрущобы). Эти старые постройки массового производства плохо поддаются реновации. Снос хрущевок дает возможность увеличить плотность населения территории в 5–6 раз. Лужков распорядился к 2010 году снести 1722 хрущевки[2], однако финансовый кризис 2008 года затормозил этот процесс. После кризиса частные инвесторы стали гораздо меньше интересоваться подобными проек-

---

[2] Все дома московских серий, предназначенных к сносу, пятиэтажные, однако они отличаются друг от друга по габаритам. В большинстве из них 40 и более квартир, поэтому число пострадавших исчисляется сотнями тысяч.

тами, преимущественно из-за того, что взаимодействие с жильцами хрущевок сулило осложнения и потенциальные нежелательные расходы [Lammey 2014]. Тем не менее к концу июля 2015 года оставалось разобрать всего 181 пятиэтажку [В Юго-Восточном 2015].

Причины сноса хрущевок как будто понятны: эти здания, изначально некачественно построенные и не подлежащие кардинальной реновации, являются бельмом на глазу; город и застройщики могут хорошо заработать на их замене новыми многоквартирными домами. С другой стороны, у людей может найтись бесчисленное множество различных причин для неприятия этой программы. Было бы удивительно, если бы чиновники не сочли одной из этих причин эгоизм, и, вероятно, подчас они бывали правы. Но в целом дискурс — собственно, вербальные конфликты — выявлял классический конфликт между пространственными воззрениями на «рациональный» проект трансформации городских территорий и привязанностью к месту, то есть своему дому и району.

Для стороннего наблюдателя хрущевки — это попросту уродливые бетонные коробки. Нередко, входя в дом, прежде всего замечаешь грязь и тяжелый смрад от мусоропровода, а иногда и от лестничных площадок, служащих общественным туалетом. Но сами квартиры зачастую представляют собой благоустроенные жилища, отражающие индивидуальность своих обитателей. Здесь, как на яхте, можно обнаружить хитроумные способы хранения невероятного количества вещей в тесном пространстве, особенно книг в квартирах интеллигенции. На кухнях витают ароматы укропа, кинзы и другие аппетитные запахи, а самые дальние ящики и полки забиты запасами на черный день: солью, сахаром, макаронами и консервами, может, и невкусными, но вполне пригодными при крайней необходимости. Русские всегда живут с оглядкой на черный день, потому что он наступал не единожды. В этих бетонных коробках люди растили своих детей и преданно ухаживали за пожилыми родителями. Для многих из тех, кому сейчас меньше 60 лет, хрущевка была единственным домом, который они когда-либо знали.

Преднамеренное разрушение любимого дома может, таким образом, нанести одну из самых глубоких ран самосознанию и самоуважению человека, поскольку обе эти основы душевного равновесия частично укоренены в дорогих нам предметах и сооружениях. Боль будет намного сильнее, если дом был построен или отремонтирован его жильцом, а прилегающая территория заботливо обихожена. <...> И когда это [разрушение дома] происходит, моральным страданиям сопутствует недоумение, поскольку нам постоянно твердили, что наш дом уничтожен в государственных интересах, а наша утрата — вклад в общее благо [Porteous, Smith 2001].

Городские власти по давнему советскому обыкновению полагали, что жилье — это определенное количество квадратных метров с определенным набором бытовых удобств. По их мнению, новая квартира большей жилплощади возле МКАД являлась значительным улучшением условий по сравнению с крошечной ячейкой в хрущевке [Кирилин 2004]. То, что переезд на окраину Москвы полностью меняет жизненный уклад семьи, в расчет не принималось. В районах хрущевской застройки, существующих свыше 50 лет, хорошо развиты общественный транспорт и социальная инфраструктура, в том числе школы и поликлиники. Люди давно проторили тут повседневные маршруты, обзавелись друзьями; они стали частью этого места. Квартиры в новых жилых высотках «на выселках» во многих отношениях действительно превосходили прежние, но районы, в которых расположены эти дома, были плохо приспособлены для пешеходов. Автобусных и троллейбусных линий там насчитывалось довольно мало, станции метро были разбросаны далеко друг от друга, трамваи отсутствовали. Переезд на периферию делал практически неизбежным приобретение автомобиля. А значит, на дорогу теперь приходилось тратить гораздо больше времени.

Возможно, властям это казалось нелогичным, но жильцы часто сопротивлялись переселению вопреки всем преимуществам [Кирилин 2004]. Противодействие не остановило осуществление программы, но люди добились одной значительной уступки.

Принудительный переезд в отдаленные районы был отменен. Лица, вынужденные переселяться в другие дома, имеют право получить новые квартиры в микрорайоне прежнего проживания, за исключением жителей Центрального и Зеленоградского АО [Домнин 2005].

Бутово!

Иногда под снос предназначали и другие типы домов. Именно конфликт из-за загородных домов привел к крупнейшим политическим последствиям, которые продолжают ощущаться по сей день. Весной 2006 года городские власти приступили к реализации плана строительства нового жилого района в южном предместье Москвы, на территории небольшого поселка, включенного в состав мегаполиса[3]. Несмотря на то что этот район Южного Бутова являлся частью столицы, он представлял собой классическую русскую деревню с отдельно стоящими обветшалыми деревянными домами, большими огородами и плодовыми садами. Город предлагал местным жителям денежную компенсацию плюс современные квартиры в новых бетонных высотках в том же районе. Некоторые согласились, но многие отказались. 19 июня судебные приставы и ОМОН (отряд милиции особого назначения) предприняли попытку выселить из частного жилого дома семью Прокофьевых: мать и ее несовершеннолетнего сына. На защиту Прокофьевых встали другие жители, но милиция под прицелами телекамер, в том числе государственных каналов, применила дубинки. Эти кадры шокировали зрителей всей страны [Abdullaev 2006; Волков 2006].

В ответ на невыигрышную огласку дела в СМИ Лужков опрометчиво обвинил Прокофьевых и других бутовцев в «жлобстве» [Юлия Прокофьева 2006; Стенин 2006]. Попутно мэр напустился на своих политических оппонентов, как городского, так и федерального уровня, принявших участие в «бутовской» полемике

---

[3] Наглядный отчет очевидца о «бутовском протесте», включающий интервью с его участниками, см.: [Greene 2014: 148–155].

Ил. 7.1. Бутово — 2006: «Закон один для всех», «Сила — не аргумент», «Это наша земля!»

[Лужков 2007]. Однако участие политиков в подобном деле нельзя назвать абсолютно беспрецедентным. Как говорилось выше, еще летом 2004 года московские лидеры либеральной оппозиционной партии «Яблоко» создали Комитет защиты москвичей, который, по их подсчетам, мог объединить около 200 общественных групп, образовавшихся в ходе протестов против различных аспектов редевелопмента [Yabloko 2004]. Московский лидер «Яблока» С. С. Митрохин пришел на помощь протестующим бутовцам, как и А. Г. Кучерена — видный член Общественной палаты, федерального органа, созданного Путиным для надзора за органами власти [Петренко 2007a; Robertson 2011: 193–194, 215–216; Стенин 2006]. К делу подключилась и партия «Справедливая Россия» [Справедливая 2007]. Депутат Госдумы А. Е. Лебедев, в прошлом кандидат в мэры Москвы, попытался создать «кризисный центр». Бутовцам аплодировал даже В. Ю. Сурков, заместитель главы администрации Путина, наиболее известный как идеолог концепции «суверенной демократии» и создатель прокремлевской молодежной организации «Наши» [Lebedev 2006].

Участие Суркова и освещение событий на прогосударственных телеканалах, благожелательно настроенных к протестующим, свидетельствуют о том, что Кремль воспользовался ситуацией, чтобы подорвать позиции Лужкова, если не инициировать его свержение. Данный инцидент подтверждает точку зрения Г. Робертсона, что «протест на местах в значительной степени выстраивается государственной элитой, даже когда исходные источники недовольства носят преимущественно местный характер» [Robertson 2001: 123]. Однако в данном случае недовольство оказалось повсеместным.

Главной причиной того, что данный конфликт стал переломной вехой, явилось вовсе не участие политиков. Бутово задело за живое российскую общественность. Опрос, проведенный 6 июля Всероссийским центром изучения общественного мнения (ВЦИОМ), показал, что жителей Бутова поддерживают 67% граждан России и еще больше москвичей — 75%. Хотя 66% опрошенных россиян сочли, что все спорные ситуации должны решаться мирным путем, 29% высказали мнение, что за людьми должно сохраняться право на протест — даже такими радикальными средствами, как захват помещений и перекрытие транспортных путей. И только 9% опрошенных оправдали московские власти, применившие силу против протестующих [В конфликте 2006].

Точечная застройка

Быстро распространился родственный тип местной оппозиции — противодействие проектам так называемой точечной (уплотнительной) застройки. На первый взгляд оно кажется просто московской версией такого общемирового явления, как НИМБИ. Однако после Бутова разрозненные протесты превратились в нечто более серьезное: движение за право горожан на город. Бутово дало этим местным выступлениям не только лозунг, но и чрезвычайно важный урок: лучшие шансы на успех дает привлечение СМИ. По этой причине сопротивление становилось все более драматичным, а иногда и насильственным.

По существу, в данном конфликте противопоставляются право собственности, которым обладает город, и право пожизненного пользования, которое есть у населения. Формально позиция города заключалась в том, что жители не могут участвовать в принятии решений по поводу нового строительства, которое затевается прямо под их окнами. Тем не менее люди зачастую полагают, что территория вокруг их домов «принадлежит» им. Здесь расположены детские площадки, прогулочные зоны, парковки, места тусовок подростков, скамейки для пенсионеров. Если учесть тесноту большинства московских квартир и продолжительность зим, эти общественные пространства крайне необходимы для поддержания достойного качества жизни.

После Бутова изменился способ проведения местных протестов, а также их политическое значение. Само название — Бутово — впоследствии стало нарицательным и было понятно без дополнительных пояснений [Макеева 2007; Толстошеева 2007; Застройщик 2007]. В конце лета 2006 года жители престижного исторического района Остоженка создали получившую широкую известность общественную организацию «Оставьте нас в покое!» [Кишковски 2006]. Данное требование стало частью риторики протестных инициативных групп [Резник 2009б] и получило распространение в дальнейшем [Резник 2014в]. По примеру прочих эта организация создала свой сайт, который помог привлечь внимание других групп [Горланова 2006]. В митинге на площади у станции метро «Кропоткинская» (названной в честь географа-анархиста П. А. Кропоткина!), в тени большого памятника Ф. Энгельсу приняли участие 500 человек, многие — из других районов с аналогичными проблемами [Вермишева, Петренко 2006].

В июле 2007 года около 100 местных жителей вышли на митинг в Кунцеве, чтобы физически воспрепятствовать строительству «элитного» жилого дома на месте детской площадки. Протестующих избивали и задерживали [Горяшкиев 2007; Горланова 2007]. На той же неделе жители Гагаринского района Юго-Западного АО опрокинули ограждение вокруг новой стройплощадки на площади рядом со станцией метро «Университет». Они обратились к Лужкову и добились своего: забор был безотлагательно демонтирован. Ситуацию проницательно подытожил исполнительный секретарь Комитета защиты москвичей А. А. Навальный [Терехов 2007]:

> Когда люди пытаются доказать свою правоту юридическим путем, к ним никто не прислушивается. В итоге они используют силовой метод. Этот способ становится наиболее эффективным, особенно сейчас, когда до выборов [в Госдуму] осталось меньше полугода.

Ил. 7.2. Противницы уплотнительной застройки. 2007

Не успели эти истории попасть на газетные полосы, как Лужков объявил, что проекты уплотнительной застройки утверждаться больше не будут [Дословно 2007]. Мэр также учредил комиссию при главном архитекторе города Москвы А. В. Кузьмине, которая должна была оценивать конкретные, уже реализуемые строительные проекты, вызывавшие озабоченность у горожан. Для подачи жалоб была организована горячая линия. Также город объявил, что всем новым строительным проектам будут предшествовать публичные слушания. О них речь пойдет ниже.

Однако этим дело не закончилось. Протестующие жители подвергались избиениям и угрозам на строительных площадках в Щукине (Северо-Западный АО) и на улице Косыгина (Юго-Западный АО) [Петренко 2007в; Петренко, Снежкина 2007]. Жители Митина заявили прессе, что не верят городской администрации и в случае необходимости обратятся с жалобой в Верховный суд, «а далее и в Страсбург [имеется в виду Европейский суд по правам человека]» [Родионова 2007]. Московские власти были настроены враждебно. Кузьмин сетовал, что прекращение уплотнительной застройки усугубит дефицит социального жилья для учителей, работников правоохранительных органов и других

Ил. 7.3. Точечная застройка в Щукине. 2007

госслужащих. А глава городского строительного сектора В. И. Ресин утверждал, что вину за беспорядки во многом следует возлагать на сторонних агитаторов [Бычкова 2007].

Участились случаи насилия со стороны омоновцев и сотрудников частной охраны на строительных объектах, некоторые из них, но не все были направлены против левых активистов, которые все чаще появлялись на местных акциях протеста. 9 августа «Газета.ru» сообщала о возобновлении «строительных войн», отмечая, что «громкие заявления столичных властей о моратории на точечную застройку не имели практически никаких последствий» [Петренко 2007в]. 30 августа ОМОН разогнал несанкционированный митинг инициативных групп у приемной главного здания мэрии на Тверской улице. В тот момент было неясно, что же мэрия намерена делать на самом деле: подавлять инициативные группы или сотрудничать с ними [Подана 2007].

Вскоре городские власти пояснили, что готовы не только выслушивать жалобы, но и реформировать сам процесс редевелопмента. 6 сентября Ресин, до сих пор мало симпатизировавший противникам городской реконструкции, встретился с инициативными группами и определенно дал понять, что мэрия готова к совместной работе с активистами над разрешением строительных конфликтов [Инициативные 2007]. На следующей неделе главный архитектор города Москвы Кузьмин объявил, что в новую редакцию Градостроительного кодекса будет включена новая система информирования жителей Москвы о градостроительной деятельности. Он обещал полную доступность информации о предполагаемых проектах и публичных слушаниях перед их проведением [По проектам 2007].

Тем не менее протесты против точечной застройки продолжали вспыхивать на протяжении всего 2008 и в первой половине 2009 года [Резник 2009а], хотя и пошли на спад. Движение инициативных групп все чаще оказывалось в центре внимания левых активистов. Его долгое время поддерживала партия «Яблоко», особенно лидер московских яблочников С. С. Митрохин. Но в 2007–2008 годах все более заметную роль в выступлениях стали играть активисты различных групп, связанных с зонтичной организацией «Левый фронт». В апреле 2007 года более 60 представителей инициативных групп, общественных организаций и оппозиционных политических партий собрались вместе, чтобы официально учредить Совет инициативных групп Москвы.

«Неформальный лидер» Совета С. С. Удальцов, происходящий из высокопоставленной советской семьи, родился в 1977 году, однако, в отличие от большинства людей своего поколения, остался верен коммунистическим принципам. Он сместился влево от Коммунистической партии, или, скорее, партия после распада СССР сместилась вправо. Как и Ленин, Удальцов окончил юридический факультет, но отказался от юридической карьеры, выбрав путь революционера. В 1990-х годах провозгласив себя сталинистом, позднее Удальцов признал, что в прошлом было «наделано немало ошибок», однако во времена протестов против точечной застройки продвигал лозунг «Нужен новый Октябрь!» [Сергей Удальцов 2007; Удальцов 2009].

Таким образом, оказалось, что объединение инициативных групп может пойти двумя совершенно различными путями: один ставит целью реформирование процесса реконструкции города, другой — усиление оппозиции и создание революционного движения. После создания координационного совета определенные успехи были достигнуты в обоих направлениях, но реформистам удалось добиться большего, чем радикальной оппозиции. Тем не менее радикалы сумели привлечь к себе всеобщее внимание и «перепрыгнуть» с местного политического уровня на общероссийский.

Борьба за референдум

25 апреля 2009 года активисты, связанные с координационным советом и Левым фронтом, наряду с другими левыми организациями, а также партией «Яблоко» и движением «Жилищная солидарность», организовали в Музее А. Д. Сахарова митинг, начав кампанию за проведение референдума[4]. Основными вопросами, которые планировалось вынести на всенародное обсуждение, были: запрет незаконной точечной застройки; предотвращение опасных градостроительных проектов, в частности строительство мусоросжигательных заводов большой производительности; постановка программы капремонта многоквартирных домов под «жесткий» контроль жителей; защита от «рейдерских захватов» придомовой земли; расширение прав местного самоуправления; возвращение москвичам права выбирать мэра [Референдум 2009а; Резник 2009а]. Последний пункт, безусловно, являлся самым конфликтным, поскольку противоречил путинскому указу 2004 года о том, что градоначальники столицы и Санкт-Петербурга отныне будут назначаться президентом, а не избираться горожанами[5]. Этот шаг представителей инициативных групп явно перемещал движение с местной на общегосударственную политическую сцену.

---

[4]   Фактически это была вторая попытка инициировать референдум. Первую предприняли в 2007 году, планируя проведение плебисцита одновременно с президентскими и муниципальными выборами 2008 года, но она была заблокирована Мосгордумой [Резник 2009а].

[5]   После массовых столичных протестов против несправедливых выборов зимой 2011–2012 годов прямые выборы региональных губернаторов, а также мэра Москвы и губернатора Санкт-Петербурга были возвращены.

Ил. 7.4. Митинг градозащитников. 2009

Предложенный референдум получил широкую поддержку. За эту инициативу высказались 91% респондентов опроса, проведенного «Эхом Москвы» — единственной независимой радиостанцией с всероссийским охватом [Референдум 2009б]. Возможно, именно демонстрация поддержки населения способствовала тому, что 28 мая Мосгоризбирком вынес решение в пользу проведения плебисцита. Но буквально через несколько дней Прокуратура Москвы постановила, что вопрос о возврате прямых выборов мэра не может быть включен в референдум [Бурибаев 2009]. Это грубое вмешательство явно было необоснованным. Прокурор утверждал, что вопрос об изменении федерального закона нельзя выносить на местный референдум. Но в реальности целью последнего было побудить Мосгордуму активно заняться возвращением прямых выборов мэров на федеральном уровне, что разрешено Конституцией. Собственно, представители «Яблока» в городской думе годами добивались принятия такой меры, но безрезультатно [Мосгорпрокуратура 2009; Референдум 2009б].

В ответ активисты призвали к акции протеста в центре города. Удивительно, но 9 июня город санкционировал демонстрацию на (старой) Пушкинской площади. Левый фронт утверждал, что в ней приняли участие около 300 человек [Митинг 2009]. Эта оценка соответствует моим наблюдениям. В отличие от других демонстраций, которые я видел на Пушкинской в прошлом, на сей раз всю площадь оцепили московская милиция, ОМОН и дружинники. Когда я пересек газон в центре и сел на скамейку, милиционер тут

Ил. 7.5. Вход градозащитников на митинг через металлодетекторы. 2009

же отвел меня к своему начальнику, который кратко расспросил меня и отпустил. Попасть на площадь можно было только через одни из двух окруженных милицией ворот — судя по виду, металлодетекторов. Общественная территория была фактически захвачена местными властями и превращена в зону отчуждения и запугивания. Представляется весьма вероятным, что по крайней мере часть сторонников референдума не захотела проходить «сквозь строй» в оцепленное пространство площади.

Несмотря на протест, Мосгордума, большинство в которой имела партия «Единая Россия», отклонила идею проведения референдума. 18 июня десять активистов из Совета инициативных групп и Левого фронта расположились вокруг здания Администрации Президента и начали голодовку. Они потребовали встречи с президентом или руководителем его аппарата и призвали федеральное правительство создать специальную общественную комиссию с участием инициативных групп для решения проблем, которые должен был затронуть предлагаемый референдум. Милиция задержала протестующих и отправила в местное УВД. Решив, что надежды на встречу в Администрации Президента нет, активисты отменили голодовку. Они обещали продолжить борьбу за референдум, но, судя по материалам в прессе и Интернете, актуальность референдума, как и жилищных протестов в целом, вскоре пошла на спад. Вероятно, одной из причин стала рецессия, пошатнувшая московскую стройиндустрию. Однако и реформа градостроительного процесса, предпринятая Лужковым, по-видимому, заметно способствовала ослаблению сопротивления.

Строительный пузырь лопается

Почти весь 2008 год цены на московскую недвижимость оставались неизменными. Это был первый за целое десятилетие продолжительный период стабильности [Adelaja 2009a]. Но в первую неделю ноября рынок жилья упал в среднем на 20% [Щелов, Могутов 2008]. Две недели спустя было остановлено строительство башни «Россия» в «Москва-Сити», новом финансовом, деловом и правительственном районе, формировавшемся вдоль Москвы-реки примерно в 5 км от Кремля вверх по течению. Башня, спроектированная Н. Фостером, должна была стать самым высоким зданием в Европе [Заморожено 2008]. Планируемую дату завершения строительства перенесли с 2012 на 2016 год. Однако в августе 2009 года было объявлено, что миллиардер О. В. Дерипаска, один из любимцев Кремля, построит на этом месте «временный» паркинг [From 2009]. Позднее в том же месяце прекратились работы и на башне «Федерация» в «Москва-Сити» [Пукемов, Климентьев 2009]. Это, несомненно, были тяжелые удары по градостроительной программе мэра. «Москва-Сити» должна была составить конкуренцию лондонскому Сити, вывести российскую столицу на высочайший уровень «цивилизованных» глобальных городов и, по-видимому, стать бессмертным памятником мэру Лужкову.

Проблемы в сфере недвижимости и строительства множились. К ноябрю стало известно, что проект «Новое кольцо Москвы», предполагавший возведение 200 небоскребов на 60 площадках по периферии города, также заморожен [Adelaja 2009б]. К декабрю продажи нового жилья упали в десять раз по сравнению с августом [Продажи 2008]. За первые четыре месяца 2009 года арендная плата за офисные и торговые помещения по стране снизилась примерно на 50%, а в Москве, возможно, еще больше [Kelleher 2009]. К июню город предвидел 20-процентный дефицит бюджета на 2009 год. Среди прочих мер администрация примерно на 50% сократила строительство государственного жилья, школ и детских садов [Петренко 2009б].

Публичные слушания: граждане или «мебель»?

Рецессия вскрыла пузырь на рынке недвижимости, и обусловленный этим крах строительной отрасли означал, что количество проектов, вызывающих возмущение людей, уменьшится. Тем не менее мэр продолжал настаивать на пересмотре генплана. Впервые в истории генплан был представлен общественности до принятия в соответствии с новой политикой Лужкова, стремившегося завоевать поддержку москвичей. Подобный подход мог смягчить и некоторых противников редевелопмента из движения инициативных групп, хотя совершенно очевидно, что удовлетворены были далеко не все.

Одновременно с отменой точечной застройки и созданием комиссии по пересмотру всех «уплотнительных» проектов была открыта горячая линия для обращений граждан. В первые дни ее работы поступило 175 звонков [Московские 2007]. К апрелю 2008 года Межведомственная комиссия по точечной застройке рассмотрела около 800 объектов, из которых более 60 были закрыты [Власти 2008].

К концу 2007 года Лужков пересмотрел регламент уплотнительной застройки. Москвичи получили право заблаговременно представлять свои замечания и предложения по предлагаемым проектам и участвовать в публичных слушаниях, которые должны были широко освещаться, по крайней мере в районе предполагаемого строительства. Никогда еще в истории Москвы с рядовыми горожанами не советовались по поводу крупных строительных проектов. Тем не менее оппоненты мэра сразу же возразили, что слушания ничего не изменят. Также они сетовали, что в новом Градостроительном кодексе есть лазейка, которая разрешает вести точечное строительство в рамках государственного заказа. Городские чиновники утверждали, что на застроенных территориях намереваются строить жилье только для переселенцев из хрущевок и, возможно, еще некоторых социальных категорий, нуждающихся в поддержке. Вместо того чтобы «уплотнять» сложившиеся жилые кварталы, будут развивать неэффективно используемые земли промышленных предприятий. Но оппозиция утверждала, что новый закон полностью развяжет руки властям, и, если они заявят о необходимости изъятия какого-либо участка, ради этого можно будет разрушить любой дом [Петренко 2007б, 2008а].

Даже если критики реформы были правы (а вопреки их опасениям непохоже, чтобы мэрия воспользовалась вышеупомянутой лазейкой), лужковский институт публичных слушаний значительно увеличил возможности граждан влиять на градостроительную деятельность в столице. Хотя мэр не раз демонстрировал безразличие к федеральному законодательству и даже к постановлениям Верховного суда, в данном случае инициированные им правила проведения публичных слушаний выходили за рамки требований федерального закона.

С. Грин и Г. Робертсон кратко описывают разновидность публичных слушаний, предписанную Федеральным законом № 131-ФЗ «Об общих принципах организации местного самоуправления в Российской Федерации» [Федеральный закон 2003]. Грин изображает реальные публичные слушания в Московской области, на которых был запуган местный активист [Greene 2014:

58–59]. Подобные инциденты не редкость и в Москве. Робертсон описывает закон в общих чертах, рассудительно отмечая, что «можно ожидать, что его реализация на практике будет непоследовательной». Несмотря на это, Робертсон полагает, что закон вполне можно использовать продуктивно: «Тем не менее закон о местном самоуправлении предоставляет активным гражданам серьезные возможности для проявления инициативы в тех местных вопросах, которые играют важную роль в жизни людей» [Robertson 2011: 216–217].

Закон о местном самоуправлении был принят 6 октября 2003 года, но вступил в силу 1 января 2006 года. Публичным слушаниям посвящена статья 28. В ней нет упоминаний ни о строительных объектах, ни о защите культурного наследия. Согласно закону цель публичных слушаний — «обсуждение проектов муниципальных правовых актов по вопросам местного значения». Хотя ниже четко указано, что слушания могут проводиться «по инициативе населения», а также местных должностных лиц, закон не определяет, как «населению» следует их организовывать. В тексте не приводится перечень конкретных обстоятельств, при которых проведение публичных слушаний обязательно. Публичные слушания лишь один из нескольких предусмотренных законом видов участия общественности в управлении наряду с «собраниями граждан», «собраниями делегатов», «опросами граждан» и референдумами, которые также описываются в самых общих чертах. Все подобные мероприятия «могут проводиться», но ни одно из них не является обязательным в какой-либо конкретной ситуации [Федеральный закон 2003].

Положение о публичных слушаниях также содержится в статье 28 Градостроительного кодекса РФ (принят в декабре 2004 года, вступил в силу 10 января 2005 года). В данном документе уже указывается, когда публичные слушания необходимы: при подготовке изменений в генеральный план муниципального образования [Кодекс 2004]. Но в случае Москвы и, вероятно, других городов генеральные планы были слишком общими, чтобы в них включали упоминания о конкретных строительных объектах.

Градостроительный кодекс города Москвы был принят 25 июня 2008 года, но официально опубликован лишь 10 июня 2011 года, уже при Собянине: возможно, Лужков все еще опасался передавать общественности слишком много власти. В статье 68 перечислено семь случаев обязательного проведения публичных слушаний «по вопросам градостроительной деятельности». Первые шесть пунктов касаются изменений планов развития и других документов, связанных с градостроительством. Но пункт 7 относится к фактическим проектам: согласно ему публичные слушания должны проводиться «[по] проектам решений о предоставлении разрешений на условно разрешенный вид использования земельного участка, объекта капитального строительства или на отклонение от предельных параметров разрешенного строительства, реконструкции объекта капитального строительства — в районах города Москвы на территориях кварталов, функционально-планировочных образований, в границах которых расположены указанные земельные участки, объекты капитального строительства» [Закон 2008]. Таким образом, москвичи получили право высказывать свое мнение относительно каждого строительного проекта в городе.

Генплан

Хотя лужковская администрация и без того великодушно объявила, что перед утверждением нового Генерального плана города Москвы будет проведен ряд публичных слушаний, федеральное законодательство сделало их обязательными. В конце 2008 года мэрия завершила предварительные обсуждения «актуализированного генплана». Одной из новых особенностей стала примитивная система зонирования, разделившая городскую территорию на две зоны: «стабильную» и «требующую реорганизации». В стабильных районах предусматривалось только строительство недостающей социальной и инженерной инфраструктуры. Районы, «нуждающиеся в реорганизации», подлежали расселению, промышленной конверсии и другим видам капитальной реконструкции. Было сочтено, что стабильные районы «вместе с зелеными территориями составляют не более 20%» территории города. Главный архитектор города Москвы Кузьмин заявил: «Конечно, чем цивилизованнее город, тем больше в нем зон стабильности. Москва, к сожалению, в этом плане не цивилизованный город» [Петренко 2008б].

Публичные слушания должны были начаться в сентябре. Экспозиции с информацией по генплану были организованы в 125 столичных управах. Районы проводили слушания на протяжении двух месяцев. По официальным подсчетам, в них приняли участие 160 000 человек, поступило 70 000 вопросов и замечаний [Antonova 2009].

На самом деле участников слушаний было гораздо больше: многие не успели зарегистрироваться [Петренко 2009a]. Поступали жалобы на точечную застройку, продолжающуюся вопреки запрету Лужкова [Воронов 2009]. Некоторые сетовали, что на слушаниях были представлены материалы, понятные только профессиональным архитекторам и проектировщикам, но не обычным людям. Кое-кто возмущался, что экспозиции и слушания проходили во время дачного сезона, когда многих москвичей не было в городе. Были и жалобы на формальность мероприятия: «Нас используют как мебель» [Петренко 2009a].

Когда в конце сентября публичные слушания подошли к концу, Лужков высказался по поводу плана и процесса его обсуждения, признав, что план нуждается в проработке, но «в целом» одобрив его. Мэр потребовал вывести за городскую черту все оставшиеся оптовые рынки, служившие источником конфликтов, поскольку на них преобладали иностранцы, и запретить высотное строительство в историческом центре. Противники Лужкова утверждали, что он занимается демагогией накануне городских выборов, а некоторые даже требовали привлечь его к уголовной ответственности [Воронов 2009]. Однако общественное мнение явно оказало некоторое влияние на градостроительную деятельность. В декабре Комиссия Мосгордумы по перспективному развитию и градостроительству утвердила 168 поправок к генплану [Буранов 2010], среди которых фигурировали явные уступки местным активистам. Например, было отменено строительство двух огромных мусоросжигательных заводов, расширены «зоны стабилизации» в центре — в частности, запрещено надземное строительство в районе Пушкинской площади [Буранов 2009].

Как воспринимать процесс принятия генплана? Московский журналист дал ему такую оценку: «Генплан развития Москвы до 2025 года стал самым объемным, самым наглядным и, пожалуй, самым скандальным за всю историю столицы. В ходе обсуждений его называли профанацией, похоронами Москвы, перечнем обещаний инвесторам, крупномасштабной имитацией и градостроительным преступлением» [Москвичи 2010б].

Город подавал процесс подготовки плана в более позитивном ключе. Москомархитектура утверждала, что генплан одобрили 75% москвичей [Буранов 2009]. Но это была недостоверная оценка. В сентябре ВЦИОМ провел соответствующий опрос. С генпланом оказались знакомы 17% респондентов. В его обсуждении принял участие 1%. Ничего не знали о существовании генплана 42% — впервые они услышали о нем от интервьюеров. Тем не менее о поддержке положений плана заявили 67–68%, из которых многие, по их же собственным словам, ничего о нем не знали. 13% считали, что им не предоставили возможность участвовать в обсуждении, так что жалоба на проведение публичных слушаний в дачный сезон, вероятно, некоторым образом была оправданной. 71% опрошенных заявили, что не участвовали в обсуждении, поскольку не имели такого желания [Генеральный 2009].

Данные ВЦИОМ об участии в обсуждении 1% горожан несколько ниже, чем данные города — 160 000 человек. Но даже если последняя цифра верна, следует ли считать ее хорошей явкой, как подразумевают власти? То, что процесс обсуждения получился скандальным, а к некоторым людям отнеслись «как к мебели», свидетельствует о разочаровании многих участников. И все-таки представляется, что кое в чем произошли реальные сдвиги: гарантированная безопасность Пушкинской площади и отмена строительства двух огромных мусоросжигательных заводов отнюдь не скромные достижения. Во всяком случае, общественность уже могла на чем-то настоять. После этого городу было бы очень трудно вернуться к прежним, непрозрачным методам управления. Публичные слушания сулили потенциальную возможность в будущем повысить участие общественности в решении городских вопросов.

Публичные слушания не панацея. На Западе многие представители градостроительной отрасли сетуют на недостаточную заинтересованность населения или на поверхностность этой заинтересованности, несмотря на существование публичных слушаний, семинаров и других форм взаимодействия. Нет единодушного мнения о том, какие методы в отношении участия общественности в планировании «работают», а какие нет [Webler, Tuler, Krueger 2001]. Многие согласятся со следующей критикой: «Местные публичные слушания в Соединенных Штатах, как правило, посещают только ярые поборники и противники проекта, затрагивающего лично их, — случайная группа лиц, объединенных одним интересом, и горстка косных наблюдателей от городского совета или комиссии» [Innes, Booher 2000: 2].

Однако в московском контексте этот шаг навстречу общественности представляет собой знаковое изменение, беспрецедентное в российской истории. «Гражданское общество» — модная нынче тема в российских политических кругах, но предполагается, что оно должно создаваться и развиваться государством. А. Н. Домрин высказывает оправданный пессимизм: «Чем больше политики говорят о "гражданском обществе", тем менее содержательным становится это понятие» [Domrin 2003: 194]. Лужков, однако, был вынужден конструктивно взаимодействовать с гражданами, самоорганизовавшимися в борьбе за права на город, а не с каким-то фиктивным «гражданским обществом» его же собственного производства. С. Грин считает, что с точки зрения теории социальных движений по сути именно этот процесс и должен происходить, если гражданское общество укореняется: «...«Общественное благо», лежащее в основе идеи гражданского общества, порождается цикличным процессом действия и взаимодействия между государством (представленным правящей элитой и / или более консолидированными институтами власти) и обществом (представленным гражданскими инициативами)» [Greene 2014: 18].

Градостроительство и борьба за рядовую застройку при Собянине

Как уже говорилось выше, из-за кризиса 2008 года, обрушившегося на Москву в ноябре, ценовой пузырь на рынке столичной недвижимости лопнул, прекратив строительный бум, а следовательно, и новые проекты точечной застройки. Лужков усугубил этот процесс, распорядившись пересмотреть уже существующие контракты. Несмотря на то что экономика начала восстанавливаться, в марте 2011 года Собянин официально заблокировал почти все новые строительные проекты в пределах Третьего транспортного кольца [Запрет 2011]. Летом президент Д. А. Медведев поручил Собянину и губернатору Московской области Б. В. Громову разработать стратегию расширения Москвы. Возникший в результате план Новой Москвы увеличил территорию столицы на 150%, что, как ожидалось, уменьшит дорожные пробки, но пока добиться этого не удалось [Argenbright 2011].

В 2012 году экономика продолжала восстанавливаться, и, как будет показано ниже, протесты против уплотнительной застройки снова усилились. Но при возникновении конфликтов никто уже не обвинял городских чиновников в коррупции. Теперь разрешения на строительство выдавались из тех же соображений, что и в городах Европы и Северной Америки. М. Ш. Хуснуллин, когда его раскритиковали за разрешение на строительство нового жилья на месте бывшей кондитерской фабрики «Красный Октябрь» через реку от Кремля, возразил: если запретить инвесторам строить в Москве, у мэрии не будет средств на строительство дорог, метро и других объектов, необходимых жителям [Мэрия Москвы 2012].

Нередко протест порождали проекты, осуществляемые государством, — здесь мэрия занимала более твердую позицию, чем в случаях с частными строительными объектами. Главный пример такого рода — решение города построить линию метро через Битцевский парк на юго-западе столицы [Резник 2012]. На сей раз Собянин оказался не склонен к уступкам: он фактически изменил охранный статус парка [Петренко 2012]. Публичные слушания и протесты в данном случае оказались напрасными: мэр сделал развитие метрополитена первостепенным элементом своей борьбы с пробками [Откроют 2013].

«Единственный способ — встречаться и договариваться»

Жители продолжали участвовать в публичных слушаниях и жаловаться на них, однако в целом последние стали привычным элементом общественной жизни. Как заметил географ и урбанист Д. В. Визгалов, «даже в более граждански активной Москве основная часть публичных слушаний всегда проходила тихо, формально и скучно» [Шмагун 2013]. Несмотря на это, права москвичей на публичные слушания едва не были значительно урезаны.

В декабре 2012 года Мосгордума приняла в первом чтении поправки в положение о публичных слушаниях в Градостроительном кодексе. Эти поправки отменяли обязанность властей представлять общественности фактический план строительного проекта. Жители теряли возможность получить информацию о высотности и габаритах нового здания. Вдобавок к этому, если действующее законодательство требует, чтобы информация о проекте предоставлялась муниципальному собранию за месяц до публикации объявления о слушаниях, поправка сокращала срок до трех дней. Наконец, отменялись публичные слушания по территориальным и отраслевым схемам природных территорий и зон охраны культурного наследия [Байдакова 2013а].

Поправки отстаивал депутат-единоросс, председатель Комиссии по перспективному развитию и градостроительству М. И. Москвин-Тарханов. В интервью «Московским новостям» он заявил, что инвесторы уходят из Москвы в область, поскольку публичные слушания создают проволочки и неопределенность. Он сказал, что, когда экономика города переживает спад, необходимо идти на уступки бизнесу. Но помимо этих разумно звучавших аргументов Москвин-Тарханов выразил личное презрение к публичным слушаниям и к самой общественности:

«МН»: Как же людям узнавать, что рядом с ними будут строить? <...>

М. М.-Т.: Вы хотите, чтобы работа исполнительной власти была подменена волеизъявлением трудящихся?

«МН»: А по-вашему, их мнения спрашивать не нужно?

М. М.-Т.: Обычно это кончается разными непонятными разговорами. Половина всех обсуждений и протестов в Москве являются своеобразной формой общественного рэкета. Появляется инициативная группа, которая говорит потенциальному застройщику: «За то, чтобы ты согласовал это и это, мы готовы поработать с местными жителями, чтобы они это поддержали».

«МН»: Вы говорите о конкретных случаях?

М. М.-Т.: Тысячи. Каждое второе публичное обсуждение — случай определённого влияния заинтересованных групп.

«МН»: Изменения вносятся, чтобы минимизировать количество строительных конфликтов в городе?

М. М.-Т.: Ну конечно. Кроме каких-то скандалов, не имеющих отношения к делу, и бесконечно рэкетирующих групп, изображающих из себя патриотов и общественников, ничего хорошего из слушаний не получается [Байдакова 2013а].

Накануне второго чтения поправок в Мосгордуме в адрес мэра, депутатов думы и различных чиновников были направлены «массовые обращения» с просьбой сохранить публичные слушания. «Общественные движения, муниципальные депутаты, инициативные группы горожан и просто москвичи» провели пикеты у городской думы [Пикеты 2013]. Собянин посетил заседание думы 14 января, когда должно было состояться второе чтение. Он обратился к депутатам с просьбой сохранить публичные слушания, аргументируя это тем, что «крайне важно учитывать мнение общественности в данной сфере», и особо отметил, что слушания являлись «неплохим действенным механизмом предотвращения точечной застройки» [Мэр 2013].

В конце концов мнение мэра возобладало. Более того, Мосгордума приняла «поправки о штрафах для чиновников, нарушающих права граждан на участие в публичных слушаниях» [Верховская 2013]. Еще до того, как стали известны результаты,

Визгалов заметил, что публичные слушания проводятся во всех развитых странах и «мало в какой из стран они проходят гладко». По его словам, слушания — это «большая заноза для властей и застройщиков». Но, с другой стороны:

> Давайте разберем, в чем состоит главный, сокровенный смысл публичных слушаний? Каждый город и тем более мегаполис — это сгусток очень сложных общественных интересов. Богатые и бедные, живущие в центре и на окраинах, пешеходы и автомобилисты, молодые люди и старики... У всех разные, часто противоположные требования к городу. Что в этой ситуации делать? Единственный способ — встречаться и договариваться. Для этого, в частности, есть мэр города. И ничего лучшего в мировой практике, к сожалению, не придумано [Шмагун 2013].

Разъяснительная работа

Как и в случае с охраной культурного наследия, мэр стремился улучшить коммуникацию с общественностью по вопросам, связанным с новым строительством. В феврале 2012 года Собянин «предложил» создать интернет-портал, который позволил бы любому москвичу сообщать о незаконных стройках. Уже через неделю Департамент земельных ресурсов города Москвы открыл такой портал, куда горожане могли присылать жалобы и фотографии. Критиков это не впечатлило. Экологический активист и бывший московский префект О. Л. Митволь отметил, что проблема не в выявлении незаконного строительства, а в исполнении закона. Руководство районов, уверял он, и без того знает, что́ строится на подведомственной территории. Более того, «есть даже судебные решения, но они не исполняются» [Ермакова 2012]. Вероятно, Митволь был прав. Во всяком случае, вышеупомянутый сайт больше не существует.

Впрочем, в сентябре 2013 года город разместил в Интернете электронную интерактивную карту «Что за стройка рядом с моим домом?», на которой были отмечены все строящиеся и планируемые объекты столицы. Посетители сайта могут узнать информацию о подрядчике, источнике финансирования и предполагаемом сроке завершения каждого проекта [Стройки 2013]. Карта существует до сих пор и представляется полезным и перспективным ресурсом (https://stroi.mos.ru/construction).

Многообразие борьбы за рядовую застройку

Сегодня москвичи в любом районе города способны инициировать общественный протест против широкого спектра изменений в своем районе. Как и в случае с борьбой за сохранение культурного наследия, решающее значение может приобрести необычный фактор — неожиданная «несоизмеримость». Например, в феврале 2015 года жители района Восточное Дегунино (Северный АО) выступили за сохранение сквера, на месте которого собирались построить продуктовый магазин «Пятерочка». Среди протестующих было много пожилых людей; один из участников акции протеста, 75-летний мужчина, скончался от сердечного приступа. Город остановил проект [Власти 2015]. В марте на северо-западе, севере и северо-востоке столицы из-за возражений местных жителей власти отменили строительство восьми продуктовых магазинов «Утконос» [Строительство 2015a].

Тот факт, что мэр Москвы должен периодически побеждать на выборах, может в некоторых случаях иметь значение, даже если расклад по-прежнему в его пользу. В июле 2013 года мэрия отозвала выданное в 2000 году разрешение на строительство спортивного комплекса, объединенного с торговым центром, в парке Митино (Северо-Западный АО). Жители решительно воспротивились стройке, а власти обнаружили, что застройщик по собственному усмотрению изменил проект в сторону увеличения коммерческих площадей. Едва ли подобная корректировка являлась из ряда вон выходящим случаем, но на тот момент Собянин являлся исполняющим обязанности мэра и вел предвыборную кампанию, желая заполучить эту должность. Как заметил один из риэлторов, «Сергей Собянин, как кандидат в мэры, должен реагировать на такие яркие протесты жителей» [Аминов 2013].

На страже против точечной застройки

Жители района Хамовники в Центральном АО, занимающего большую часть полуострова, простирающегося к юго-западу от Кремля, годами боролись с уплотнительной застройкой, в том числе в июне 2012 года выступали против плана строительства апарт-отеля рядом с Ботаническим садом имени П. И. Травникова. В данном случае было очевидно, что местные активисты не доверяют властям. Их заверили, что масштабы объекта сократят и он не нанесет ущерб парку, но люди утверждали, что существует «некий секретный проект» [По 2012].

В феврале 2014 года у здания Москомархитектуры в центре города 150 жителей Хамовников протестовали против градостроительной политики московских властей в целом и застройки своего района в частности:

> «Мы обращаемся к властям города: оставьте нас в покое. У нас уже сейчас рушатся дома от ваших строек. Вспомните законы, которые сами же написали! Их нужно соблюдать!» [Резник 2014в].

Представители городской власти не явились на акцию, хотя среди протестующих находилась муниципальный депутат А. Е. Парушина. Главная проблема заключалась в том, что застройщик возводил элитное жилье — кондоминиумы, но в основном для инвестиций, а не для проживания. Участники митинга потребовали от города прекратить уплотнительную застройку и обратились к федеральному правительству с требованием о «введении ответственности, вплоть до уголовной, за несоблюдение градостроительного и земельного законодательства» [Резник 2014в].

В Хамовниках речь шла о семи проектах, каждый из которых задействовал уже существующую инфраструктуру и захватывал территории общего пользования. Еще один муниципальный депутат, А. О. Воронков, в подробностях рассказывал, что застройщики не учитывают сложные гидрогеологические условия в районе при сооружении фундаментов, что приводит к затоплению подвалов как в новостройках, так и в соседних домах [Резник 2014в].

Позднее в том же году Московская государственная академия хореографии объявила о намерении расширить комплекс своих зданий в Хамовниках. Планировалось строительство нового семиэтажного корпуса на месте сквера перед нынешним главным зданием. Активисты начали организовывать сопротивление: они собрали более 1500 подписей местных жителей против проекта [Стройку 2014]. Люди заподозрили, что «расширение Академии» — лишь прикрытие для коммерческой стройки. Незадолго до того в этом же районе строительство «якобы общежития для приезжих спортсменов» рядом со спортивной школой обернулось сооружением жилого комплекса с квартирами стоимостью 3–9 млн долларов [Публичные 2014].

В ноябре были организованы публичные слушания по поводу расширения Академии хореографии. Хотя на них зарегистрировалось всего 25 человек, в зале набралось «несколько сотен» участников, включая сотрудников Академии и родителей с детьми, которые по закону не допускаются к участию. Когда лидер «Яблока» С. С. Митрохин попытался взять слово, к нему подбежали «молодые люди подозрительного вида» и вырвали микрофон. Физическому насилию подверглись и другие присутствующие. Потом приехал депутат Госдумы народный артист И. Д. Кобзон, и относительное спокойствие, по-видимому, было восстановлено[6]. Слушания перенесли на декабрь [Публичные 2014]. Однако в декабре Комиссия по градостроительству, землепользованию и застройке Центрального АО признала проект «нецелесообразным». Поддержав данное решение, депутат Госдумы от партии власти «Единая Россия» Н. Н. Гончар заявил, что обсудит этот вопрос с министром культуры и оптимальное решение найдется. Гончар отметил, что против проекта выступили местные жители и необходимо «уважать их позицию» [Стройку 2014].

---

[6] И. Д. Кобзона, энергичного сторонника сепаратистов на востоке Украины, судя по всему, высоко ценил президент В. В. Путин. При содействии последнего Кобзону удалось получить медицинскую визу для лечения в Италии несмотря на то, что ему в рамках санкций был запрещен въезд в большинство стран ЕС [Кобзон 2015].

Хотя исключения практически неизбежны, уплотнительная застройка центра Москвы жилыми и офисными комплексами как массовое явление, судя по всему, уходит в прошлое. В августе 2014 года Хуснуллин объявил, что «Москва исчерпала все возможности для точечной застройки». Если говорить о свободных участках под застройку, это утверждение в буквальном смысле не являлось справедливым. В августе 2015 года власти объявили о расторжении 35 контрактов на строительство бизнес-центров в центре Москвы; на 27 освобожденных участках были запланированы «объекты благоустройства» [Курганская 2015]. Префект Центрального АО пояснил: «По многим участкам против уплотнительной застройки категорически и правомерно возражали жители. Теперь решением города мы создадим для них новые благоустроенные общественные пространства» [Еще 2015].

Нелиберальный протест

Конфликты из-за обустройства городской среды возникают до сих пор. Здесь невозможно рассказать обо всех случаях локальной борьбы. Местные жители объединялись для защиты лесов [Буранов 2015; Москвичи 2012] и прекращения «варварской реконструкции» парка [Москвичи 2013]. Обитатели промышленных районов боролись за отмену строительства новых экологически вредных предприятий в своем регионе и иногда побеждали [Резник 2013б; Резник 2014а].

Тем не менее некоторые местные конфликты выявляют хроническую проблему демократии в действии: иногда то, чего хочет «народ», отнюдь не достойно восхищения, по крайней мере с точки зрения либеральных принципов. Зимой 2013–2014 годов вспыхнул протест против строительства новой гостиницы в районе Новокосино, периферийном районе за МКАД, в Восточном АО. Гнев жителей вызвал не столько сам проект, сколько то, что, по слухам, он предназначался для мигрантов. Сообщалось, что активисты собрали более 10 000 подписей, но мэр «так и не ответил» [Задержаны 2014]. Встреча с главой управы могла бы прояснить ситуацию, но протестующие заявили, что на собрание согнали толпы бюджетников.

> Оставшимся на улице подали горячий чай и бутерброды. Некоторые из демонстрантов шутили, что митинг начинает напоминать постоянный лагерь на киевском майдане Независимости, не хватает только палаток и баррикад. Размахивание российскими флагами — редкий атрибут на предыдущих выступлениях — также походило на украинские протесты [Sukhov 2014].

Упоминание о Майдане не могло звучать музыкой в ушах власти. Более того, на протестном митинге присутствовал соратник А. А. Навального Н. Н. Ляскин. Летом 2013 года Навальный — центральная фигура российской оппозиции — на удивление успешно конкурировал с Собяниным на выборах мэра. Полиция задержала на акции протеста 10 человек, в том числе Ляскина [Задержаны 2014].

Местные власти уверяли, что гостиничный комплекс не предназначен для мигрантов [Задержаны 2014]. Собственно, более подробная информация о проекте доступна на сайте управы района [Строительство 2015б]. Там можно скачать «Градостроительный план земельного участка» и все сопутствующие юридические документы. В действительности «гостиничный комплекс» состоит из административного здания, подземного паркинга и «апарт-отеля» — в США это назвали бы кондоминиумом. Представляется крайне маловероятным, что мигранты, ищущие работу в Москве, будут покупать жилье в кондоминиуме. По-видимому, местные жители правы, когда утверждают, что «району нужна социальная инфраструктура — школы и детские сады, а не гостиницы» [Sukhov 2014], но город должен иметь доходы, чтобы строить социальную инфраструктуру.

Часто мишенью протестов становится строительство транспортной инфраструктуры: например, жители Левобережного района Северного АО смогли остановить строительство станции метро на территории, которую они считали непригодной для этого [Отказ 2014]. Транспортные конфликты нередко выявляют дилемму, присущую большинству споров населения с застройщиками: как найти баланс между благополучием местных жителей и потребностями города в целом? Например, люди, проживающие рядом с двумя станциями метро на северо-востоке столицы, решительно выступили против сооружения в своих микрорайонах транспортно-пересадочных узлов, отправив в мэрию 7000 подписей [Жители 2014]. Но удобные пересадочные узлы могли бы побудить жителей спальных районов, добирающихся на работу на автомобилях, пересесть на метро, уменьшив тем самым дорожные пробки и загрязнение воздуха.

В следующем разделе главы рассмотрен широко освещавшийся прессой конфликт из-за предполагавшегося расширения крупной городской магистрали. Затем будет затронут последний из обсуждаемых здесь видов локальной оппозиции девелопменту: противодействие храмовому строительству.

Борьба за Ленинский проспект

В апреле 2013 года мэрия приступила к презентации проекта расширения и благоустройства большей части Ленинского проспекта. Реконструкция должна была начаться на площади Гагарина и протянуться на юго-запад примерно на 11,5 км до МКАД, где Ленинский проспект переходит в Киевское шоссе и пересекает Новую Москву. Предстоящее развитие Новой Москвы и послужило главным фактором в принятии решения о реконструкции проспекта [Грекова 2013]. На намеченном участке уже имелись 3–4 полосы движения в каждом направлении, боковые и местные проезды. После расширения проезжая часть оказалась бы отделена от зданий по обеим сторонам лишь тротуаром [Panin 2013]. Местные жители были возмущены еще и тем, что предполагалось не только расширить проезжую часть, но и убрать все светофоры, по существу превратив городскую улицу в автомагистраль. В связи с этим проект предусматривал строительство трех тоннелей и двух эстакад на пересечении с другими улицами, а также семи подземных пешеходных переходов [Грекова 2013].

7 апреля 2013 года в сквере рядом с Ленинским проспектом собрались около 600 жителей, чтобы выразить протест против реконструкции. В митинге участвовал Митрохин, но толпу «заводить» было не надо. Член инициативной группы «Ленинский проспект» утверждал, что город, по сути, изобретает сломанный велосипед:

> Самая главная идея — стратегическая, что строительство города для автомобиля неправильно. Разные города в Америке и в Европе уже прошли этот этап и сейчас, наоборот, избавляются от тоннелей, эстакад, делают пешеходные зоны, зеленые зоны. Не хотелось бы проходить этот путь целиком в нашем городе, хотелось бы сразу шагнуть через этап. Город должен быть для людей [Активисты 2013].

Несмотря на красноречие местного активиста, с ним были согласны не все. Участие в полемике гражданского общества не ограничивалось противниками реконструкции. В конфликтах по поводу принудительного расселения и точечной застройки всегда было две стороны: местные жители — с одной, мэрия и застройщик — с другой. Однако за день до акции «Ленинского проспекта» Федерация автовладельцев России организовала автопробег в поддержку реконструкции дороги [Активисты 2013]. На машинах были наклейки с лозунгами вроде «Ленинский без пробок» [Локоткова 2013]. Федерация автовладельцев вовсе не одно из тех движений, которые Г. Робертсон называет «псевдообщественными» [Robertson 2011: 194–197], а настоящее низовое гражданское объединение, в иных случаях доставлявшее немалое беспокойство властям [Greene 2014: 198–199].

В апреле в шести районах, которые должна была непосредственно затронуть реконструкция, провели серию публичных слушаний, состоявших из трех этапов. Противники проекта обвинили власти в распространении «дезинформации» и других махинациях. Власти же утверждали, что создана «беспрецедентная обстановка открытости и прозрачности» [Резник 2013в]. Собянин объявил, что в слушаниях приняли участие 5000 человек и 4000 из них поддержали проект [Локоткова 2013]. В подобное просто не верилось.

Активисты оказали дополнительное давление на власть, дискредитировав «экспертизу», на которую те опирались, чтобы легитимировать проект. Был создан фонд «Городские проекты» для сбора пожертвований в размере 3 000 000 рублей (около 100 000 долларов). Основной целью являлось привлечение экспертов из Франции, Норвегии и США (В. Р. Вучик) для критической оценки плана реконструкции Ленинского проспекта, а также другого спорного дорожного проекта — строительства Северо-Западной хорды [Байдакова 2013б].

К августу властям это надоело, и они решили отложить реконструкцию по крайней мере на два года. Приняв некоторые возражения оппозиции, чиновники намеревались внести в проект изменения. Но когда прогнозируемые затраты достигли 16–17 млрд рублей (500–600 млн долларов), желание настоять на своем испарилось [Локоткова 2013].

Церковь в пешей доступности

В последние годы во многих московских районах бушуют конфликты из-за уникального вида точечной застройки. Он отличается многими особенностями и весьма своеобразно освещает процесс формирования гражданского общества в современной Москве. Данный проект возник еще в 2009 году в ходе дискуссий Лужкова с Патриархом Кириллом. В следующем году был обнародован план строительства во всех районах столицы большого количества, а именно 200, православных храмов «шаговой доступности» [Litvinova 2015б]. В 2012 году Собянин формально возобновил данную программу, но я предполагаю, что это было сделано по команде сверху. Кремль всячески старается выказывать публичную поддержку Церкви, в то время как Русская православная церковь (РПЦ) подводит режим к агрессивному реваншистскому национализму. Примечательно также, что курирует программу не кто иной, как Ресин, вновь вернувшийся в московский строительный бизнес, по сообщениям имея в своем распоряжении миллиарды рублей [Kozenko 2015].

Первоначально власти заявляли, что церкви появятся на пустырях и в промзонах. Однако во внутреннем документе Москомархитектуры (от 22 ноября 2011 года, но оказавшемся в открытом доступе только 24 февраля 2014 года) были перечислены 77 участков под церковное строительство, находившихся на территории природного комплекса. Журналистка-расследователь И. Резник выявила в 2014 году не менее восьми горячих точек противостояния церковному строительству: Гольяновский парк, Измайловский бульвар, сквер на улице Фёдора Полетаева, Ходынское поле, Джамгаровский парк, Терлецкий лесопарк, берег Большого Очаковского пруда, парк у Владимирского пруда. Как минимум в двух случаях жителям удалось «отбить природную территорию»: сквер у кинотеатра «Высота» на юго-востоке и Измайлово [Резник 2014б]. По большей части (за исключением Измайловского парка и Ходынки) эти места пользуются известностью только у местных жителей.

Экологи утверждали, что городское законодательство, разрешившее строительство храмов на охраняемых природных территориях, нарушает федеральные законы. Кроме того, муниципальный депутат Гагаринского района (Юго-Западный АО) привела случаи посягательства города на существующее церковное имущество в качестве доказательства того, что проект не направлен на помощь верующим. Она пришла к выводу, что цель программы «200 храмов» не помощь верующим, а «открытие возможности застройки наиболее дорогой городской земли» [Резник 2014б].

В 2015 году конфликты, связанные с программой «200 храмов», умножились. Жители района Ясенево (Юго-Западный АО) выступили против строительства церкви в местном парке; на публичных слушаниях против проголосовали 1500 человек [В районе 2015]. Местная жительница, эколог, утверждает, что «под землей проходит запечатанный приток реки Битцы» (и действительно, именно так это выглядит на картах), что делает участок непригодным для любого строительства [Торфянка-2 2015]. Она представила доказательства главе районного совета, но он никак не отреагировал.

Жители района Ростокино в Северо-Восточном АО протестовали против проекта строительства храмового комплекса в долине реки Яузы, рядом с историческим акведуком времен Екатерины II. Участок считался «зоной охраняемого природного ландшафта при объекте культурного наследия федерального значения», но город придал ему статус «территории ограниченного пользования». Такое вопиющее нарушение закона не является нормой для собянинской мэрии — это подтверждает гипотезу о том, что за кампанией храмового строительства стоит Кремль. Помимо прочего, защитники природной зоны утверждали, что, поскольку на территории Мосгорсуда находится православная часовня, суд не может быть беспристрастным, а также что он ущемляет другие традиционные конфессии России. Однако наблюдатели отметили, что отклонение судом иска местных жителей кажется предрешенным [Николаева 2015].

Борьба из-за проекта строительства храма в Лосиноостровском районе (Северо-Восточный АО) вызвала заметный интерес общественности. В июне в парке Торфянка, где планировалось возведение храма, происходили ежедневные столкновения местных жителей с церковными активистами [Litvinova 2015б]. 26 июля участники группы «За Торфянку» были задержаны на Красной площади во время акции протеста [На Красной 2015]. Хотя Торфянка — местный парк, практически не посещаемый жителями других районов, конфликт поднял на поверхность обиды и враждебность, глубоко укоренившиеся в российском обществе. Защитников парка пришли поддержать Митрохин и другие либеральные и левые политики, что, кажется, подтвердило манихейство взгляда сторонников храма на борьбу. Типичный комментарий был: «Выслать их в Европу!» [Kozenko 2015]. Репортер А. Козенко сообщил, что видел также плакат с надписью: «Нет — Обаме! Нет — Майдану! Да — собору!»

Сторонники сохранения парка подали иск об отмене строительства, которое было приостановлено на время судебного разбирательства. 31 июля они отозвали иск, предположительно потому, что ожидали поражения, но сообщили, что подготовят еще один. После заседания защитники парка и церковные акти-

Ил. 7.6. Новая церковь в Юго-Западном административном округе.
2015

висты вернулись в парк, готовые возобновить противостояние
[Противники 2015]. Позднее в тот же день пресс-секретарь Патриарха сообщил, что Московская епархия готова построить храм
на другом участке при условии, что он будет находиться «в шаговой доступности» от жителей района и получит их поддержку.
Он отметил, что правовых препятствий для строительства
в парке Торфянка нет, однако Церковь делает этот жест, «следуя
своей миротворческой миссии». Впрочем, пресс-секретарь продолжил обвинять в конфликте сторонних агитаторов, которые

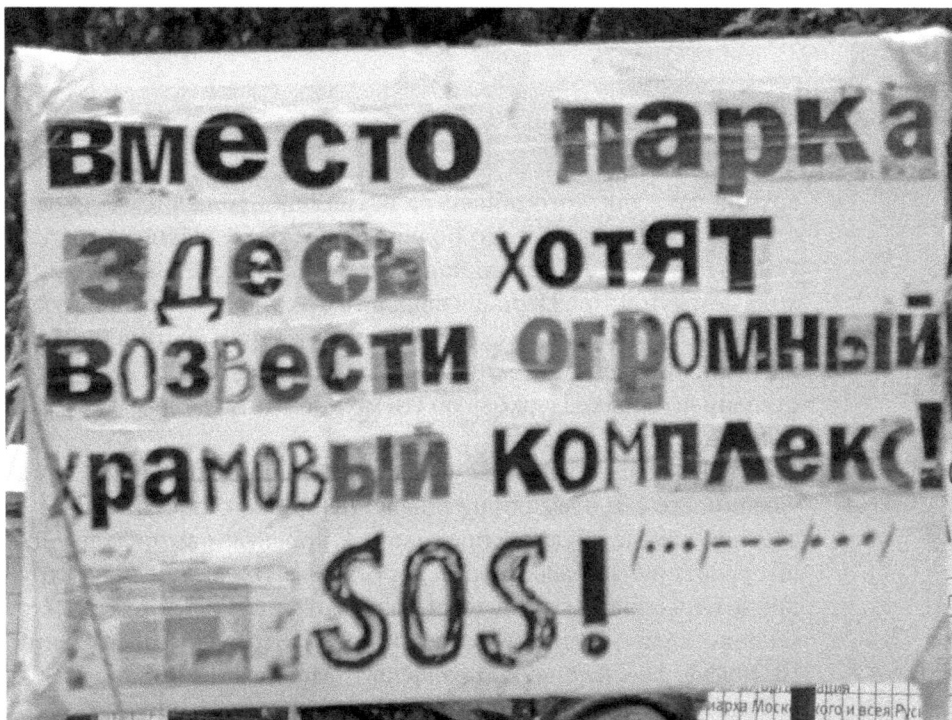

Ил. 7.7. Плакат сторонников сохранения Парка Торфянка. 2015

борются с программой строительства новых храмов по всей стране. По его словам, Епархиальный совет призвал верующих «не допустить повторения трагических событий начала XX века, когда действия сходных политических сил привели к двум революциям» [Московская 2015].

Сравнение кучки оппозиционеров, протестующих против строительства, с революционными партиями, которым столетие назад удалось свергнуть царя, представляется натяжкой. Более того, большинство сторонников возведения церкви были не из Лосиноостровского района. Некоторые из них принадлежали к движению «Сорок сороков» (название отсылает к легендарному количеству храмов в Москве до 1917 года). Вообще процерковные сайты часто призывают верующих приходить на акции в поддержку проектов храмового строительства [Храмоборцы 2015].

На первый взгляд разногласия из-за строительства новых церквей сравнимы с борьбой вокруг Ленинского проспекта, о которой говорилось выше, поскольку в обоих случаях одна группа гражданского общества вступила в конфликт с другой. Однако РПЦ — это нечто большее, чем общественная группа. Около двух столетий, начиная с царствования Петра I и до прихода коммунистов, Церковь являлась по существу правой рукой власти. После распада Советского Союза как ельцинский, так и путинский режим укрепили взаимоотношения с РПЦ до такой степени, что ныне Церковь опять можно считать одним из столпов федеральной власти.

Есть еще один, более важный аспект данного конфликта, отличающий его от полемики по поводу Ленинского проспекта. В последнем случае местные противники проекта и автовладельцы, выступавшие за расширение дороги, без труда понимали друг друга, и ни одна из сторон не пыталась отрицать, что другая имеет законное право отстаивать свои интересы. Это был, по выражению Ш. Муфф, *агонистический* конфликт [Mouffe 2013: 138].

Столкновение же между сторонниками и противниками программы строительства храмов «пешей доступности», напротив, являет собой глубокий и ожесточенный *антагонистический* конфликт — это означает, что каждая сторона склонна видеть в другой не оппонента по отдельному вопросу, а непримиримого врага. Это не просто локальные разногласия по поводу обустройства среды обитания — у каждой из сторон есть единомышленники по всей России. Данные споры представляются сражениями «культурной войны».

Выше было приведено несколько комментариев сторонников строительства церквей. Защитники парка в большинстве своем заявляли, что они не против возведения храмов, но только не в природных зонах. Но в их комментариях (в данном случае — на платформе для гражданских кампаний Change.org, где была размещена петиция группы защитников парка в районе Тропарево-Никулино Западного АО) фигурируют и другие опасения. Кто-то высказывает бытовые соображения: церковь увеличит автомобильную нагрузку на квартал; кроме того, храмы не должны строиться рядом со школами и детскими садами, так как они привлекают «попрошаек, алкоголиков». Многие считают, что приоритетом государства должны быть практические, светские заботы, а не церковное строительство: «Вон по всей России таких примеров куча, сотни школ закрывают, а храмы и мечети как грибы растут». Для некоторых это вопрос законности и принципа: нельзя занимать территории, считающиеся особо охраняемыми, а правительство незаконно финансирует строительство церквей. Но многими данная проблема воспринимается эмоционально: людям кажется, что это дело рук некой злой силы, навязывающей стране культурный регресс. Время от времени в комментариях всплывает слово «средневековье», а также «культ» и «бред». Один комментатор вспоминает изречение Маркса: «Религия — опиум для народа». Другой явно выступает за антицерковный погром: «Бей попов, спасай Россию!» Третий формулирует свою позицию более конкретно: «Я подписываюсь [под петицией] потому, что устал от подпольных, мафиозных способов манипулирования общественным мнением, от наглости служителей культа» [Повторные 2015].

Комментаторы на спонсируемом церковью форуме проявляли не менее горячую враждебность к «храмоборцам»: «Все они выступают против России»; «Я оказалась не готова к общению с людьми, у которых нет ни совести, ни принципов»; «Идет борьба зла на уничтожение православия в России», «Таких надобно лишать гражданства и всего имущества. Такие элементы — враги нашего общества, государства. Это предатели, а предателям среди нас не место. Они, наверно, жиром заплыли от безделья — вот и страдают такой ерундой либо отрабатывают западные гранты» [Как организуют 2014].

Нет места лучше дома

В 1990-е годы жителей коммунальных квартир в центре столицы переселяли на периферию без особых общественных протестов, а дома реконструировали. Общественные пространства, которые жители считали частью своей среды обитания, застраивали торговыми центрами и другими новыми объектами, но, хотя люди возмущались, а иногда подавали в суд, в целом сопротивление было сдержанным. Идея сноса хрущевок, напротив, в мгновение ока породила массу ущемленных горожан, объединенных общей проблемой. Затем экономический бум, сопровождавший восстановление после кризиса 1998 года, поднял волну уплотнительного строительства, которое вызвало недовольство жителей практически во всех уголках Москвы. Люди перенимали опыт соседей, учились использовать Интернет, чтобы делиться этим опытом и организовывать сопротивление застройке, угрожавшей их домам и окрестностям. Как показал инцидент в Бутове и последующий опрос общественного мнения, москвичи и остальные россияне сочувствовали местной оппозиции девелопменту. Чувствуя давление сверху и снизу, Лужков сделал процесс городского планирования более открытым, поощряя общественность к более активной вовлеченности в него. В частности, при нем стали обязательными публичные слушания по каждому крупному строительному проекту, что выходило далеко за рамки требований федерального законодательства.

Новый мэр, Собянин, заморозил строительство в центре в первую очередь для того, чтобы снизить транспортную загруженность, но попутно эта мера устранила причину большого недовольства местных жителей. Вдобавок Собянин покончил с вопиющей коррумпированностью лужковского режима, которая увеличивала раздражение людей, и без того возмущенных уплотнительной застройкой. Новый мэр предпринял заметные усилия по расширению двусторонней коммуникации с взволнованной общественностью по широкому кругу вопросов, включая новые строительные проекты. В 2012 году Собянин пресек попытку Мосгордумы изменить правила проведения публичных слушаний и тем самым сделать их в большинстве случаев бесполезными.

Жалобы граждан на то, что чиновники пренебрегают правилами проведения публичных слушаний или по меньшей мере обходят их, не редкость. Тем не менее люди посещают слушания и пользуются ими для достижения своих целей. Иногда успешно, иногда нет. Исход часто бывает непредсказуем: порой решающее значение может иметь случайное событие, например смерть пожилого участника протестной акции. И все же сходные черты многих проигранных битв позволяют выявить определенную закономерность.

Строительство, инициированное городским правительством, а также другими государственными структурами, судя по всему, влечет за собой больше нарушений закона, чем проекты частных застройщиков, как было, например, с прокладкой линии метро через Битцевский парк. Может показаться, что конфликт из-за Ленинского проспекта противоречит данному выводу, но, скорее всего, это исключение, подтверждающее правило. Городские и местные власти прикладывали все усилия к реализации проекта, но общественное сопротивление оказалось слишком масштабным (и грамотно организованным) — это была самая напряженная борьба против строительства в столице со времен потерпевшего фиаско плана реконструкции Пушкинской площади. К тому же, если развитие Новой Москвы будет продвигаться успешно, всегда можно стряхнуть пыль со старых проектов и попытаться осуществить их вновь.

Кампанию РПЦ по сооружению храмов «шаговой доступности» также следует считать *режимной*. Этот классический административно-командный проект, вызвавший сопротивление по всей Москве и не только, безусловно, заручился благословением Кремля — иначе ему не был бы дан ход. Помимо прочего, эти локальные конфликты обнажили гораздо более серьезные проблемы государства, как показала взаимная критика антагонистов. Стремление одних людей спасти парк может казаться другим поползновением свергнуть путинский режим и подорвать «духовные скрепы» российской государственности. В то же время появление маленькой, эстетически привлекательной церкви может показаться кому-то попыткой насильно вернуть Россию в средневековье.

Заключение
Граждане Москвы в меняющемся контексте

Советское наследие и городская гражданственность

В обширном исследовании «вызывающих разногласия объектов», таких, например, как аэропорты, в Японии и на Западе, Д. Олдрич установил, что власти «старательно избегают затратного противостояния и выбирают для размещения объектов слабые гражданские общества» [Aldrich 2008: x]. Этот вывод дополняет мнение о том, что «бедные, неблагополучные и... маргинализованные» слои населения страдают от неолиберальных проектов реконструкции городов несоизмеримо сильнее остальных [Harvey 2008: 5]. В США важными факторами процесса редевелопмента часто являются расизм и «реваншистская» предвзятость в отношении неимущих [Smith 1996], но, как поясняет Олдрич, власти все же заинтересованы в как можно более беспроблемном осуществлении своих планов. «Когда гражданское общество слабо и неорганизованно, государство, чтобы довести проект до конца, обычно использует принудительные стратегии. <...> Лишь когда должностные лица сталкиваются с организованным противодействием, они применяют более гибкий подход» [Aldrich 2008: x–xi].

Когда Ю. М. Лужков занял свой пост, в столице практически не существовало того, что можно было бы считать гражданским обществом. В целом не было ни одного московского района, который мог бы самоорганизоваться заметно лучше остальных.

По сравнению с капиталистическими городами распределение населения на территории советских мегаполисов было гораздо более бессистемным. Главное исключение из этого обобщения обуславливалось распространенностью служебного жилья — то есть в кварталах, окружавших крупные промышленные объекты, проживало сравнительно больше рабочих, а в районах с концентрацией научно-исследовательских и образовательных учреждений — больше «белых воротничков». Однако в Москве не было ни трущоб, ни гетто, в которых люди концентрируются по классовому или национальному признаку. Кроме того, принадлежность к среднему классу определялась наличием высшего образования и умением вести интеллектуальные беседы. Признаком статусности было также владение автомобилем. Но ни один из этих факторов не наделял людей каким-то особенным осознанием своих прав или особыми качествами, которые могли бы сделать одни районы намного более неподатливыми к градостроительной политике, чем другие.

Лужковскому режиму не было нужды определять, в каких районах гражданское общество относительно слабо, поскольку, как говорилось в главе второй, практически повсюду люди не желали участвовать в политической жизни. Однако фундамент начал закладываться. По меткому утверждению О. Шевченко, озабоченность москвичей выживанием в «кризисные» 1990-е годы «обеспечила индивидам стимул к созданию оборонительных объединений и основу для развития коллективной солидарности» [Shevchenko 2009: 14]. Хотя «постсоциалистические акторы» презирали партийный подход, они «возлагали на государство... всю ответственность за те проблемы, с которыми сталкивались изо дня в день» [Shevchenko 2009: 6]. Когда местные власти угрожали домам и районам, появлялись новые «оборонительные объединения», такие как инициативные группы. По словам О. Шевченко, «каждое [частное действие] может быть нацелено не более чем на сохранение стабильности, но действия, предпринятые коллективно, способствуют формированию новых институтов и инфраструктур и, по сути, трансформируют общество изнутри» [Shevchenko 2009: 11]

Московский жилой ландшафт по сравнению с западным практически не был социально сегментирован. Хотя бывали исключения, в целом жилье при советской власти распределялось без учета национальной принадлежности и с относительно небольшим учетом общественного положения [French 1995: 137]. С 1991 года некоторые люди при возможности начали переезжать в более привлекательные районы, но этот процесс сдерживало то, что населению была предоставлена возможность практически бесплатной приватизации жилья. Цены на московском рынке недвижимости резко подскочили, сделав новые квартиры недоступными для большинства горожан. Многие из них пустуют и сейчас: их владельцы спекулируют на быстром росте рыночной стоимости. В то же время старые квартиры в панельных домах непривлекательны для потенциальных покупателей жилья. При этом ипотечные кредиты по-прежнему не по карману большинству людей.

В результате население московских домов и районов до сих пор отличается бо́льшим разнообразием, чем на Западе [Pavlovskaya, Hanson 2001: 6]. Это, по всей видимости, является хорошим подспорьем для самоорганизующихся инициативных групп. По соседству могут найтись юристы, готовые безвозмездно предоставить свои услуги, молодые специалисты и студенты, отлично владеющие компьютером и электронными средствами связи. Молодежь пригодится и в том случае, если нужна физическая сила — скажем, чтобы свалить строительное ограждение. А кто, как не бабушки, гуляющие с внуками и собаками, сможет дежурить на пикете в течение всего дня? Кроме того, пенсионерки формируют ядро сети неформальных соседских связей в своей округе. Рядом могут проживать даже знаменитости, вроде Т. А. Догилевой, способные вывести местную борьбу на более высокий уровень.

Практически каждый московский район располагал более или менее одинаковыми возможностями. При Лужкове горожан держали в неведении или дезинформировали о том, какая судьба ждет их дома или районы. Но с распространением социальных сетей москвичи уже имеют возможность осведомлять друг друга о событиях, происходящих в городе, да, собственно, и во всей стране. Когда граждане прибегали к посредничеству лужковских судов, они неизменно проигрывали. Нередко против них применяли насильственные методы, особенно частная охрана девелоперов. Ярким наглядным примером и именем нарицательным для обозначения общего недовольства стало Южное Бутово. Единичные протесты против уплотнительной застройки превратились в общегородское движение. Особенно москвичи гордятся тем, что укрепили сплоченность столицы, помогая незнакомым людям, выступавшим на защиту своих районов. В некоторых случаях практическую помощь оказывали «сторонние агитаторы» из оппозиционных партий и групп, особенно С. С. Митрохин из «Яблока», но помимо этого активисты вызвали призрак борьбы за «право на город», превращающейся в движение за «право на страну». На этом этапе Лужков взял курс на «более гибкий подход», который, теперь под руководством Собянина, имеет потенциал для углубления сотрудничества между государством и гражданским обществом.

От подданных к гражданам

К. Клеман не только профессионально изучает общественный активизм, но и, будучи директором московского института «Коллективное действие», практикует и пропагандирует его. По ее мнению, инициативные группы наподобие тех, что борются с уплотнительной застройкой, могут помочь россиянам преодолеть отвращение к участию в политической деятельности и трансформировать авторитарные методы власти. Клеман анализирует процесс, в ходе которого некоторые протестующие, «политизируясь», попутно способствуют созданию нового сообщества, заметно отличающегося от традиционного узкого круга друзей. Это сообщество — «группы активистов, требующие полных и реальных гражданских прав» [Clément 2008: 76].

Сколько именно активистов «политизировалось», неизвестно. С. Грин обнаружил, что существует «весьма реальная связь между социальными движениями... и массовой активизацией» зимы 2011–2012 годов [Greene 2014: 203]. К. Клеман подтвердила наблюдение С. Грина [Клеман 2013б: 198]. С другой стороны, всецело преданные делу активисты, вышедшие из местных движений, возможно, исчисляются сотнями, если судить по многолюдности митинга в поддержку референдума на Пушкинской площади в 2009 году. При этом очевидно, что в местных выступлениях против конкретных строительных проектов участвовали тысячи москвичей. Возможно, эти протестующие «политизировались» не до конца, однако они узнали об организации инициативных групп, о важности контактов с единомышленниками и связей со СМИ. Протест отвоевал себе место в политической культуре Москвы.

Протестный опыт преображает протестующих, поскольку любое памятное событие оставляет свой след. Некоторые активисты, особенно те, кто одержал победу в местной борьбе, впоследствии будут более склонны к политической деятельности, если ощутят в этом необходимость. К тому же, как я уже предполагал, количественный рост местных выступлений произвел впечатление на мэрию, а возможно, и на Кремль. Градозащитники добились от мэрии значительных уступок, и администрация Собянина, как будет показано ниже, старается не доводить дело до конфликтов с москвичами. Серьезным прорывом, в частности, явились публичные слушания, даже если сами по себе они неэффективны. Публичные слушания — это нечто большее, чем тактическая уступка. Авторитарному государству нет нужды совещаться со своими подданными — публичные слушания предназначены для граждан.

Рассуждая о национальном «призрачном переходном периоде», С. Хедлунд утверждает, что «для успешной реформы потребуется превратить *подданных* в *граждан*» [Hedlund 2008: 188]. Судя по всему, именно это и происходит сегодня в Москве благодаря низовой консолидации, а не реформе, навязанной «сверху». Наряду с этим, администрация Собянина приложила немало усилий, чтобы убедить москвичей в том, что их как граждан воспринимают всерьез.

Сеть и зрелища?

Государство является благом в той мере, в какой оно осво-
бождает индивидов от бесполезной траты сил на борьбу со
злом и ненужные конфликты, дает индивидам позитивную
уверенность и поддерживает их начинания [Дьюи 2002: 54].

В последних двух главах рассматривались случаи, когда администрация Собянина учитывала общественный протест и сво-
рачивала конкретные планы реконструкции — например, Ленинского проспекта. Подобные отмены проектов время от времени происходят и теперь. Однако в последние годы мэрия
сосредоточилась на двух смежных целях: 1) привлечение горожан
к управлению *прежде, чем* начнутся трения, по крайней мере до
такой степени, чтобы они почувствовали, что с ними считаются,
и 2) преобразование Москвы в более комфортное и пригодное
для проживания место. По мнению критиков, городские ново-
введения сводятся к «потемкинским» реформам, поверхностным
и бессодержательным, которые маскируют необходимость ра-
дикальных перемен. Очевидно, что существуют определенные
ограничения: Собянин не располагает полной свободой действий
в путинской столице. Но стоит задуматься, не способствует ли
текущее наращивание способов коммуникации и вовлеченности
граждан улучшению правления, даже если пока оно еще недостаточно удовлетворительное.

Стремление взаимодействовать с москвичами как с гражданами проявилось сразу же после вступления Собянина в должность.
Главной темой первого заседания городского правительства под
председательством Собянина стала коррупция. На тот момент,
по данным антикоррупционной общественной приемной «Чи-
стые руки», треть всех полученных жалоб на коррупцию пришлась
на Москву [Москвичей 2010]. В одном из своих первых постанов-
лений собянинская администрация призвала москвичей направ-
лять властям информацию о коррупции на специальный электронный адрес. Как говорилось в главе шестой, откровенно
коррумпированным ведомством считалось Москомнаследие,
и Собянин незамедлительно распустил и преобразовал его.

С тех пор Москва стала показывать пример остальной России в налаживании коммуникации между мэрией и населением, а также между самими жителями. Среди инструментов помощи гражданам в управлении собственным городом благодаря своему впечатляющему размаху выделяются две инициативы: «Наш город» и «Активный гражданин».

«Наш город» был создан в 2011 году и доработан в ноябре 2013 года. Согласно официальному описанию, это «геоинформационный портал», созданный по инициативе мэра, чтобы поощрить диалог по частным вопросам городского управления между столичными жителями и исполнительной властью. Портал позволяет населению получать информацию о деятельности городского правительства, контролировать своевременность и качество работ на городских объектах, жаловаться на нарушения, вносить предложения по благоустройству дворов, оценивать работу государственных ведомств, а также подтверждать или оспаривать ответы чиновников на обращения граждан. «Портал "Наш город" — проект, разработанный с целью улучшения качества жизни горожан и облика Москвы через активное участие москвичей в жизни столицы» [Наш город 2015].

«Наш город» предлагает пользователям затрагивать в обращениях широкий спектр местных проблем, в том числе дворы, выгул собак, освещение, тротуары и дорожки, парковку, вывоз мусора, спортивные сооружения, детские площадки, дороги, парки, общественный транспорт, поликлиники и общественные туалеты [Наш город 2015]. Очевидно, что подача сообщения или жалобы при помощи любого из многочисленных электронных средств связи гораздо удобнее, чем попытки дозвониться по телефону. Кроме того, любой, кто живет в городе, где, скажем, жаловаться на мусор в парке приходится в одно ведомство, а на переполненную мусорную урну при входе в парк — в другое, оценит идею единого центра сбора информации наподобие портала «Наш город».

Конечно, сделать подачу жалоб более удобной не столь важно, как непосредственно справиться с проблемами, выявленными жалобщиками. В начале 2014 года «Наш город» провел среди москвичей опрос относительно улучшения работы портала. 4416 из 9635 респондентов перечислили конкретные «проблемные зоны города, требующие их контроля». В первую пятерку они включили «отсутствие благоустройства заброшенных территорий, организацию незаконных парковок, самовольную установку объектов в парках, несанкционированные свалки мусора, неудовлетворительное содержание парков» [Проценко 2014]. Сообщения в СМИ и наблюдения на местах подтверждают, что город старался решать эти проблемы. Но опрос 2014 года показывает, что можно было сделать больше: 1542 респондента призвали «Наш город» вмешиваться, когда бюрократы отвечают жалобщикам, что «проблема не обнаружена». Если подобную отписку получает почти каждый шестой горожанин, обеспокоенный какой-либо проблемой, порталу есть к чему стремиться. Во всяком случае, некоторые граждане выразили готовность помочь проекту; около половины опрошенных высказали желание «лично стать волонтёрами (“народными контролерами”)» [Проценко 2014].

«Наш город» дополняет проект «Активный гражданин», стартовавший в мае 2014 года. Его основная функция — предоставление площадки для «электронных референдумов», которые рассматриваются как показатель общественного мнения в отношении конкретных проблем. Участники заполняют анкеты и получают баллы, которые можно обменять на городские услуги, например бесплатные парковочные часы, которые стали самым популярным «поощрением» (его выбрали 55,5%) [Годовой отчет 2015б].

Тогда как «Наш город» в основном имеет дело с проблемами, не вызывающими разногласий (дорожные выбоины однозначно необходимо заделывать, а мусорные контейнеры — опорожнять), «Активный гражданин» нередко консультируется с населением о том, что и как следует предпринять в ближайшем будущем. Например, москвичам было предложено выбрать один из трех проектов благоустройства Триумфальной площади — важного городского пространства на пересечении Тверской улицы с Садовым кольцом [Москвичам 2014]. Благодаря «Активному гражданину» были открыты новые автобусные маршруты [Годовой отчет 2015б]. Также людям предлагалось вносить предложения по плану экологического развития города [План 2015].

К 6 марта 2015 года на сайте «Активный гражданин» зарегистрировался 1 000 000 москвичей. В первый год работы портала в каждом голосовании участвовало не менее 270 000 человек, всего собрано более 25 000 000 мнений по различным вопросам; было проведено 580 голосований и реализовано более 250 решений [Годовой отчет 2015б]. Описание каждого опроса, с результатами голосования и сведениями о последовавших мерах, можно найти здесь: http://ag.mos.ru/results. В мае 2015 года чиновница, курирующая портал «Активный гражданин», объявила о создании отрядов волонтеров из числа общественности для контроля за выполнением решений, принятых на основе опросов [Волонтеры 2015].

Позднее, в том же 2015 году, «Активный гражданин» привлек международное внимание, став победителем ежегодной премии SABRE Awards EMEA «за высочайшие достижения в области репутационного менеджмента» в номинации «Проекты для государственных структур» в регионе Европа — Ближний Восток — Африка [Лучкина 2015]. Премия SABRE Awards, организованная агентством «The Holmes Report» (ныне «PRovoke»), претендует на звание самой престижной международной премии в сфере связей с общественностью [SABRE 2015].

«Активный гражданин» не испытывает недостатка в критике. Сообщается, что вопросы для электронных референдумов тщательно отбирают, чтобы избежать конфликтов между москвичами и мэрией; людей не опрашивают относительно крайне непопулярной «реформы» здравоохранения, закрытия школ или проблемы платных парковок [Бурлакова 2015; Журналисты 2015]. Обозреватель «Ведомостей» сетует, что «власти решили предоставить москвичам некоторую свободу самовыражения, но в самой безобидной форме» [Epple 2015]. Несмотря на все предосторожности, «народ» порой не следует прописанному сценарию: например, мэрия явно планировала снизить скорость движения автомобилей в центре до 40 км/ч, но респонденты «Активного гражданина» проголосовали против, и ограничение введено не было [Семенова 2015в].

Называть «Активный гражданин» «электронной демократией», как это делает мэрия, — преувеличение, поскольку гражданам не разрешается самим формулировать вопросы. К тому же порой вынесение проблем на обсуждение оказывалось бессмысленным. Возьмем, к примеру, опрос «Твой газон — твои правила!». По существующему регламенту городские газоны необходимо регулярно косить. Но если во дворе проголосуют не менее 150 человек и минимум 70% из них выскажутся против, газон косить не будут. К 1 сентября 2015 года было подсчитано 255 000 голосов. Но только в одном дворе количество голосовавших превысило 149, и большинство опрошенных выступали за регулярный покос. Таким образом, город завоевал народную поддержку в вопросе ухода всего лишь за одним небольшим газоном. Несколько более перспективным представляется опрос общественного мнения о том, надо ли убеждать или принуждать владельцев собак убирать за своими питомцами [Активный гражданин 2015].

«Активный гражданин» не революционный прорыв, но он может стать инструментом воздействия, подобно публичным слушаниям. Решение за москвичами. Они могут счесть портал обманом и игнорировать его. Или же принимать как есть. А могут оказать давление на власть, чтобы она сделала процесс выявления проблем открытым для общественности.

Есть еще один показатель серьезного стремления власти к укреплению контактов с общественностью, не имеющий ярко выраженного политического характера. При советском строе производительная и даже простая повседневная деятельность осложнялась несметным количеством бессмысленных препон. Обычная жизнь превращалась в скачки с препятствиями. Решение бюрократических вопросов было настоящей пыткой.

Мэрия, как и Кремль, весьма преуспела в использовании новых электронных средств для предоставления гражданам информации и возможности удобного взаимодействия с госучреждениями. Для улучшения координации деятельности государственных органов и коммуникации между государством и гражданами в 2008 году была запущена государственная программа «Информационное общество» [РАРИО 2009]. Заработал Единый портал открытых данных — всего «в России органами власти опубликовано более 5000 наборов данных» [Портал 2014]. На портале можно отыскать данные о штрафах, уплаченных застройщиками, и о 19 пешеходных зонах (по состоянию на сентябрь 2015 года), узнать, как получить бланки и оплатить счета, найти списки всех школ, библиотек, общественных туалетов и многое другое [Портал 2015].

В 2014 году «Активный гражданин» запустил голосование по программе «Моя улица», который собирал мнения горожан о проблемах, связанных с автомобилями (например, исключение парковки на тротуарах), и о предстоящих проектах. Программа включала в себя интерактивную карту, на которой были обозначены среди прочего перекрытия улиц и заторы [Подведены 2014]. Позже программа стала самостоятельной и постоянной как «сервисный центр». Сайт «Московский транспорт», по-прежнему предлагающий огромный объем информации о городском транспорте, содержит и интерактивную карту [Афанасьева 2015]. Вдобавок к этому за 10 дней до перекрытия дорог город предупреждает водителей, в том числе и через Интернет [Верховская 2014]. Также в 2015 году были открыты горячие линии для сообщений о незаконной парковке и жалоб на нарушения ПДД водителями автобусов [Линия 2015; Открылась 2015].

Хотя предоставление данных и государственных услуг в электронном виде набирает темпы по всей стране, особенно это важно в Москве. В марте 2015 года Собянин отметил, что Интернетом пользуются 8 000 000 москвичей. По словам градоначальника, москвичи обращаются за электронными госуслугами 60 000 000 раз в год, что сопоставимо с Россией [Семенова 2015б]. В 2015 году город достиг поставленной ранее цели сделать доступными все городские госуслуги, которые могут быть предоставлены в электронном виде [Годовой отчет 2015а; Госуслуги 2015].

Стремясь сделать средства сообщения более удобными для жителей, мэрия активно сотрудничает и с частным сектором. В 2014 году Москва заключила соглашение с ведущей поисковой системой России Яндекс об обмене данными о дорожных работах и ДТП [Савельева 2014]. Помимо этого в городе создан интерфейс, позволяющий жителям подавать жалобы в «Наш город» через

Яндекс [Проблемы 2014]. Наконец, в 2015 году мэр подписал соглашение с Rambler&Co — группой компаний, специализирующихся на медиа- и информационных технологиях, о предоставлении всех электронных услуг города через поисковик Рамблер [Семенова 2015б].

Явные старания городских властей облегчить гражданам повседневную жизнь и взаимодействие с государством нельзя объяснять исключительно политическим расчетом. Но, как и в случае с реформами, рассмотренными в предыдущих главах, нет никаких сомнений, что собянинская администрация пытается сократить количество поводов для недовольства. Собянин получил свой нынешний пост благодаря Путину, а значит, российский президент как минимум стремится завоевать признательность москвичей, сделав их существование менее тягостным.

Лужков без устали заявлял, что делает город удобным для жителей, но удобство это по большей части заключалось в автострадах, торгово-развлекательных комплексах и бизнес-центрах. Все свободные участки и тротуары были оккупированы машинами и гаражами. Наземный общественный транспорт стоял в заторах. Повсюду день и ночь верещали автосигнализации. Резко ухудшилось состояние парков: например, в Измайловском парке бродячие собаки напали на человека [В Измайловском 2008]. А центр города был забит автомобилями и окутан смогом, вызывавшим носовые кровотечения и сердечные приступы. И наконец, взаимодействие с городскими властями осложняла повальная коррупция.

Собянин также декларирует, что делает столицу «удобной», «комфортабельной», однако его подход заметно отличается от подхода предшественника. История борьбы нынешнего градоначальника с дорожными заторами слишком продолжительна, чтобы полностью излагать ее на страницах этой книги, однако больше всего наблюдателя поражает, что в историческом центре ныне доминируют пешеходы (а также велосипедисты и скейтбордисты, хотя и в меньшей степени), но не автомобили. Самой эффективной, хотя и самой критикуемой мерой явилось внедрение платных парковок. Но при этом мэрия создала 19 новых пешеходных зон и активно занимается организацией общественных пространств на участках, ранее предназначавшихся для строительства офисных зданий. К востоку от храма Василия Блаженного, где прежде стояла огромная гостиница «Россия», разбит парк «Зарядье», пользующийся большой популярностью. Подверглись комплексной реновации другие крупные парки, в первую очередь парк Горького. На незастроенных участках по всему городу были созданы десятки небольших местных парков и скверов.

За пределами центра нынешняя забота мэрии о благополучии горожан видна на примере уличного ландшафта. В прошлом переход улицы пешеходами зачастую напоминал штурм: люди дожидались, пока соберется большая группа, и бросались наперерез автомобильному потоку. Сегодня каждый район оснащен новыми пешеходными светофорами. Кроме того, получила распространение тактильная предупредительная разметка для незрячих пешеходов. Появились и другие удобства для маломобильных людей (например, намного больше стало пандусов), был назначен омбудсмен, курирующий процесс создания доступной для всех жителей городской среды.

Найдутся и те, кто будет сокрушаться и сетовать на то, что москвичи «продались» за льготы, удобства и развлечения, вместо того чтобы добиваться «смены режима» или глобального освобождения. Эта позиция воскрешает в памяти высказывание В. И. Ленина о том, что пролетариат никогда не преодолеет «тред-юнионистский» менталитет, если им не будет руководить авангард профессиональных революционеров. Однако «тред-юнионистский» менталитет привел к значительным улучшениям в жизни реальных рабочих. Точно так же москвичи вполне могут воспринимать благоустроенные парки, прогулочные зоны и безопасные пешеходные переходы как значительные улучшения. Какова альтернатива? Соратник Путина Собянин устроил выделенные полосы для автобусов и троллейбусов, чтобы повысить привлекательность наземного общественного транспорта. Стоит ли противникам Путина противодействовать этим усилиям, направленным на борьбу с пробками и загрязнением воздуха? Стоит ли людям, испытывающим отвращение к преступной деятельности Сталина, бойкотировать метро? Большинство москвичей слишком прагматичны, чтобы тратить время на подобные вопросы.

Впрочем, некоторые старания сделать город более удобным подверглись критике с более практической точки зрения. Один из таких примеров — попытка «озеленить» Тверскую улицу, высадив на ней деревья: активисты утверждали, что власти израсходовали впустую миллионы рублей [Activists 2013]. Также люди выражали озабоченность по поводу больших издержек на проведение разнообразных столичных празднеств и фестивалей. В 2015 году, во время рецессии, Москва потратила на День города вдвое больше, чем в 2014 году [Moscow 2015]. В мае 2015 года «Активный гражданин» выступил организатором первого Дня активного гражданина [Волонтеры 2015]. Еще один пример — фестиваль варенья в августе 2015 года, длившийся 10 дней [Пичугина 2015].

Не удались и некоторые другие городские инициативы. Например, начиная с лужковского периода периодически предпринимались попытки внедрить переработку отходов, которые снова активизировались в 2015 году, но до сих пор терпят крах [Vereykina 2015]. Еще более вопиющий провал, воспринимающийся как насмешка над принципом свободы слова, — так называемые гайд-парки. Городская власть словно говорит: свобода слова хороша в ограниченных пределах; активисты сравнили гайд-парк в Сокольниках с концлагерем [Opposition 2013]. Мало того, чтобы получить право даже на такую ограниченную «свободу слова», необходимо обратиться за разрешением. Первой заявкой на акцию в первом гайд-парке — парке Горького — стал митинг одиноких девушек [Проведение 2013]. В 2016 году на месте гайд-парка была создана Школа роллер-спорта [Школа 2016].

Курьезное явление гайд-парков служит напоминанием о том, что Собянин — человек Путина, а Москва — столица путинской России. «Любой, кто анализирует российскую политику, должен понимать, что имеет дело не с "правящей элитой" или различными "группами интересов", а с одним человеком, со всеми его достоинствами и недостатками» [Kuznetsov 2015]. Реформирование управления Москвой и попытки сделать столицу удобной — свидетельства стремления к тому, что У. Липпман впервые назвал «установлением согласия» [Липпман 2004: 239]. Москва должна волновать Путина не только из-за массовых выступлений после сфальсифицированных выборов 2011 года, но и из-за очевидной, ежедневно наблюдаемой готовности москвичей защищать места, которые им небезразличны, и отстаивать свое право на город.

> И только в условиях постоянной бдительности и критики общественных чиновников со стороны граждан государство может сохраняться в целости и не терять своей полезности [Дьюи 2002: 51–52].

Высказывание А. Когл о неких ньюйоркцах оказывается применимым и к московским инициативным группам: «Трансформируя свои пространства, участники трансформировали и самих себя: из пассивных зрителей и бесправных индивидов они превратились в активных граждан, способных коллективно (ре) формировать свой общий мир» [Kogl 2008: 126]. При изначальном полном недоверии к государству и презрении к политике москвичи стали сопротивляться стройкам, которые угрожали их домам, районам и городу в целом. Но новые методы противодействия и новые представления, судя по всему, не ведут к «революциям» наподобие тех, что произошли на Украине, в Грузии и Киргизии. По-видимому, Россия сыта революциями по горло. С другой стороны, тот факт, что градостроительный процесс в столице стал более открытым и демократичным, весьма обнадеживает. Если москвичи воспользуются новыми возможностями, которые предоставили им реформы, это будет серьезным доказательством их убежденности в том, что по крайней мере с местной властью можно договориться. Ситуация по-прежнему нестабильна, однако можно надеяться, что приверженность российской столицы к честному сотрудничеству между гражданами и государством окажет заметное влияние на политический уклад всей страны.

Послесловие

В январе 2016 года, в то время как я завершал работу над текстом этой книги, Россия погрузилась в очередной экономический кризис. Многие наблюдатели за рубежом и в самой стране на протяжении многих лет предупреждали, что российская экономика нуждается в реструктуризации, чтобы уменьшить зависимость от экспорта энергоносителей и одновременно простимулировать рост в таких интеллектуальных секторах, как информационные, био- и нанотехнологии. Кое-какие робкие шаги в этом направлении были предприняты, однако в целом путинский режим, чтобы спасти положение, сделал ставку на «поворот к Азии», основанный все на том же экспорте сырья.

«Поворот к Азии» можно датировать сентябрем 2012 года, когда во Владивостоке состоялась ежегодная встреча «лидеров экономик» форума АТЭС (Азиатско-Тихоокеанского экономического сотрудничества) [Kuchins 2014]. Но ориентация на Восток заметно усилилась в 2014 году, когда после аннексии Крыма и интервенции на Украину западные страны ввели экономические санкции против России. Одновременно с резким падением цен на нефть ухудшились и перспективы получения валютных займов и западных инвестиций. В 2014 году начала падать стоимость рубля: если с момента прихода Путина к власти в 2000 году она колебалась на уровне 30 рублей за 1 доллар, то в январе 2016 года доллар стоил почти 80 рублей.

Вероятно, поворот к Азии следовало инициировать гораздо раньше, поскольку в течение многих лет крупнейшим в мире потребителем сырья, которым торговала Россия, был Китай. Но экспорт сырьевых ресурсов требует инфраструктуры, которую нельзя построить в одночасье. По мере замедления китайской экономики все глубже погружалась в рецессию и Россия. Потребность Китая в российском сырье уменьшилась, и доверие китайских инвесторов пошатнулось. При самом оптимистичном раскладе стоимость отложенных проектов превышает 100 000 000 000 долларов [Russia 2015]. Общий товарооборот между Россией и Китаем в 2015 году снизился на 27,8%, и составил 64 200 000 000 долларов, что значительно ниже намеченной планки в 100 000 000 000 долларов [Inozemtsev 2015; Trade 2016].

Словом, Россию может спасти лишь резкий и устойчивый рост цен на нефть. Нефтяные доходы составляют половину государственного бюджета. В январе 2016 года министр финансов А. Г. Силуанов заявил, что российский бюджет балансируется при средней цене 82 доллара за баррель нефти, но в это же самое время цена упала почти до 30 долларов за баррель. Если средняя цена за баррель в течение года составит меньше 40 долларов, Россия исчерпает свой резервный фонд — копилку, которая не дала превратиться в катастрофу нынешнему кризису [Hobson 2016; Russia 2016].

Московская мэрия отреагировала на кризис с напускным спокойствием. Власти заявили, что корректировать городской бюджет не нужно, так как по структуре доходов он сильно отличается от федерального [Москва 2016]. И все же столица явно пострадала от экономического спада. Например, в четвертом квартале 2015 года пустовало более 20% московских офисов [Многие 2015]. В 2015 году доля простаивавших бизнес-площадей в «Москва-Сити» достигла 45% [Skove 2015]. Тем не менее власти взяли на вооружение лозунг «Полный вперед!». Например, в 2016 году Москва планировала запустить 14 новых станций метро — на одну больше, чем открыл Сталин в 1935 году, и намного больше, чем было открыто в любой другой год [Планируется 2016]. Достигнуть этой цели было немыслимо: одна только «новая» (почти достроенная 40 с лишним лет назад и впоследствии «замороженная») станция метро «Спартак» неглубокого заложения обошлась более чем в миллиард долларов [Швенк 2013; Власти 2013]. По сути, частные инвестиции испарились: например, китайские девелоперы, согласившиеся построить отрезок линии метро на юго-западе Москвы, который бы обошелся примерно в 2 000 000 000 долларов, в 2014 году «отложили» проект из-за ухудшения экономического прогноза [Panin 2014][1].

Рецессия — национальная проблема, и поэтому городское правительство не может справиться с ней в одиночку. Програм-

---

[1] Я сильно недооценил возможности города по расширению метрополитена. Всего за четыре года, в 2017–2020 годах, открылось 36 новых станций метро. Кроме того, в 2016 году в столице закончилась реструктуризация старой грузовой железной дороги и появилась новая пассажирская линия — Московское центральное кольцо. Также в 2019 году город завершил проект по подключению пригородных линий к еще одной новой сети — Московским центральным диаметрам.

ма мэра по созданию комфортной и удобной Москвы неизбежно будет урезана из-за сокращения бюджета. Столица, скорее всего, справится с экономическим кризисом лучше, чем большинство российских регионов, благодаря умелому руководству, а главное — доминирующему положению в стране; ресурсов у нее хватит с лихвой. Но разочарованный человек не всегда находит утешение в том, что другим приходится еще хуже. Новый российский средний класс, прекрасно представленный в Москве, в целом мирится с новым путинским авторитаризмом, поскольку тот внушил людям чувство безопасности и совпал со всеобщим повышением благосостояния. Но сейчас люди ожидают ухудшения [Half 2016].

Геополитические «гамбиты» Путина, в красках расписанные послушным российским телевидением, которое всячески раздувает патриотические чувства, сумели увеличить поддержку власти народом. Однако эти действия привели к дополнительным расходам, равно как и помощь Приднестровью, Абхазии и Южной Осетии: на последние три «квазигосударства», а также на Крым Россия тратит ежегодно около 7 000 000 000 долларов из бюджета в 206 000 000 000 долларов [Crimea 2015; Statelets 2015]. Кроме того, приходится финансировать негласное военное присутствие на востоке Украины и военную интервенцию в Сирию. При этом реальные доходы россиян в 2015 году снизились на 9,5% [Russians 2016].

И без того негативный политический климат неуклонно ухудшается. От мифа, что три «потемкинские партии»[2], заседающие в Думе наряду с «партией власти», якобы являются оппозицией, давно отказались. Теперь они открыто именуются «системными». К реальной оппозиции в последнее время применяется термин «внесистемная». Трудно найти более яркий пример политического изолирования. Близкий соратник Путина и правитель Чечни Р. А. Кадыров назвал «внесистемных» оппозиционеров, помимо прочего, «врагами народа» [Кадыров 2016]. Когда провокационный выпад Кадырова был подвергнут суровой критике, едино-

---

[2] Термин предложен моей женой Патрисией Кериг в ходе частной беседы.

россы поспешили поддержать чеченского лидера как «патриота России» [Галимова и др. 2016].

Возможно, подобный неосоветский дискурс найдет отклик в медленно умирающих селах и провинциальных моногородах, но Москва, Петербург и другие мегаполисы вряд ли поддержат возрождение советской «охоты на ведьм». В крупных городах недостатки и изъяны режима заметны тысячам человек; многие из горожан уже отстаивали свои права и зачастую побеждали. Жаль, что путинский режим, вопреки Марксу, похоже, решил повторить историю в виде трагедии. Впервые в истории России появилось много истинных граждан — людей, готовых при необходимости противостоять действиям властей или, когда это возможно, сотрудничать с ними в осуществлении реформ и улучшении условий повседневной жизни. Руководитель-прагматик охотно пошел бы им навстречу. Но, боюсь, вместо этого активисты, как и все остальное население, окажутся перед ужасным выбором: смириться с тиранией, не способной затормозить упадок страны, или развязать бунт и погрузиться в хаос насилия.

Приложение

Немного об АСТ и прочих вещах

Я расхожусь с Б. Латуром по поводу его настоятельного требования считать «акторами» неодушевленные вещи, что является базовой установкой АСТ. Возможно, именно этот аспект АСТ известен лучше всего, поэтому представляется уместным дать некоторое разъяснение. Латур утверждает, что акторы — это все, что «имеет значение». Некогда примерно в том же ключе писал о вещах Дж. Дьюи:

> Рассуждения о том, что электроны и атомы способны выказывать предпочтение и уж тем более предвзятость, могут показаться абсурдными. Но это ощущение абсурдности возникает лишь из-за употребленных слов. Суть же в том, что электроны и атомы обладают некой непроницаемой и непреодолимой индивидуальностью, которая проявляется в том, чтó они делают; в том, что они ведут себя именно таким, а не каким-либо иным образом [Dewey 1993: 138].

Иногда слова, употребляемые учеными-АСТистами, также звучат абсурдно. Вместо того чтобы рассматривать неодушевленные предметы как акторов, можно было бы применить менее провокационный и более продуктивный подход и пересмотреть концепцию власти. «То, что имеет значение» звучит как некая разновидность власти. В течение нескольких десятилетий на двух аспектах власти (*power*) — *power over* (власть над) и *power to* (власть / способность к) — было сосредоточено множество дискуссий [Göhler 2009; Pred 1981a; Wrong 1979]. И *power to*, и *power over* имеют ассоциации: власть *делать что-то* и власть над *кем-*

то явно возникают в пространственно-временных контекстах [Allen 2008]. Вероятно, мы могли бы рассматривать *бытие* как «власть (способность) наличествовать» (*power of presence*), то есть третье измерение власти. Власть наличествовать подразумевает конкретные свойства, которые делают вещь тем, что она есть, но также и определенную пространственно-временную траекторию ассоциаций. Власть наличествовать — это свойство всего, и одушевленного и неодушевленного, но вещи неодушевленные не могут проявлять инициативу в использовании своих возможностей. Они действительно «имеют значение», как настаивает Латур, но сами не «действуют», поскольку должны приводиться в действие физическими силами или одушевленными существами. Разумеется, в наше время существуют вещи очень сложные — такие, как компьютеры и роботы. Возможно, когда-нибудь они обретут самостоятельность и начнут переделывать мир под себя. Но сегодня они пока еще наши инструменты. «Власть к» и «власть над» могут реализовывать лишь живые существа, хотя ни то ни другое не было бы возможно, если бы не специфическое присутствие вещей. Смысл в том, что вещь — это то, что она есть, даже если о ней можно сказать, что она представляет, демонстрирует или воспроизводит что-то другое.

> В описании причинных следствий мы все равно должны исходить из сущностей — вещей, которые индивидуально и уникально являются именно тем, что они есть. Тот факт, что мы можем формулировать изменения, происходящие благодаря определенным однородностям и закономерностям, не устраняет этого изначального элемента индивидуальности, предпочтения и предвзятости. Напротив, формулирование законов предполагает именно эту способность. Мы не можем избежать этого факта, если будем пытаться трактовать каждую вещь как следствие других вещей. Это прямо-таки впихивает индивидуальность в те, другие вещи [Dewey 1993: 138].

Должны ли мы далее дать определение понятию «вещь»? Не думаю, что для исследования обустройства среды обитания подобное определение необходимо. Мы можем обойтись без

М. Хайдеггера и теории вещей [Brown 2001]. Дьюи утверждал, что философия не нуждается в разработке теории реальности, потому что «"реальность" — это *обозначающий* термин, слово, употребляемое для беспристрастного обозначения всего, что происходит» [Dewey 1993: 2]. Важно то, что вещи в ассоциации с другими вещами не просто существуют, но *происходят*. Дьюи интересовали последствия происходящих вещей — он выступал за систематическое изучение возможных последствий с целью выявления оптимальных исходов.

Мы можем быть уверены, что завтра произойдут вещи, которые сегодня неизвестны или не выявлены. И разумеется, отличить одну вещь от другой иногда бывает трудновато. Однако на практике люди и другие животные постоянно выявляют вещи и вводят их в действие. Действие — это динамические взаимоотношения (или ассоциации, на языке АСТ) между живыми существами и вещами. «Наука не занимается индивидуальностями вещей. Она занимается их *взаимоотношениями*» [Dewey 1993: 138].

Большие «вещи», такие как общество и демократия, нельзя просто вывести из приписанных им последствий. Скорее, их нужно рассматривать в качестве комбинаций ассоциаций, связывающих несоизмеримости, — как агенты, обладающие волей, так и неодушевленные вещи. Липпман размышлял на эту тему в 1920-е годы: «Логический подлесок исчезнет, если мы будем считать общество наименованием не вещи, а всех урегулирований между индивидами и их вещами» [Lippmann 2009: 161].

Нет необходимости заниматься интеллектуальной пересборкой каждой вещи или комбинации вещей. Латур признает, что «было бы глупым педантизмом» воздерживаться от употребления понятий традиционной социальной науки как «удобного условного обозначения всех компонентов, уже *принятых* в коллективном пространстве» [Латур 2014: 24]. Однако всегда существует риск забыть, что «условные обозначения» упрощают сложные меняющиеся реальности. И зачастую первые затемняют смысл последних, как утверждает Латур: «Но в ситуациях, когда во множестве возникают инновации, границы между группами становятся неопределенными, а ряд сущностей, которые необходимо принять в расчет, неустойчив... последним делом было бы заранее ограничить форму, размеры, гетерогенность и сочетаемость связей» [Латур 2014: 24–25]. Иными словами, нам нужны, как выразился М. Манн, «понятия, пригодные для работы с беспорядком» [Манн 2018: 32]. В постсоветской Москве во время переходного периода к неизвестному будущему был большой беспорядок — она легко удовлетворяет латуровским критериям выбора подхода, при котором как можно меньше вещей будут восприниматься как данность.

Послесловие
к русскому изданию

Невозможно рассказать здесь в двух словах, что произошло за последние пять лет со всеми акторами вышеизложенного повествования. Однако краткие сведения о них, вероятно, будут интересны. После этого мне бы хотелось обратиться к основным аспектам современного состояния активизма / гражданского общества и градостроительства в Москве.

А. А. Навальный, впервые упомянутый в настоящем исследовании в качестве исполнительного секретаря Комитета защиты москвичей в связи с событиями 2007 года, с тех пор превратился в политического деятеля общенационального масштаба, и ныне его знают во всем мире. В данный момент он находится в тюремном заключении. Архнадзор за пределами Москвы, возможно, не пользуется той же известностью, что Навальный, но эта организация остается главным защитником столичного культурного наследия. Тем не менее в 2020 году ей не удалось спасти 23 исторических здания [В 2020 году 2020]. С другой стороны, в тот же период город занимался восстановлением около 500 объектов культурного наследия и около 200 из них рассчитывал завершить к концу года [Жуков 2020]. Однако программа «1 рубль за 1 квадратный метр» не внесла существенного вклада в сохранение памятников архитектуры. С момента ее запуска в 2012 году были полностью отреставрированы всего 19 зданий [Программа 2020]. Несмотря на это, московская мэрия продолжает ее продвигать: по сообщениям СМИ, в голосовании за лучший проект реставрации по программе «рубль за метр» на портале «Активный гражданин» приняли участие 200 000 москвичей [Мелешенко 2020].

«Активный гражданин» и «Наш город» в целом сохранили прежний вид и функции, о которых шла речь в «Заключении»; к ним добавилась лишь краудсорсинговая платформа «Город идей» (https://crowd.mos.ru). В то время как «Наш город» выполняет роль электронной жалобной книги, «Город идей» призывает горожан вносить свои предложения. Все три портала работают с общественным мнением, но в рамках строгих ограничений. «Наш город» и «Город идей» способны привести к положительным изменениям в московских районах в том случае, если власти действительно будут отрабатывать жалобы и предложения. Но «Активный гражданин» как будто стремится заменить собой публичное пространство, а не расширить его, о чем свидетельствует насмешливое переиначивание его названия активистами: «Фиктивный гражданин». По словам московского муниципального депутата, «все меньше остается пространства, где реальные жители могут высказывать свое мнение относительно городских проектов и при этом смотреть в глаза чиновникам» [Кадашова 2018].

Недавно организованное ответвление «Активного гражданина» — «Электронный дом» — породило новые опасения. На сайте https://ed.mos.ru этот проект провозглашается «платформой для взаимодействия жителей и управляющих организаций». Однако характер «взаимодействия с управляющими организациями» отнюдь не прозрачен, как объяснила недавно независимый муниципальный депутат Н. Л. Загордан [Загордан 2021]. Существует вероятность того, что самоорганизовавшиеся жители должны будут подчиняться «администратору», роль которого, скорее всего, будет исполнять местное бюджетное жилищное учреждение. Кроме того, «собственники никогда не смогут проверить правильность подсчета голосов». В программе реновации, о которой речь пойдет ниже, «Электронный дом» вполне может быть использован для фальсификации голосования, чтобы переселять жителей против их воли.

В этой книге я обосновал важность проведения публичных слушаний до начала реализации градопреобразующих проектов. Впоследствии стало совершенно ясно, что власти продолжают бороться с этой институцией, как заключил К. Фролих в недавней статье: «Хотя официально московское законодательство требует, чтобы решения принимались с учетом интересов общества, муниципальные власти продолжают делать все возможное, чтобы исключить горожан из этого процесса» [Fröhlich 2020: 198]. Далее автор статьи, основываясь на исследовании, проведенном в 2014 году, отмечает, что «городские активисты Москвы, создающие альтернативную публичную сферу, продолжают отделять себя от сферы, контролируемой государством, давая возможность развиваться солидарности и новым коллективным идентичностям» [Fröhlich 2020: 199]. Тем не менее после муниципальных выборов 2017 года Я. Гороховская [Gorokhovskaia 2018] исследовала «небольшую электоральную революцию в Москве», в результате которой многие местные активисты заняли посты муниципальных депутатов, войдя таким образом в «сферу, контролируемую государством». На самом деле оба подхода следует рассматривать как взаимодополняющие, а не взаимоисключающие.

Ясно также, что ни одна из форм борьбы за свои права, будь то самоорганизация вне государства или использование полномочий муниципального депутата, не приветствуется режимом. Если муниципальный депутат Загордан права, то московские власти создали «Электронный дом» для того, чтобы воспользоваться самоорганизацией жителей в своих целях. Сама Загордан может использовать свое положение для поддержки инициатив граждан, однако сталкивается с серьезными препятствиями. Например, ее не пустили на экспозицию к публичным слушаниям по готовящейся реновации в ее собственном районе [Кадашова 2019]. Мало того, в июле 2018 года неизвестные повредили машину Загордан: «разбили стекло и залили салон какой-то бесцветной жидкостью». В сентябре того же года она вернулась домой и обнаружила перед дверью в квартиру свиную голову с воткнутым в нее ножом. Еще одна свиная голова с торчащим ножом была оставлена у квартиры ее пожилой матери [Шоладеми 2018].

На уровне политической элиты до сих пор сохраняется имманентное недоверие к самоорганизации граждан — тоталитарная черта политической культуры. Ее корни уходят в глубь веков, к древнерусскому периоду с его основополагающим принципом всеобщего подчинения государственной власти. То, что эта тенденция ограничивается, во многом заслуга самих граждан. Благодаря их усилиям протесты на местах теперь также являются частью политической культуры. Но большую роль играет и главный исторический вклад Путина в российский авторитаризм, с вплетением современного популизма [Busygina 2016; Fish 2017; Robertson, Greene 2017].

Здесь не место пространным теоретическим рассуждениям о роли путинского популизма. Но эту тему хорошо иллюстрируют два недавних примера. Первый — *мусорный кризис*, за которым последовала *мусорная реформа*, — показывает, что путинская система вмешивается в проблему, когда местный протест перерастает в общероссийский. Второй — *реновация* — не только наглядно демонстрирует путинский популизм, но и поднимает вопрос о градостроительной стратегии России.

«Мусорный кризис» спровоцировали твердые бытовые отходы из Москвы. Санкционированные и несанкционированные свалки столичного мусора десятилетиями загрязняли Московскую область. Возмущенные граждане искали справедливости через «официальные каналы», но мусорный бизнес приносит операторам по вывозу и утилизации отходов и местным чиновникам большие прибыли. Время от времени Путин уделял внимание этой проблеме, но в конечном счете решил, что к ней необходим системный подход в национальном масштабе. В 2018 году «мусорные бунты» в Московской области заметно усилились и перекинулись на другие регионы. Протест на железнодорожной станции Шиес в Архангельской области, где планировалось создание огромного мусорного полигона для московских отходов, вызвал интерес и сочувствие во всей России. Когда волна протестов распространилась по стране, Путин лично заявил о справедливости народного возмущения и запуске общенациональной программы по решению этой проблемы 1 января 2019 года.

В настоящее время, спустя два с лишним года, результаты малозаметны. С одной стороны, власти (то есть разнообразные ведомства, в той или иной степени подконтрольные вице-премьеру В. В. Абрамченко) пытаются применить подход «расширенная ответственность производителя», используемый в ЕС уже более 20 лет, к совершенно иному российскому контексту. В то же время Государственная корпорация «Ростех» под руководством личного друга Путина и бывшего офицера КГБ С. В. Чемезова пытается «решить проблему», построив 25 огромных мусоросжигательных заводов. Таким образом, «мусорная реформа» явилась одним из сражений в масштабной борьбе между «технократами» и силовиками за доминирование в правительстве. Оба потенциальных решения носят административно-командный характер. Что касается общественности, то власти просто стремятся задобрить граждан, ограничивая тарифы на вывоз мусора для домохозяйств [Argenbright 2021]. Высказывание Г. Г. Бовта по поводу реновации в равной степени справедливо и по отношению к «мусорной реформе»: подобный популистский авторитаризм — «путь "осчастливливания сверху", подразумевающий, что "мы сами знаем, как вам лучше"» [Бовт 2017].

Полемика по поводу реновации, пожалуй, еще более наглядный пример, поскольку она касается не только протестов, связанных с городской застройкой, но и стратегии градостроительства и экономического развития. История, которую я изложил в книге, началась с лужковского градостроительства, которое в первые постсоветские годы стало для города средством не просто выживания, но и процветания. Однако торопливый, сумбурный подход Ю. М. Лужкова повредил ткань города и вызвал волны возмущения. С. С. Собянин избрал другую тактику, однако в центре ее осталось градостроительство. Для начала, действуя совместно с тогдашним президентом Д. А. Медведевым, Собянин запустил проект «Новая Москва» — огромный «чистый лист» практически безграничных возможностей для застройки. Возникли помехи: расстояния, затраты на создание инфраструктуры с нуля и вмененные потери для федерального правительства [Argenbright 2018]. «Новая Москва» до сих пор строится, но Собянин и бóльшая часть строительного комплекса вновь сосредоточились на «старой» Москве: на конверсии промышленных предприятий, масштабном сооружении транспортной инфраструктуры и реновации.

21 февраля 2017 года состоялась встреча Собянина с В. В. Путиным, получившая широкую огласку. Собянин утверждал, что снос тысяч хрущевок и расселение жильцов необходимы из-за «некомфортности» этих зданий. Город может финансировать эту программу, но хочет получить «законодательные преференции, упрощающие комплексную реконструкцию» [Воронов 2017а]. Путин ответил в популистском ключе: «Я знаю настроение и ожидания москвичей. Ожидания связаны с тем, чтобы эти дома снести и на их месте новое жилье построить» [Чевтаева 2017]. Как выразился архитектор Е. В. Асс, «они снова все решили за нас» [Cichowlas 2017].

«Упрощение» означало лишение жителей законного права на сопротивление. Одна из норм законопроекта вынуждала жильцов предназначенной к сносу хрущевки в течение 60 дней согласиться на переселение — в противном случае они столкнутся с возможной потерей права собственности, а также права на получение нового жилья в своем районе. Тотчас вспыхнуло протестное движение, привлекшее внимание федеральных и мировых СМИ [MacFarquhar 2017]. 26 апреля Путин дистанцировался от реновации, заверив, что «не подпишет закон о реновации… если тот будет нарушать права граждан на собственность» [Воронов 2017б]. В законопроект было внесено более 100 поправок. Основная уступка заключалась в том, что за переселение должны были проголосовать две трети жильцов дома. Власти различными способами подтасовывали голосование [Варум 2020], однако жители 452 домов все же отказались от переселения [Evans 2018]. Тем не менее на снос было обречено более 5000 зданий.

Многие сопротивлялись переселению в предназначенное для них жилье, жалуясь на то, что их ввели в заблуждение относительно габаритов и месторасположения квартиры, или на низкое качество постройки [Бутузова 2020]. С точки зрения градостроительства проблемы отдельных лиц отодвигаются на задний план пробуждающимся осознанием того, что реновация угрожает снизить пригодность города для жизни из-за чрезмерной концентрации высотных зданий и населения. Собянин заверил общественность, что высотность новых зданий будет составлять

6–14 этажей. На деле же высота многих, если не большинства, домов превысит 14 этажей [Ляув 2019]. Оппозиционный муниципальный депутат Д. С. Барановский обнаружил, что в проектах планировки, прошедших публичные слушания в 2019 году, всего 20% жилых домов были не выше 14 этажей, в то время как 44,4% имели 22 и более этажа [Барановский 2020].

Город пытается возместить затраты на реновацию жилья путем привлечения частных инвестиций. Таким образом, чтобы застройщик имел в своем распоряжении достаточно квартир для продажи, нужно построить гораздо больше жилья, чем необходимо для жильцов расселяемых хрущевок. По оценкам города, переселяемым людям — примерно миллиону человек — потребуется 17–18 млн м^2 жилья; еще 15 млн м^2 будет построено на продажу, чтобы окупить проект. Данная оценка представляется заниженной. Попросту не получается, чтобы застройщики построили 32–33 млн м^2, продали по рыночным ценам чуть меньше половины и получили прибыль. Если рыночные цены настолько высоки, то застройщики, не участвующие в программе реновации, получают гигантскую прибыль, то есть более половины цены реализации. Или же город предложит застройщикам, причастным к реновации, значительные субсидии [Argenbright 2018].

Важен вопрос и о покупателях этой новой недвижимости. Откуда они возьмутся? Если мы примем сомнительную оценку города, 15 млн м^2 жилых площадей — и на продажу будет выставлен объем жилых площадей, равный тому, что предназначен для переселенцев из хрущевок, — то эти квартиры обеспечат жильем 800–900 тыс. человек. По мнению некоторых экспертов, эта оценка чрезвычайно занижена. Например, в 2017 году Г. И. Ревзин из Института медиа, архитектуры и дизайна «Стрелка» предсказал, что реновация приведет к увеличению населения Москвы на 4 000 000 человек. Собянин назвал этот прогноз «бредом» и предложил свою оценку: 500 000 новых жителей [Полетаев и др. 2018]. Позднее в том же году Союз московских архитекторов предположил, что в результате реновации в столице появится 3 000 000 новых жителей [Московские архитекторы 2017]. В феврале 2018 года Собянин отреагировал на другой прогноз — прирост населения на 1 500 000 человек, назвав его «полной ерундой» и заявив, что он не ожидает «вообще никакого увеличения» [Полетаев и др. 2018]. Кажется маловероятным, что новое жилье купят 1 000 000 или более москвичей, но, если они это сделают, куда денутся тысячи домов, которые они освободят?

Можно заподозрить, что на самом деле не коммерческое жилье является способом оплаты реновации, а, напротив, реновация была способом получения согласия общественности на масштабную программу редевелопмента [Воронов 2019]. Теперь, когда реновация, получившая более привлекательное название «Комплексное развитие территорий» (КРТ), стала национальной программой, эта версия представляется вполне правдоподобной. Если эту программу будут активно проводить в жизнь, что весьма вероятно, поскольку она является главным драйвером путинского национального проекта «Жилье и городская среда», КРТ принесет с собой еще более кардинальные преобразования, чем московская реновация: ведь оно не ограничивается хрущевками или ветхими зданиями [Велесевич 2020]. Чтобы освободить место для «комплексного развития», с лица земли могут быть стерты целые районы. Этот радикальный подход был не единственной альтернативой: например, одна петербургская архитектурная фирма выдвинула стратегию, предполагающую реконструкцию существующих сооружений и гораздо более избирательную застройку [Голубева и др. 2019]. Но такой подход обязательно должен будет в гораздо большей степени учитывать локальные особенности, включая, вероятно, местное общественное мнение.

Для полной реализации КРТ по всей стране существуют базовые ограничения. Экономика в целом стагнирует, а располагаемые личные доходы населения не растут уже восемь лет. По состоянию на 1 января 2021 года россияне в среднем тратили 11,7% своего дохода на выплаты по кредитам, установив, таким образом, новый рекорд [Кошкина 2021]. Как люди будут платить рыночную цену за миллионы новых квартир, которые предстоит продать, чтобы покрыть расходы на переселение жильцов снесенных домов?

И опять же, откуда возьмутся эти покупатели жилья? Население России не растет; смертность превышала рождаемость практически ежегодно, а не только в «коронавирусном» 2020 году. Не прибудут новые покупатели и из-за рубежа. Как государственная политика, так и общественное мнение, включая Навального, выступают против увеличения притока мигрантов. Наконец, в России нет избытка сельского населения, за исключением Северо-Кавказского региона, жители которого в российских городах едва ли желаннее иностранцев.

Если финансирование КРТ должно зависеть от коммерческой недвижимости, ее покупатели прибудут из российских городов. Можно представить себе, что активные, состоятельные люди будут подниматься по городской иерархии, переселяясь в более крупные города, где благодаря КРТ создано качественное жилье и комфортабельные жилые районы. Но как быть с городами, находящимися внизу иерархии? До тех пор, пока КРТ полагается на частные инвестиции и коммерческое жилье, многие городские поселения, вероятно большинство, будут малоперспективными. В частности, что станет с моногородами? В этом отношении на помощь приходит путинский популизм, поскольку он предлагает программы поддержки моногородов, позволяющие его жителям оставаться на родине [Латухина 2020]. Государство не сможет финансировать КРТ по всей стране — разве только цены на нефть достигнут рекордного уровня и продержатся на нем много лет. Необходимо где-то брать приобретателей квартир, а это означает, что какие-то населенные пункты неизбежно опустеют. Данная проблема представляется неразрешимой, если только Кремль не наколдует новых покупателей жилья.

Однако в некоторых больших городах местные чиновники и застройщики найдут КРТ очень выгодным. Как объяснил недавно генеральный директор крупной екатеринбургской строительной фирмы, главное препятствие — это собственники квартир. «Нежелание одного собственника идти на контакт или его стремление запросить за свою собственность сумму, в разы превышающую рыночную, размывает сроки реализации проекта, вынуждает девелопера обращаться в суды, а иногда становится причиной для корректировки проекта и исключения из него территории, собственник которой не идет на контакт» [Луткова 2020].

КРТ исключает возможность того, что один или несколько собственников жилья могут задержать реализацию проекта, как было во время московской реновации. Кроме того, закон о КРТ требует, чтобы две трети жителей здания согласились на переселение до того, как здание, возможно, запланируют к сносу [Велесевич 2020]. В настоящее время группы собственников могут самоорганизовываться и оказывать давление на местную власть, чтобы изменять проекты застройки, например сокращать этажность здания. Однако новая программа федерального правительства может уменьшить такую возможность. В 2020 году был введен в действие новый механизм — Соглашение о защите и поощрении капиталовложений (СЗПК). Крупный застройщик может заключать СЗПК с федеральными властями, если последние сочтут его проект достойным. Помимо этого, СЗПК защищает строителей от изменения условий сделки местными органами власти и гарантирует частичное или полное возмещение затрат на инфраструктуру [Объем 2020; Галиева 2021]. В то время как КРТ делегирует значительные полномочия городским властям, СЗПК возвращает местную застройку в ведение центра.

КРТ может спровоцировать противодействие во многих местах. Местные чиновники за пределами столицы вряд ли будут соблюдать правила привлечения общественности строже, чем московская бюрократия. «Мусорный кризис» и другие события показали, что общероссийская «культура протеста» существует: когда граждане чувствуют себя несправедливо ущемленными, а официальные каналы оказываются бесполезными, люди точно знают, что делать — не только в крупных городах, но и по всей стране. Примеров этого на сайте «7 x 7. Горизонтальная Россия» предостаточно (https://7x7-journal.ru).

Но в конечном счете, какое значение имеет наличие «культуры протеста»? Означает ли оно, что гражданское общество в том виде, как оно понимается западной политической теорией, в России уже сформировалось? Является ли оно предвестником смены режима?

Или социальные протесты следует считать частью путинизма? То есть протесты, возможно, выполняют функцию дымовых пожарных извещателей, будучи институтом, который способствует самовоспроизводству режима, указывая ему варианты технократических реформ, предупреждающих более радикальные изменения.

В настоящее время неясно, какое из этих альтернативных описаний точнее соответствует действительности. Однако представления о важности социальных протестов для воспроизводства авторитаризма, кажется, хорошо приложимы к китайской действительности.

Си Чэнь назвал это явление «полемическим авторитаризмом»:

> Социальные протесты в Китае лучше всего понимать как напряженный торг... С помощью протестов многим социальным группам удалось оказать давление на процесс принятия политических решений и, следовательно, в какой -то степени улучшить свое положение. Когда их притязания частично инкорпорированы в политическую систему, а политический исход более или менее приемлем, вероятность антисистемных действий, таких как восстания и революции, заметно снижается [Chen 2014: 207].

Подобным образом и К. Хёрлин пишет о «восприимчивом авторитаризме», имея в виду

> режим, который, работая на опережение, внимательно наблюдает за гражданским противодействием государственной политике и избирательно реагирует на политические изменения, когда оппозиция, по его оценке, распространяется особенно широко. Более того, восприимчивость призвана укреплять государство и препятствовать развитию революционной оппозиции и вовсе не является признаком слабости государства [Heurlin 2016: 3].

В России социальные протесты происходят ежедневно. По сути, в Москве протесты есть всегда: российское информационное агентство «FederalCity» каждую пятницу публикует «Карту протестной активности». За неделю 19–25 марта 2021 года оно насчитало в Большой Москве 13 выступлений [Карта 2021]. «Мусорные протесты» распространились по всей стране. Но на данный момент главный результат, несмотря на отдельные победы, по-видимому, состоит в том, что теперь власти более умело избегают протестов: они препятствуют участию граждан и манипулируют общественным мнением или, в случае необходимости, идут на определенные уступки. С другой стороны, судя по некоторым признакам, «технократы» вроде Собянина и Абрамченко склоняются к тому, чтобы расширять диалог с пострадавшими группами, иногда с включением общественности, прежде чем будут приняты политические меры. Они могут «приоткрывать дверь», чтобы усилить свою способность манипулировать общественностью, но последняя, как и в случае с публичными слушаниями, должна пользоваться этими послаблениями. Диалог по самой своей природе не может полностью контролироваться одним из его участников.

Выражение Дж. Скотта «ви́дение государства» по праву стало знаменитым. Существенной частью этой концепции является идея о том, что государство может *не увидеть* возможных негативных последствий из-за неоправданной уверенности в себе. Такое государство видит скорее не реальный мир, а отражение собственных желаний и страхов. Лужковская градостроительная программа осуществлялась так, будто люди не имели никакого значения. Проект «Новая Москва» был предпринят с полнейшим пренебрежением к мнению экспертов, рыночным силам и бюджетным ограничениям. Единственным решением «мусорного кризиса», которое пришло на ум руководству, было создание «универсальной» национальной программы под непосредственным контролем Кремля. Столичная реновация, какими бы проблемами она ни сопровождалась, может в той или иной степени достичь результатов, поскольку активные, относительно состоятельные люди стремятся переехать в Москву. Но в целом по России расселение хрущевок — игра на выбывание: выигрыш одного города означает поражение другого. Общенациональная программа, зависящая от привлечения покупателей жилья во все города, обречена на провал.

У меня нет хрустального шара. Но я предполагаю, что, приняв решение управлять социальными протестами, вместо того чтобы привлекать общество к сотрудничеству, режим из-за собственного высокомерия по-прежнему будет *не видеть* и не преуспеет. Самонадеянное «Мы сами знаем, как вам лучше» без доказательств и поддержки населения приводит к программным сбоям. «Мусорная реформа» за два с лишним года практически не дала результатов. КРТ в его нынешнем виде как общенациональная программа не сможет показать свою эффективность. Эти две крупные программы лишь компоненты гораздо более масштабных национальных проектов, развернутых лично Путиным с целью преобразования России. Вполне возможно, что, если эти нацпроекты не помогут Кремлю выполнить свои обещания, участники социальных протестов сделают вывод: «Они не знают, как нам лучше» — и возьмут дело в свои руки.

Я хотел бы выразить благодарность издательству «Academic Studies Press», в частности редактору по правам Дарье Немцовой, за выбор моей книги, а также ответственному редактору Ирине Знаешевой за руководство процессом. Кроме того, я благодарен переводчику Анастасии Рудаковой за исключительно добросовестную работу. Работать с ней было и приятно, и познавательно.

Библиография

Барановский 2020 — Барановский Д. Дома до 14 этажей составляют всего 20% домов программы реновации // Журнал муниципального депутата Барановского Дмитрия, Северное Измайлово [Электрон. ресурс]. 2020. 3 января. URL: https://sev-izm.livejournal.com/?skip=20 (дата обращения: 01.04.2021).

Бовт 2017 — Бовт Г. Пятиэтажная неожиданность // Газета.ru [Электрон. ресурс]. 2017. 27 февраля. URL: https://www.gazeta.ru/comments/column/bovt/10546121.shtml (дата обращения: 01.04.2021).

Бутузова 2020 — Бутузова Л. Всем кварталом — против обмана: как москвичи добились обещанных Собяниным квартир // Новые известия

[Электрон. ресурс]. 2020. 25 октября. URL: https://newizv.ru/news/city/25-10-2020/vsem-kvartalom-protiv-obmana-kak-moskvichi-dobilis-obeschannyh-sobyaninym-kvartir (дата обращения: 01.04.2021).

В 2020 году 2020 — В 2020 году в Москве снесли 23 исторических здания // Newsru.com [Электрон. ресурс]. 2020. 9 декабря. URL: https://www.newsru.com/realty/09dec2020/mos_snos_2020.html (дата обращения: 01.04.2021).

Варум 2020 — Варум Р. «Открытые медиа» обнаружили фабрику поддельных подписей за реновацию: застройку «одобряют» умершие и младенцы // Открытые медиа [Электрон. ресурс]. 2020. 25 февраля. URL: https://openmedia.io/investigation/otkrytye-media-obnaruzhili-fabriku-poddelnyx-podpisej-za-renovaciyu-zastrojku-odobryayut-umershie-i-mladency (дата обращения: 01.04.2021).

Велесевич 2020 — Велесевич С. Как будут расселять дома по новому закону о всероссийской реновации // РБК [Электрон. ресурс]. 2020. 29 декабря. URL: https://realty.rbc.ru/news/5feac4b89a7947a9047b2bc7 (дата обращения: 01.04.2021).

Воронов 2017а — Воронов А. Владимир Путин одобрил снос пятиэтажек в Москве // Коммерсантъ [Электрон. ресурс]. 2017. 21 февраля. URL: https://www.kommersant.ru/doc/3226415 (дата обращения: 01.04.2021).

Воронов 2017б — Воронов А. Из сносимых пятиэтажек переселят в тот же район // Коммерсантъ [Электрон. ресурс]. 2017. 26 апреля. URL: https://www.kommersant.ru/doc/3282637 (дата обращения: 01.04.2021).

Воронов 2019 — Воронов А. Реновация высотного качества // Коммерсантъ [Электрон. ресурс]. 2019. 29 декабря. URL: https://www.kommersant.ru/doc/4207956 (дата обращения: 01.04.2021).

Галиева 2021 — Галиева Д. Треть — инвестиции, остальное — спрос // Коммерсантъ [Электрон. ресурс]. 2021. 10 февраля. URL: https://www.kommersant.ru/doc/4682876 (дата обращения: 01.04.2021).

Голубева 2019 — Голубева Я. А., Веретенников Д. И., Коротыч В. И., Крутенко Л. В., Малышев Г. Н., Низамутдинова Г. Р. Нестоличная реновация // Городские исследования и практики. 2019. Т. 4 (2). С. 104–128.

Загордан 2021 — Загордан Н. Фиктивен ли гражданин электронного дома? // Московская народная газета [Электрон. ресурс]. 2021. 19 марта. URL: http://narodnaya.org/2020/11/04/1-80/?fbclid=IwAR11TLmJn11Nkn-9I51aBZtrRb89Wx1avjmtk3Y_RcCBzn29r7lWZXiXuqg (дата обращения: 01.04.2021).

Жуков 2020 — Жуков С. Монумент без «короны» // Российская газета [Электрон. ресурс]. 2020. 6 августа. URL: https://rg.ru/2020/06/08/reg-cfo/v-stolice-otrestariruiut-okolo-200-pamiatnikov-arhitektury.html (дата обращения: 01.04.2021).

Кадашова 2018 — Кадашова Л. «Фиктивный гражданин» — средство защиты мэрии Москвы от мнения москвичей // Activatica [Электрон. ресурс]. 2018. 16 февраля. URL: http://activatica.org/blogs/view/id/4528/title/fiktivnyy-grazhdanin-sredstvo-zashchity-mjerii-moskvy-ot-mneniya-moskvichey (дата обращения: 01.04.2021).

Кадашова 2019 — Кадашова Л. Слушания в Измайлово: депутата Загордан выталкивали ЧОПовцы по требованию руководства Управы // Activatica [Электрон. ресурс]. 2019. 21 октября. URL: http://activatica.org/blogs/view/id/8270/title/slushaniya-v-izmaylovo-deputata-zagordan-stalkivali-s-lestnicy-chopovcy-po-trebovaniyu-rukovodstva-upravy-rayona (дата обращения: 01.04.2021).

Карта 2021 — Карта протестной активности в Москве и Московской области 19–25 марта // Российское информационное агентство «FederalCity» [Электрон. ресурс]. 2021. Март. URL: https://federalcity.ru/index.php?newsid=10332 (дата обращения: 01.04.2021).

Кошкина 2021 — Кошкина Ю. Долговая нагрузка россиян достигла нового пика // RBK [Электрон. ресурс]. 2021. 26 марта. URL: https://www.rbc.ru/finances/26/03/2021/605da4a99a79479a7912674f?from=column_36 (дата обращения: 01.04.2021).

Латухина 2020 — Латухина К. Путин поручил поддержать предприятия моногородов // Российская газета [Электрон. ресурс]. 2020. 26 марта. URL: https://rg.ru/2020/06/08/putin-poruchil-podderzhat-predpriiatiia-monogorodov.html (дата обращения: 01.04.2021).

Луткова 2020 — Луткова О. «Сейчас городская ткань деградирует» // Znak [Электрон. ресурс]. 2020. 8 сентября. URL: https://www.znak.com/2020–09–08/zachem_nuzhna_renovaciya_centra_ekaterinburga_mnenie_odnogo_iz_veduchih_zastroychikov (дата обращения: 01.04.2021).

Ляув 2019 — Ляув Б. Реновация увеличит плотность застройки в 3–4 раза // Ведомости [Электрон. ресурс]. 2019. 24 апреля. URL: https://www.vedomosti.ru/realty/articles/2019/ 04/24/800105-plotnost-zastroiki (дата обращения: 24.05.2021).

Мелешенко 2020 — Мелешенко А. Остановка из прошлого // Российская газета [Электрон. ресурс]. 2020. 22 июля. URL: https://rg.ru/2020/07/22/reg-cfo/nazvan-luchshij-proekt-restavracii-po-programme-rubl-za-metr.html (дата обращения: 01.04.2021).

Московские архитекторы 2017 — Московские архитекторы перечислили негативные последствия от поспешного сноса хрущевок // В Москве. Московские новости проекта msk.NEWSru.com [Электрон. ресурс]. 2017. 14 апреля. URL: http://www.newsmsk.com/article/14apr2017/sma_snos.html (дата обращения: 01.04.2021).

Объем 2020 — Объем инвестиций по заключенным соглашениям о защите капвложений превысил 135 млрд руб // Коммерсантъ [Электрон. ресурс]. 2020. 14 декабря. URL: https://www.kommersant.ru/doc/4615054?query=соглашения%20о%20защите%20и%20поощрении%20капиталовложений (дата обращения: 01.04.2021).

Плотность 2017 — Плотность застройки при реновации в Москве может вырасти в 2,5 раза // В Москве. Московские новости проекта msk.NEWSru.com [Электрон. ресурс]. 2017. 6 июня. URL: http://www.newsmsk.com/article/06jun2017/two_half.html (дата обращения: 01.04.2021).

Полетаев и др. 2018 — Полетаев И., Гатинский А., Сарджвеладзе С. Собянин счел «ерундой» данные о росте населения Москвы из-за реновации // РБК [Электрон. ресурс]. 2018. 16 февраля. URL: https://www.rbc.ru/politics/16/02/2018/5a85be469a79478797732b03 (дата обращения: 01.04.2021).

Программа 2020 — Программа «1 рубль за 1 квадратный метр» // Комплекс градостроительной политики и строительства города Москвы [Электрон. ресурс]. 2020. 12 октября. URL: https://stroi.mos.ru/infographics/proghramma-1-rubl-za-1-kvadratnyi-mietr (дата обращения: 01.04.2021).

Чевтаева 2017 — Чевтаева И. Путин рекомендовал Собянину снести в Москве хрущевки // Ведомости [Электрон. ресурс]. 2017. 21 февраля. URL: https://www.vedomosti.ru/realty/articles/2017/02/21/678632-putin-rekomendoval (дата обращения: 01.04.2021).

Шоладеми 2018 — Шоладеми С. Муниципального депутата из Измайлово терроризируют окровавленными свиными головами с ножом // Эхо Москвы [Электрон. ресурс]. 2018. 25 сентября. URL: https://echo.msk.ru/blog/sholademi/2284094-echo (дата обращения: 01.04.2021).

Argenbright 2018 — Argenbright R. The Evolution of New Moscow: From Panacea to Polycentricity // Eurasian Geography and Economics. 2018. № 59 (3–4). P. 408–435.

Argenbright 2021 — Argenbright R. Garbage and governance under Putin // Eurozine [Электрон. ресурс]. 2021. March 8. URL: https://www.eurozine.com/garbage-and-governance-under-putin (дата обращения: 30.05.2021).

Busygina 2016 — Busygina I. Putin's Russia: The State-Building Strategy // Russian Politics. 2016. № 1. P. 70–94.

Chen 2014 — Chen X. Social Protest and Contentious Authoritarianism in China. Cambridge: Cambridge University Press, 2014.

Cichowlas — Cichowlas O. Goodbye, Khrushchev! Moscow To Bid Farewell To Post-War Housing Blocks // The Moscow Times [Электрон. ресурс]. 2017. 9 March. URL: https://www.themoscowtimes.com/2017/03/09/goodbye-khrushchev-a57375 (дата обращения: 01.04.2021).

Evans 2018 — Evans A. Property and Protests: The Struggle Over the Renovation of Housing in Moscow // Russian Politics. 2018. № 3. P. 548–576.

Fish 2017 — Fish S. M. What is Putinism? // Journal of Democracy. 2017. No. 28 (4). P. 61–74.

Fröhlich 2020 — Fröhlich C. Urban citizenship under post-Soviet conditions: Grassroots struggles of residents in contemporary Moscow // Journal of Urban Affairs. 2020. № 42 (2). P. 188–202.

Gorokhovskaia 2018 — Gorokhovskaia Y. From Local Activism to Local Politics: The Case of Moscow // Russian Politics. 2018. № 3. P. 577–604.

Heurlin 2016 — Heurlin C. Responsive Authoritarianism in China: Land, Protests, and Policy Making. Cambridge: Cambridge University Press, 2016.

MacFarquhar 2017 — MacFarquhar N. Protesters Hit Moscow's Streets to Fight Mass Renovation Plan // The New York Times [Электрон. ресурс]. 2017. 14 May. URL: https://www.nytimes.com/2017/05/14/world/europe/protesters-hit-moscows-streets-to-fight-mass-renovation-plan.html (дата обращения: 01.04.2021).

Robertson, Greene 2017 — Robertson G., Greene S. The Kremlin Emboldened: How Putin Wins Support // Journal of Democracy. 2017. № 28 (4). P. 86–100.

Библиография

Айвазян 2013 — Айвазян А. Война на Воздвиженке // Большой город. 2013. 10 июля. С. 20–22.

Активистов 2010 — Активистов, включая актрису Догилеву, час продержали в ОВД за акцию протеста // NEWSru.com [Электрон. ресурс]. 2010. 18 ноября. URL: http://www.newsru.com/arch/russia/18nov2010/dogileva.html (дата обращения: 12.10.2020).

Активисты 2013 — Активисты собрались на митинг против реконструкции Ленинского проспекта // В Москве. Московские новости проекта msk.NEWSru.com [Электрон. ресурс]. 2013. 7 апреля. URL: http://www.newsmsk.com/article/07Apr2013/miting_leninsky.html (дата обращения: 12.10.2020).

Активный гражданин 2015 — Активный гражданин [Электрон. ресурс Правительства Москвы]. 2015. URL: http://ag.mos.ru (дата обращения: 12.10.2020).

Аминов 2013 — Аминов Х. PPF попала на выборы // Коммерсантъ [Электрон. ресурс]. 2013. 30 июля. URL: https://www.kommersant.ru/doc/2243983 (дата обращения: 16.11.2020).

Ардаев 2002 — Ардаев В. «Москву» хотят перестроить // BBCRussian.com [Электрон. ресурс]. 2002. 1 июля. URL: http://news.bbc.co.uk/hi/russian/entertainment/newsid_2078000/2078400.stm (дата обращения: 13.10.2020).

Арестованные 2010 — Арестованные противники строительства в Козихинском переулке начали голодовку // NEWSru.com [Электрон. ресурс]. 2010. 21 ноября. URL: http://www.newsru.com/arch/russia/21nov2010/golodo.html (дата обращения: 13.10.2020).

Арнштейн 2002 — Арнштейн Ш. Лестница гражданского участия / Пер. Д. Киселева. 2002. URL: http://www.lithgow-schmidt.dk/sherry-arnstein/ru/ladder-of-citizen-participation_ru.html (дата обращения: 13.10.2020).

Арпишкин 2007 — Арпишкин Ю. Лужков решил остановить Ресина // Московские новости [Электрон. ресурс]. 2007. 23 марта. URL: https://dlib.eastview.com/browse/doc/11731221 (дата обращения: 20.05.2021).

Архитектурные скандалы 2015 — Архитектурные скандалы и потери Москвы ушедшего года // В Москве. Московские новости проекта msk.NEWSru.com [Электрон. ресурс]. 2015. 9 января. URL: http://www.newsmsk.com/article/09jan2015/arch_loss.html (дата обращения: 13.10.2020).

Архнадзор 2010 — Меморандум-2010 // Архнадзор [Электрон. ресурс]. 2010. 7 октября. URL: http://www.archnadzor.ru/2010/10/07/memorandum-2010/#more-5671 (дата обращения: 13.10.2020).

Архнадзор 2011 — «Архнадзор» просит остановить строительные работы в «Детском мире» // В Москве. Московские новости проекта msk.NEWSru.com [Электрон. ресурс]. 2011. 28 декабря. URL: https://msk.newsru.com/article/28dec2011/opyat_raboty.html (дата обращения: 13.10.2020).

Архнадзор 2012 — «Архнадзор» назвал главные утраты года // В Москве. Московские новости проекта msk.NEWSru.com [Электрон. ресурс]. 2012. 17 декабря. URL: https://msk.newsru.com/article/17dec2012/arhnadzor_itogi.html (дата обращения: 13.10.2020).

Архнадзор 2014 — «Архнадзор» принял резолюцию с требованиями по пространству старины // В Москве. Московские новости проекта msk.NEWSru.com [Электрон. ресурс]. 2014. 12 сентября. URL: http://www.newsmsk.com/article/12sep2014/resolution.html (дата обращения: 13.10.2020).

Атлас 2013 — Большой атлас Москвы / Науч. рук. Н. С. Касимов, В. С. Тикунов. М.: Феория, 2013.

Афанасьева 2015 — Афанасьева О. Московские власти запустили карту дорожных перекрытий // Москва24 [Электрон. ресурс]. 2015. 10 июля. URL: http://www.m24.ru/articles/78694 (дата обращения: 12.10.2020).

Байдакова 2013а — Байдакова А. Мосгордума наступает на публичные слушания // Московские новости [Электрон. ресурс]. 2013. 9 января. URL: https://www.mn.ru/moscow/construction/85496 (дата обращения: 13.10.2020).

Байдакова 2013б — Байдакова А. Москвичи скидываются на независимую экспертизу проектов мэрии // Московские новости [Электрон. ресурс]. 2013. 18 марта. URL: https://archi.ru/press/russia/46987/moskvichi-skidyvayutsya-na-nezavisimuyu-ekspertizu-proektov-merii (дата обращения: 13.10.2020).

Беззаконие 2004 — Беззаконие в Москве: «Москву губит коммерческий интерес власть имущих»: Интервью Алексея Комеча ИА «REGNUM» // Regnum [Электрон. ресурс]. 2004. 5 мая. URL: https://regnum.ru/news/polit/256651.html (дата обращения: 13.10.2020).

Беловский 2010 — Беловский И. Усадьбу регенерируют до основания // Газета.ru [Электрон. ресурс]. 2010. 24 июля. URL: http://www.gazeta.ru/social/2010/07/24/3401054.shtml (дата обращения: 13.10.2020).

Бинни 2007 — Бинни М. Московское наследие — подлинный или поддельный исторический город? // Московское архитектурное наследие: точка невозврата (Moscow Heritage at Crisis Point): Двуязычное изд. / Ред. К. Сесил, Э. Харрис. М.: MAPS/SAVE Europe's Heritage, 2007. С. 6–11.

Бойм 2019 — Бойм С. Будущее ностальгии / Пер. с англ. А. Стругача. М.: Новое литературное обозрение, 2019.

Болотов 2015 — Болотов Ю. «Детский мир»: почему все могло быть еще хуже? // The Village [Электрон. ресурс]. 2015. 16 января. URL: https://www.the-village.ru/city/architecture/173125-faq-detskiy-mir?comment_id=19085975 (дата обращения: 13.10.2020).

Большинство 2014 — Большинство москвичей хотят, чтобы Шуховская башня стояла на прежнем месте // В Москве. Московские новости проекта msk.NEWSru.com [Электрон. ресурс]. 2014. 16 июля. URL: http://www.newsmsk.com/article/16jul2014/nameste.html (дата обращения: 13.10.2020).

Буранов 2009 — Буранов И. Генплан расстроили на 250 гектаров // Коммерсантъ [Электрон. ресурс]. 2009. 19 декабря. URL: http://www.kommersant.ru/doc.aspx?DocsID=1296296 (дата обращения: 13.10.2020).

Буранов 2010 — Буранов И. Генплан Москвы пройдет срочные чтения // Коммерсантъ [Электрон. ресурс]. 2010. 10 марта. URL: http://www.kommersant.ru/doc-y.aspx?DocsID=1334730 (дата обращения: 13.10.2020).

Буранов 2013 — Буранов И. На Пушкинской запретили андерграунд // Коммерсантъ [Электрон. ресурс]. 2013. 12 октября. URL: http://www.kommersant.ru/doc/2318675 (дата обращения: 13.10.2020).

Буранов 2015 — Буранов И. Новая Москва встала поперек дороги // Коммерсантъ [Электрон. ресурс]. 2015. 23 марта. URL: http://www.kommersant.ru/doc/2692591 (дата обращения: 13.10.2020).

Бурибаев 2009 — Бурибаев А. Прокуратура отвергла референдум о выборах мэра Москвы // Reuters [Электрон. ресурс]. 2009. 2 июня. URL: https://www.reuters.com/article/orutp-russia-moscow-referendum-idRUMSE55126I20090602 (дата обращения: 16.11.2020).

Бурлакова 2014 — Бурлакова Д. Судебные страсти на Страстном // MK.ru [Электрон. ресурс]. 2014. 21 марта. URL: http://www.mk.ru/moscow/article/2014/03/20/1001549-sudebnyie-strastina-strastnom.html (дата обращения: 13.10.2020).

Бурлакова 2015 — Бурлакова Д. Проект «Активный гражданин», или Как мэрия Москвы собирает информацию о горожанах // Medialeaks [Электрон. ресурс]. 2015. 26 марта. URL: http://medialeaks.ru/features/2603_ag (дата обращения: 13.10.2020).

Бычкова 2004 — Бычкова Е. Последствия распродажи // Аргументы и факты [Электрон. ресурс]. 2004. 7 июля. URL: http://www.aif.ru/online/moskva/573/02_02 (дата обращения: 13.10.2020).

Бычкова 2007 — Бычкова Е. Дошли до «точки» // АиФ Москва [Электрон. ресурс]. 2007. 17 октября. URL: https://aif.ru/archive/1721559 (дата обращения: 13.10.2020).

Бычкова 2010 — Бычкова Е. Когда Пушкинская площадь изменит свое лицо? // Аргументы и факты [Электрон. ресурс]. 2010. 23 июля. URL: http://www.aif.ru/money/18833 (дата обращения: 13.10.2020).

Бюджет 2015 — Бюджет Москвы на 2016–2018 годы сохранит социальную направленность // mos.ru: Официальный сайт Мэра Москвы [Электрон. ресурс]. 2015. 25 ноября. URL: https://www.mos.ru/news/item/3701073 (дата обращения: 13.10.2020).

В Измайловском 2008 — В Измайловском парке собаки порвали москвича // Комсомольская правда [Электрон. ресурс]. 2008. 5 апреля. URL: https://www.msk.kp.ru/daily/24076/312357 (дата обращения: 01.02.2021).

В конфликте 2006 — В конфликте вокруг Бутово россияне поддерживают жителей поселка // NEWSru.com [Электрон. ресурс]. 2006. 6 июля. URL: https://www.newsru.com/realty/06jul2006/bootovo.html (дата обращения: 16.11.2020).

В Минкультуры 2015 — В Минкультуры заявили о невозможности остановить снос домов Привалова // В Москве. Московские новости проекта msk.NEWSru.com [Электрон. ресурс]. 2015. 19 января. URL: http://www.newsmsk.com/article/19jan2015/privalov_chance.html (дата обращения: 22.10.2020).

В Москве 2008 — В Москве запрещено возведение почти 40 объектов «точечной застройки» // Мой район [Электрон. ресурс]. 2008. 21 февраля. URL: http://msk.mr7.ru/v-moskve-zapreshheno-vozvedenie-pochti-40-obektov-tochechnoj-zastrojki (дата обращения: 22.10.2020).

В Москве 2011 — В Москве незаконно снесены два исторических здания, пока Собянина не было в городе // Газета.ru [Электрон. ресурс]. 2011. 19 июня. URL: http://www.gazeta.ru/news/lenta/2011/06/19/n_1889413.shtml (дата обращения: 22.10.2020).

В Москве 2013 — В Москве стали реставрировать в 30 раз больше старинных зданий // В Москве. Московские новости проекта msk.

NEWSru.com [Электрон. ресурс]. 2013. 7 декабря. URL: http://www.newsmsk.com/article/07dec2013/restavraciya.html (дата обращения: 22.10.2020).

В Москве 2014 — В Москве приняли решение снести ансамбль Доходных домов Привалова // Большой город [Электрон. ресурс]. 2014. 30 декабря. URL: http://bg.ru/city/news/1602 (дата обращения: 22.10.2020).

В мэрии 2015 — В мэрии Москвы осудили слом доходного дома Ржевского, но заявили, что остановить его не властны // NEWSru.com [Электрон. ресурс]. 2015. 7 апреля. URL: http://realty.newsru.com/article/07apr2015/dom_rzhevskogo2 (дата обращения: 22.10.2020).

В районе 2015 — В районе Ясенево православные активисты установили крест // Зёрна [Электрон. ресурс]. 2015. 21 июля. URL: https://zyorna.ru/news/news/v-rajone-jasenevo-pravoslavnye-aktivisty-ustanovili-krest-1293.html (дата обращения: 16.11.2020).

В Юго-Восточном 2015 — В Юго-Восточном округе снесли последнюю ветхую пятиэтажку // В Москве. Московские новости проекта msk.NEWSru.com [Электрон. ресурс]. 2015. 23 июля. URL: http://www.newsmsk.com/article/23jul2015/uvao_snos.html (дата обращения: 22.10.2020).

Вермишева, Петренко 2006 — Вермишева Е., Петренко В. «Пипл хавать перестал!» // Газета.ru [Электрон. ресурс]. 2006. 7 сентября. URL: http://www.gazeta.ru/realty/2006/09/07_a_785784.shtml (дата обращения: 22.10.2020).

Верховская 2013 — Верховская М. За фальсификацию мнений москвичей чиновники заплатят 60 тыс. рублей // Известия [Электрон. ресурс]. 2013. 30 января. URL: http://izvestia.ru/news/543903#ixzz2LlIkwa7w (дата обращения: 22.10.2020).

Верховская 2014 — Верховская М. Автомобилистов будут предупреждать о перекрытиях улиц за 10 дней // Москва24 [Электрон. ресурс]. 2014. 21 августа. URL: http://www.m24.ru/articles/53517 (дата обращения: 22.10.2020).

Власти 2008 — Власти Москвы запретили 60 точечных строек // NEWSru.com [Электрон. ресурс]. 2008. 17 апреля. https://www.newsru.com/realty/17apr2008/banned.html (дата обращения: 22.10.2020).

Власти 2009 — Власти нашли средства на реконструкцию Пушкинской площади // В Москве. Московские новости проекта msk.NEWSru.com [Электрон. ресурс]. 2009. 5 августа. URL: http://www.newsmsk.com/article/05aug2009/pushkin_da.html (дата обращения: 22.10.2020).

Власти 2011а — Власти Москвы опровергли нарушение археологического слоя в Козихинском // РИА «Новости» [Электрон. ресурс]. 2011.

1 марта. URL: https://ria.ru/20110301/340798198.html#ixzz2UdiyWQpd (дата обращения: 22.10.2020).

Власти 2011б — Власти требуют изменить проект реконструкции «Детского мира» // В Москве. Московские новости проекта msk. NEWSru.com [Электрон. ресурс]. 2011. 29 декабря. URL: http://www. newsmsk.com/article/29Dec2011/detmir.html (дата обращения: 22.10.2020).

Власти 2013 — Власти Москвы снизили стоимость станции метро «Спартак» на 1,2 млрд руб. // РИА «Новости» — Недвижимость [Электрон. ресурс]. 2013. 27 сентября. URL: http://riarealty.ru/news_infrastructure/20130927/401445804.html (дата обращения: 22.10.2020).

Власти 2014 — Власти аннулировали документы компании, снесшей дом Прошиных // В Москве. Московские новости проекта msk.NEWSru. com [Электрон. ресурс]. 2014. 28 августа. URL: http://www.newsmsk.com/article/28aug2014/proshin_annul.html (дата обращения: 22.10.2020).

Власти 2015 — Власти Москвы отменили строительство магазина на месте сквера, на митинге в защиту которого на днях погиб пенсионер // NEWSru.com [Электрон. ресурс]. 2015. 26 февраля. URL: http://realty. newsru.com/article/26feb2015/degunino (дата обращения: 22.10.2020).

Волков 2006 — Волков В. Битва за сотку // Московские новости. 2006. 23–29 июня.

Волонтеры 2015 — Волонтеры проследят, как выполняются решения «Активного гражданина» // В Москве. Московские новости проекта msk.NEWSru.com [Электрон. ресурс]. 2015. 19 мая. URL: http://www. newsmsk.com/article/19may2015/active.html (дата обращения: 22.10.2020).

Волошина 2004 — Волошина В. Сергей Байдаков: «Инвесторы к нам иногда приходят с просьбами: признайте дом аварийным» // Известия [Электрон. ресурс]. 2004. 24 ноября. URL: https://iz.ru/news/296876 (дата обращения: 22.10.2020).

Воронов 2009 — Воронов А. Генплану Москвы предстоит сурдоперевод // Коммерсантъ [Электрон. ресурс]. 2009. 30 сентября. URL: http://www.kommersant.ru/doc.aspx?DocsID=1246325 (дата обращения: 22.10.2020).

Галимова и др. 2016 — Галимова Н., Маетная Е., Арпишкин Ю. Кадырову помогли однопартийцы // Газета.ru [Электрон. ресурс]. 2016. 21 января. URL: http://www.gazeta.ru/politics/2016/01/21_a_8034689.shtml (дата обращения: 14.10.2020).

Геликон-оперу 2011 — «Геликон-оперу» будут достраивать вопреки претензиям защитников архитектуры // В Москве. Московские новости проекта msk.NEWSru.com [Электрон. ресурс]. 2011. 25 марта. URL: http://

www.newsmsk.com/article/25Mar2011/gelikon.html (дата обращения: 14.10.2020).

Генеральный 2009 — В каком городе жить будем? Москвичи и генеральный план развития столицы // ВЦИОМ [Электрон. ресурс]. 2009. 19 октября. URL: https://wciom.ru/index.php?id=236&uid=2146 (дата обращения: 14.10.2020).

Генподрядчик 2014 — Генподрядчик: фасад здания доходного дома Прошиных был разобран из-за угрозы обрушения // В Москве. Московские новости проекта msk.NEWSru.com [Электрон. ресурс]. 2014. 25 августа. URL: http://www.mskagency.ru/materials/1451335 (дата обращения: 14.10.2020).

Гладарев 2011 — Гладарев Б. Историко-культурное наследие Петербурга: рождение общественности из духа города // От общественного к публичному: Коллективная монография / Ред. О. В. Хархордин. СПб.: изд. ЕУСПБ, 2011. С. 69–304.

Гладарев 2013 — Гладарев Б. «Это наш город!»: Анализ петербургского движения за сохранение историко-культурного наследия // Городские движения России в 2009–2012 годах: на пути к политическому. М.: Новое литературное обозрение, 2013 / Под ред. К. Клемана. С. 23–145.

Годовой отчет 2015а — Годовой отчет по выполнению Государственной программы города Москвы «Информационный город» на 2012–2018 годы за 2015 год // mos.ru: Официальный сайт Мэра Москвы [Электрон. ресурс]. 2015. 29 декабря. URL: https://www.mos.ru/dit/documents/view/47774220/?utm_source=search&utm_term=serp (дата обращения: 16.11.2020).

Годовой отчет 2015б — Годовой отчет проекта «Активный гражданин» // Активный гражданин [Электрон. ресурс Правительства Москвы]. 2015. URL: http://ag.mos.ru/docs/annual-report-AG.pdf (дата обращения: 14.10.2020).

Горланова 2006 — Горланова Е. Москвичи готовы Лужкова продать // Газета.ru [Электрон. ресурс]. 2006. 3 августа. URL: https://www.gazeta.ru/2006/08/03/oa_210548.shtml (дата обращения: 14.10.2020).

Горланова 2007 — Горланова Е. ОМОН им строить и жить помогает // Газета.ru [Электрон. ресурс]. 2007. 19 июля. URL: https://www.gazeta.ru/2007/07/19/oa_244799.shtml (дата обращения: 14.10.2020).

Горожанин 2013 — В Москве впервые рядовой горожанин выиграл суд у нерадивого хозяина старинного здания // NEWSru.com [Электрон. ресурс]. 2013. 10 апреля. URL: http://realty.newsru.com/article/10apr2013/dom_bykova (дата обращения: 14.10.2020).

Горяшкиев 2007 — Горяшкиев Р. В Кунцево люди защищают свой двор от строителей и омоновцев // Мой район. 2007. 20 июля. С. 5.

Госуслуги 2015 — Все госуслуги Москвы полностью переведут в электронный вид в течение года // В Москве. Московские новости проекта msk.NEWSru.com [Электрон. ресурс]. 2015. 24 февраля. URL: http://www.newsmsk.com/article/24feb2015/pgu_electron.html (дата обращения: 14.10.2020).

Градозащитники 2013 — Градозащитники нашли в историческом особняке клуб группового секса // В Москве. Московские новости проекта msk.NEWSru.com [Электрон. ресурс]. 2013. 26 июля. URL: http://www.newsmsk.com/article/26jul2013/kisl_razvrat.html (дата обращения: 14.10.2020).

Градозащитники 2014 — Градозащитники грозят масштабным протестом в случае демонтажа Шуховской башни // В Москве. Московские новости проекта msk.NEWSru.com [Электрон. ресурс]. 2014. 2 апреля. URL: http://www.newsmsk.com/article/02apr2014/lager_shux.html (дата обращения: 14.10.2020).

Грекова 2013 — Грекова О. Ленинский проспект будет проходным // МК.ru [Электрон. ресурс]. 2013. 25 марта. URL: http://www.mk.ru/moscow/article/2013/03/25/831120-leninskiyprospekt-budet-prohodnyim.html (дата обращения: 14.10.2020).

Гурбошков 1990 — Гурбошков В. Немецкая слобода: сохранить для потомков. Как мы спасли палаты Щербакова // Городское хозяйство Москвы. 1990. № 11. С. 18–19.

Дейч 2001 — Дейч М. Конец Лефортова // Московский комсомолец. 2001. 30 июля.

Деятели 2010 — Деятели культуры просят Собянина остановить стройку в Козихинском // РИА «Новости» [Электрон. ресурс]. 2010. 23 ноября. URL: http://ria.ru/moscow/20101123/299917327.html (дата обращения: 13.10.2020).

Доброновская, Вайнтрауб 2012 — Доброновская М., Вайнтрауб Л. Объект охраны: Москва: (К 95-летию образования системы органов охраны памятников): Документы и свидетельства. М.: Департамент культурного наследия города Москвы, 2012.

Добрянская 2013 — Добрянская А. На Хитровской площади разобьют парк // The Village [Электрон. ресурс]. 2013. 29 мая. URL: http://www.the-village.ru/village/city/city/126621-hitrovka (дата обращения: 13.10.2020).

Дома 2015 — Дома Михайлова продолжают уничтожать вопреки запрету // В Москве. Московские новости проекта msk.NEWSru.com

[Электрон. ресурс]. 2015. 26 февраля. URL: http://www.newsmsk.com/article/26feb2015/dmitrovka.html (дата обращения: 13.10.2020).

Домнин 2005 — Домнин С. Будем торговаться // Ners.ru [Электрон. ресурс]. 2005. 14 марта. URL: https://news.ners.ru/budem-torgovatsya.html (дата обращения: 16.11.2020).

Дословно 2007 — Дословно // Мой район. 2007. 20 июля. С. 5.

Дьюи 2002 — Дьюи Дж. Общество и его проблемы / Пер. с англ. И. И. Мюрберг, А. Б. Толстова, Е. Н. Косиловой. М.: Идея-Пресс, 2002.

Дюпин 2004 — Дюпин С. Манеж уничтожил тепловой импульс // Коммерсантъ [Электрон. ресурс]. 2004. 18 марта. URL: http://www.kommersant.ru/doc/458523 (дата обращения: 13.10.2020).

Егиазарян 2013 — Егиазарян, Ашот Геворкович // Википедия [Электрон. ресурс]. 2013. URL: https://ru.wikipedia.org/wiki/Егиазарян,_Ашот_Геворкович (дата обращения: 14.10.2020).

Егорова 2013 — Егорова Е. Буденовский городок останется частью столицы. Памятник конструктивизма решили не сносить // MK.ru [Электрон. ресурс]. 2013. 26 апреля. URL: http://www.mk.ru/moscow/article/2013/04/26/848078-budenovskiy-gorodok-ostanetsya-chastyu-stolitsyi.html (дата обращения: 14.10.2020).

Ейсков 2002 — Ейсков А. Как будутъ ломать и строитъ «Москву» // Газета.ru [Электрон. ресурс]. 2002. 19 июля. URL: http://www.gazeta.ru/2002/07/19/kakbudutloma.shtml (дата обращения: 14.10.2020).

Елсукова 2010 — Елсукова А. Константин Михайлов // Большой город [Электрон. ресурс]. 2010. 25 октября. URL: http://bg.ru/society/konstantin_mihaylov-8621 (дата обращения: 14.10.2020).

Емельянов 2015 — Емельянов Алексей Александрович, руководитель Департамента культурного наследия города Москвы // mos.ru: Официальный сайт Мэра Москвы [Электрон. ресурс]. 2015. URL: https://www.mos.ru/authority/structure/20488090/person/20491093 (дата обращения: 12.10.2020).

Епифанова 2015 — Епифанова М. Удар в корпус № 3 // Новая газета [Электрон. ресурс]. 2015. 19 января. URL: https://novayagazeta.ru/articles/2015/01/19/62680-udar-v-korpus-8470-3 (дата обращения: 14.10.2020).

Ермакова 2012 — Ермакова А. Возможность «стучать» на незаконные постройки появилась на сайте Москомзема // Маркер [Электрон. ресурс]. 2012. URL: http://757.mybb2.ru/viewtopic.php?t=1074 (дата обращения: 16.11.2020).

Еще 2015 — Еще 27 территорий, освобожденных от строительства, благоустроят в Москве // РИАМО [Электрон. ресурс]. 2015. 18 августа.

URL: http://riamo.ru/happen_news_moscow/20150818/614243130.html (дата обращения: 14.10.2020).

Жители 2010а — Жители дома в Козихинском переулке предлагают независимую экспертизу // РИА «Новости» [Электрон. ресурс]. 2010. 11 ноября. URL: http://ria.ru/moscow/20101111/295173836.html#ixzz2Rn Wf8Z7T (дата обращения: 22.10.2020).

Жители 2010б — Жители Малого Козихинского переулка остановили стройку, сняв ворота // В Москве. Московские новости проекта msk. NEWSru.com [Электрон. ресурс]. 2010. 7 декабря. URL: http://www. newsmsk.com/article/07Dec2010/kozih_news.html (дата обращения: 22.10.2020).

Жители 2012 — Жители Большого и Малого Козихинских переулков объединились против застройки района // В Москве. Московские новости проекта msk.NEWSru.com [Электрон. ресурс]. 2012. 27 марта. URL: http://www.newsmsk.com/article/27mar2012/kosixinskie.html (дата обращения: 22.10.2020).

Жители 2014 — Жители Измайлово протестуют против строительства в районе гигантских ТПУ // В Москве. Московские новости проекта msk.NEWSru.com [Электрон. ресурс]. 2014. 22 августа. URL: http:// www.newsmsk.com/article/22aug2014/izmailovo.html (дата обращения: 22.10.2020).

Жителям 2010 — Жителям Малого Козихинского переулка отказали в возбуждении уголовного дела после пожара // В Москве. Московские новости проекта msk.NEWSru.com [Электрон. ресурс]. 2010. 21 декабря. URL: http://www.newsmsk.com/article/21dec2010/no_podjog.html (дата обращения: 22.10.2020).

Журналисты 2015 — Журналисты «препарировали» приложение «Активный гражданин» // В Москве. Московские новости проекта msk. NEWSru.com [Электрон. ресурс]. 2015. 2 июня. URL: http://www.newsmsk. com/article/02jun2015/aktiv_yod.html (дата обращения: 22.10.2020).

Задержаны 2014 — Задержаны протестовавшие против стройки в Новокосино, в том числе соратник Навального // NEWSru.com [Электрон. ресурс]. 2014. 16 января. URL: http://www.newsru.com/ russia/16jan2014/novokosino.html (дата обращения: 22.10.2020).

Закирова 2009 — Закирова М. Образы города в мобилизации городского общественного движения (на примере Санкт-Петербурга) // Общественные движения в России: точки роста, камни преткновения: Сборник статей / Ред. П. Б. Романа, Е. Р. Ярская-Смирнова. М.: Вариант, 2009.

Закон 2008 — Закон г. Москвы от 25 июня 2008 г. № 28 «Градостроительный кодекс города Москвы» // Гарант.ру: информационно-правовой портал [Электрон. ресурс]. 2008. 4 августа. URL: http://www.garant.ru/products/ipo/prime/doc/290151/#ixzz6btcOrWcy (дата обращения: 22.10.2020).

Заморожено 2008 — Заморожено строительство башни «Россия» в Москва-Сити // NEWSru.com [Электрон. ресурс]. 2008. 21 ноября. URL: http://realty.newsru.com/article/21Nov2008/norussia (дата обращения: 22.10.2020).

Запрет 2011 — Собянин подтвердил фактический запрет на новое строительство в центре Москвы // В Москве. Московские новости проекта msk.NEWSru.com [Электрон. ресурс]. 2011. 11 марта. URL: https://msk.newsru.com/article/11mar2011/zapret_srtoika.html (дата обращения: 22.10.2020).

Застройщик 2007 — Застройщик силой выселяет на улицу жителей дома на Арбате // NEWSru.com [Электрон. ресурс]. 2007. 28 ноября. URL: http://realty.newsru.com/article/28nov2007/arbat (дата обращения: 22.10.2020).

Застройщик 2011 — Застройщик отеля в Козихинском в Москве примет противоаварийные меры // РИА «Новости» [Электрон. ресурс]. 2011. 4 марта. URL: http://ria.ru/moscow/20110304/342190849.html#ixzz2WEWkLKW6 (дата обращения: 22.10.2020).

Захаров 2010 — Захаров М. Собянин забрал у некоторых московских чиновников статус министров и уволил Шевчука // Полит.ру [Электрон. ресурс]. 2010. 2 ноября. URL: http://www.polit.ru/news/2010/11/02/status (дата обращения: 22.10.2020).

Здание 2012 — «Здание станет более проницаемым, посещаемым, прозрачным и доступным» // Газета.ru [Электрон. ресурс]. 2012. 7 июня. URL: http://www.gazeta.ru/conference/s4614429.shtml (дата обращения: 22.10.2020).

Зеневич 2013 — Зеневич О. 20 зданий-памятников в Москве отреставрируют инвесторы // Комплекс градостроительной политики и строительства города Москвы [Электрон. ресурс]. 2013. 6 декабря. URL: https://stroi.mos.ru/news/20-zdanii-pamyatnikov-v-moskve-otrestaviruut-investor (дата обращения: 22.10.2020).

Зиновьева 2009 — Зиновьева О. А. Символы сталинской Москвы. М.: Тончу, 2009.

Знаменитое 2013 — Знаменитое кафе «Белая лошадь» сносят после 20 лет незаконной работы // В Москве. Московские новости проекта msk.NEWSru.com [Электрон. ресурс]. 2013. 18 октября. URL: http://www.newsmsk.com/article/18oct2013/white_horse.html (дата обращения: 22.10.2020).

Иванов 2001 — Иванов Р. Путь в мэры лежит через тоннель // Газета. ru [Электрон. ресурс]. 2001. 10 октября. URL: http://www.gazeta.ru/2001/10/06/putjvmerylez.shtml (дата обращения: 14.10.2020).

Иванова 2014 — Иванова В. Мосгорнаследие взяло Шуховскую башню под свою охрану // Известия [Электрон. ресурс]. 2014. 18 августа. URL: http://izvestia.ru/news/575261#ixzz3Am2eiENd (дата обращения: 14.10.2020).

Игнатьева 2004 — Игнатьева Ю. Мэр Лужков подал в суд на искусствоведа Комеча // Известия [Электрон. ресурс]. 2004. 23 июля. URL: http://izvestia.ru/news/292393#ixzz2tuaYDWFM (дата обращения: 08.02.2021).

Известная 2010 — Известная телеведущая поддержала протестующих жителей Малого Козихинского переулка // NEWSru.com [Электрон. ресурс]. 2010. 8 декабря. URL: http://realty.newsru.com/article/08dec2010/lazareva (дата обращения: 14.10.2020).

Израсходовано 2012 — На реконструкцию Большого театра было израсходовано 35,4 млрд рублей // ТАСС [Электрон. ресурс]. 2012. 14 февраля. URL: https://tass.ru/moskva/559794 (дата обращения: 14.10.2020).

Имя 2011 — Имя не помогло Татьяне Догилевой остановить стройку в Малом Козихинском переулке // В Москве. Московские новости проекта msk.NEWSru.com [Электрон. ресурс]. 2011. 19 января. URL: http://www.newsmsk.com/article/19jan2011/cantstop_stroika.html (дата обращения: 14.10.2020).

Инициативные 2007 — Инициативные группы жителей и московские власти идут к компромиссу в вопросах точечной застройки // Собкор.org [Электрон. ресурс]. 2007. 6 сентября. URL: http://www.sobkorr.ru/subjects/40/46E019939CBD0.html (дата обращения: 14.10.2020).

Исчезает 2004 — Исчезает старая Москва // Известия [Электрон. ресурс]. 2004. 15 апреля. URL: http://izvestia.ru/news/289146#ixzz2uBglihyN (дата обращения: 14.10.2020).

Итоги 2013 — Итоги заседания «сносной» комиссии (рабочая группа) // Arkhnadzor_ru [Электрон. ресурс]. 2013. 13 декабря. URL: http://archnadzor-ru.livejournal.com/531162.html (дата обращения: 14.10.2020).

К лету 2015 — К лету в центре столицы появится новая пешеходная зона // В Москве. Московские новости проекта msk.NEWSru.com [Электрон. ресурс]. 2015. 20 февраля. URL: http://www.newsmsk.com/article/20feb2015/walk_summer.html (дата обращения: 22.10.2020).

Кадыров 2016 — Кадыров призвал относиться к внесистемной оппозиции как к врагам народа // Газета.ru [Электрон. ресурс]. 2016. 13 января. URL: http://www.gazeta.ru/politics/news/2016/01/13/n_8111345. shtml (дата обращения: 15.10.2020).

Как организуют 2014 — Как организуют борьбу против строительства храмов в Москве (Письмо бывшей активистки) // Правмир [Электрон. ресурс]. 2014. 16 февраля. URL: http://www.pravoslavie.ru/68491.html (дата обращения: 12.03.2021).

Карасев 2001 — Карасев Ф. Социальный капитал соседских сообществ. М.: Прометей, 2001.

Карев, Берсенева и др. 2012 — Карев И., Берсенева А., Резник И., Крижевский А. Снос для прочности // Газета.ru [Электрон. ресурс]. 2012. 25 января. URL: http://www.gazeta.ru/culture/2012/01/25/a_3974745.shtml (дата обращения: 15.10.2020).

Карцев, Адамович 2010 — Карцев Н., Адамович О. Михалков шагает как хозяин // МК.ru [Электрон. ресурс]. 2010. 12 ноября. URL: http:// www.mk.ru/culture/article/2010/11/11/543406-mihalkov-shagaet-kak-hozyain.html (дата обращения: 15.10.2020).

Квартал 2013 — Квартал эпохи конструктивизма в центре Москвы расселять не будут // В Москве. Московские новости проекта msk. NEWSru.com [Электрон. ресурс]. 2013. 22 марта. URL: http://www.newsmsk. com/article/22Mar2013/buden_stay.html (дата обращения: 15.10.2020).

Кибовский 2020 — Кибовский Александр Владимирович // mos.ru: Официальный сайт Мэра Москвы [Электрон. ресурс]. 2020. URL: https:// www.mos.ru/kultura/structure/person/20432093/?utm_source=search&utm_ term=serp (дата обращения: 16.11.2020).

Кирилин 2004 — Кирилин М. Из пятиэтажек — в новостройки: в округах // Тверская, 13. 2004. 13 января.

Кишковски 2006 — Кишковски С. Московская «золотая миля»: Энгельс лишился бы дара речи // InoPressa [Электрон. ресурс]. 2006. 18 декабря. URL: https://www.inopressa.ru/article/18dec2006/nytimes/engels.html# (дата обращения: 16.11.2020).

Клеман 2013а — Клеман К. (Ред.). Городские движения России в 2009–2012 годах: на пути к политическому. М.: Новое литературное обозрение, 2013.

Клеман 2013б — Клеман К. (Ред.) Химкинское движение. За лесом — гражданское общество // Городские движения России в 2009–2012 годах: на пути к политическому. М.: Новое литературное обозрение / С. 146–199.

Клеман, Мирясова, Демидов 2010 — Клеман К., Мирясова О., Демидов А. От обывателей к активистам: зарождающиеся социальные движения в современной России. М.: Три квадрата, 2010.

Кобзон 2015 — Кобзон, вызвав на дуэль Порошенко и Яценюка, едет лечиться в ЕС благодаря вмешательству Путина // NEWSru.com [Электрон. ресурс]. 2015. 28 августа. URL: http://www.newsru.com/russia/28aug2015/kobzon.html (дата обращения: 15.10.2020).

Кодекс 2004 — Градостроительный кодекс Российской Федерации от 29 декабря 2004 г. № 190-ФЗ // Российская газета [Электрон. ресурс]. URL: https://rg.ru/2004/12/30/gradostroitelniy-kodeks.html (дата обращения: 15.10.2020).

Кодзасова, Шейкина 2002 — Кодзасова И., Шейкина Г. Патриаршие пруды столице не нужны? // АиФ Москва. 2002. 19 июня. URL: https://aif.ru/archive/1713869 (дата обращения: 15.10.2020).

Кокарев 2001 — Кокарев И. Е. Соседские общества: путь к будущему России. М.: Прометей, 2001.

Концепцию 2012 — Концепцию реконструкции «Детского мира» переделали на 90% // В Москве. Московские новости проекта msk. NEWSru.com [Электрон. ресурс]. 2012. 4 июня. URL: http://www.newsmsk.com/article/04Jun2012/detmir_concept.html (дата обращения: 15.10.2020).

Корнилов 2002 — Корнилов С. Леса у Манежа // Тверская, 13. 2002. 2, 3 июля.

Корольков 1997 — Корольков Н. Время перемен (Отчетный доклад Центрального совета VII съезда ВООПИиК). Всероссийское общество охраны памятников истории и культуры // Russist.ru [Электрон. ресурс]. 1997. URL: http://www.russist.ru/biblio/sborniky/sz/7/statia.php?statia=5 (доступ к ресурсу ограничен по решению суда или по иным основаниям, установленным законодательством РФ).

Коэн 1999 — Коэн С. Изучение России без России: крах американской постсоветологии / Предисл. Г. А. Бордюгова. М.: АИРО XX, 1999.

Крижевский 2015 — Крижевский А. «Архнадзор» дал совет по сносу // Газета.ru [Электрон. ресурс]. 2015. 22 января. URL: http://www.gazeta.ru/culture/2015/01/22/a_6384285.shtml (дата обращения: 15.10.2020).

Крупчанский 2013 — Крупчанский А. Проекты // Адриан Крупчанский: Персональный сайт [Электрон. ресурс]. URL: http://www.adrian.ru/projects (дата обращения: 15.10.2020).

Кузьминский 2002 — Кузьминский О. Аукционного дома в Военторге не будет // Коммерсантъ [Электрон. ресурс]. 2002. 28 марта. URL: http://www.kommersant.ru/doc/316086 (дата обращения: 16.11.2020).

Курганская 2015 — Курганская М. В центре Москвы вместо новых бизнес-центров появятся скверы // Москва24 [Электрон. ресурс]. 2015. 18 августа. URL: http://www.m24.ru/articles/82170 (дата обращения: 15.10.2020).

Курсы 2015 — Курсы валют за период до 01.07.1992 // Банк России [Электрон. ресурс]. URL: https://cbr.ru/currency_base/OldVal (дата обращения: 16.11.2020).

Лаптева 2000 — Лаптева Л. Формирование соседских сообществ // Местное самоуправление: проблемы и пути их решения / Ред. С. Куркова. СПб.: Знание, 2000.

Ларина 2007 — Ларина К. Царицыно: новодел или Версаль? // Авторская передача «Культурный шок» // Радио «Эхо Москвы» [Электрон. ресурс]. 2007. 8 сентября. URL: http://www.echo.msk.ru/programs/kulshok/54664 (дата обращения: 22.10.2020).

Латур 2014 — Латур Б. Пересборка социального: введение в акторно-сетевую теорию / Пер. с англ. И. Полонской; ред. С. Гавриленко; Нац. исслед. ун-т «Высшая школа экономики». М.: Изд. дом Высшей школы экономики, 2014.

Лефевр 2015 — Лефевр А. Производство пространства / Пер. с франц. И. Стаф. М.: Strelka Press, 2015.

Линия 2015 — Открылась горячая линия для жалоб на водителей автобусов // В Москве. Московские новости проекта msk.NEWSru.com [Электрон. ресурс]. 2015. 27 августа. URL: http://www.newsmsk.com/article/27aug2015/line_success.html (дата обращения: 22.10.2020).

Липпман 2004 — Липпман У. Общественное мнение. М.: Институт фонда «Общественное мнение», 2004.

Логинова 2007 — Логинова Н. Равнение на памятник // Российская газета [Электрон. ресурс]. 2007. 29 октября. URL: http://www.rg.ru/2007/10/29/reestr.html (дата обращения: 22.10.2020).

Локоткова 2013 — Локоткова Ж. Ленинский фривей // Итоги [Электрон. ресурс]. 2013. 26 августа. URL: http://www.itogi.ru/obsch/2013/34/193214.html (дата обращения: 15.10.2020).

Лот 2009 — Лот К. Сталинская архитектура // Московское архитектурное наследие: точка невозврата (Moscow Heritage at Crisis Point): Двуязычное изд. / Ред. Э. Харрис, К. Сесил, А. Броновицкая. М.: MAPS/SAVE Europe's Heritage, 2009. Вып. 2. С. 76–81.

Лужков 2007 — Лужков обвинил Кучерену, который защищает бутовцев, в дурной беспринципной политике // NEWSru.com [Электрон. ресурс]. 2007. URL: https://www.newsru.com/russia/24mar2007/but.html (дата обращения: 22.10.2020).

Лучкина 2015 — Лучкина Н. Московское правительство признано лучшим в мире по коммуникациям с жителями // Вечерняя Москва [Электрон. ресурс]. 2015. 21 мая. URL: https://vm.ru/moscow/223128-moskovskoe-pravitelstvo-priznano-luchshim-v-mire-po-kommunikaciyam-s-zhitelyami (дата обращения: 22.10.2020).

Ляув, Панов, Николаева 2007 — Ляув Б., Панов А., Николаева А. «Я всегда мечтала быть аналитиком», — Елена Батурина, президент ЗАО «Интеко» // Ведомости. 2007. № 223. 26 ноября. Цит. по: Институт проблем предпринимательства [Электрон. ресурс]. 2008. 21 января. URL: https://www.ippnou.ru/article.php?idarticle=003787 (дата обращения: 08.02.2021).

Ляув, Филатов 2010 — Ляув Б., Филатов А. Реконструкция Пушкинской площади отменяется // Zdanie.info [Электрон. ресурс]. 2010. 19 ноября. URL: http://zdanie.info/2390/2391/news/554 (дата обращения: 22.10.2020).

Макеева 2007 — Макеева М. Теплый Стан против «Евразии» // Мой район [Электрон. ресурс]. 2007. 29 декабря. URL: http://msk.mr7.ru/teplyj-stan-protiv-evrazii (дата обращения: 22.10.2020).

Манн 2018 — Манн М. Источники социальной власти: в 4 т. / Пер. с англ. Д. Карасева. Т. 1: История власти от истоков до 1760 года н. э. М.: Изд. дом «Дело» РАНХиГС, 2018.

Марат Гельман 2013 — Марат Гельман покажет «Градостроительную контрреволюцию» от «Архнадзора» // Газета.ru [Электрон. ресурс]. 2013. 5 сентября. URL: http://www.gazeta.ru/culture/news/2013/09/05/n_3161797.shtml (дата обращения: 22.10.2020).

Марчук 2001 — Марчук И. Лужков — властелин предвыборных колец // Газета.ru [Электрон. ресурс]. 2001. 14 ноября. URL: https://www.gazeta.ru/2001/11/08/luzkovvlaste.shtml (дата обращения: 22.10.2020).

Марьянова 2010 — Марьянова А. Малый Козихинский выгорает // Газета.ru [Электрон. ресурс]. 2010. 6 декабря. URL: http://www.gazeta.ru/social/2010/12/06/3457161.shtml (дата обращения: 22.10.2020).

МВД 2013 — МВД: при реставрации Малого и Большого театров мошенники причинили ущерб на 100 с лишним миллионов рублей // NEWSru.com [Электрон. ресурс]. 2013. 2 октября. URL: https://www.newsru.com/russia/02oct2013/gabt.html (дата обращения: 22.10.2020).

Медведев 2005 — Медведев Р. А. Московская модель Юрия Лужкова. М.: Время, 2005.

Мезенцева, Можаев, Митрофанов 2007 — Мезенцева Ю., Можаев А., Митрофанов А. От Боровицкой до Пушкинской площади. Москва, которой нет: Путеводитель. М.: Memories; 2007.

Мелешенко 2014 — Мелешенко А. В Москве отреставрировали 150 зданий // Российская газета [Электрон. ресурс]. 2014. 14 февраля. URL: http://www.rg.ru/2014/02/14/restavratsia-site.html (дата обращения: 22.10.2020).

Мельников 2010 — Мельников Д. Почему российские стройки намного дороже европейских? // Вести.ru [Электрон. ресурс]. 2010. 28 марта. URL: https://www.vesti.ru/article/2049561 (дата обращения: 16.11.2020).

Местные 2010 — Местные жители требуют изменить проект гостиницы в Малом Козихинском переулке // В Москве. Московские новости проекта msk.NEWSru.com [Электрон. ресурс]. 2010. 28 октября. URL: http://www.newsmsk.com/article/28Oct2010/ne_pustili.html (дата обращения: 22.10.2020).

Метелица 2006 — Метелица Г. Дороги «разбил паралич» // Аргументы и факты [Электрон. ресурс]. 2006. 12 июля. URL: http://www.aif.ru/online/moskva/678/15_01 (дата обращения: 22.10.2020).

Милова 2011 — Милова Е. Куча-гала // Коммерсантъ [Электрон. ресурс]. 2011. 31 октября. URL: http://kommersant.ru/doc/1807122 (дата обращения: 22.10.2020).

Минкультуры 2015 — Минкультуры проведет проверку по факту сноса школы Космодемьянских // В Москве. Московские новости проекта msk.NEWSru.com [Электрон. ресурс]. 2015. 30 апреля. URL: http://www.newsmsk.com/article/30apr2015/zoya_proverka.html (дата обращения: 22.10.2020).

Митинг 2009 — Митинг в Москве: Референдум не запретить! // Правда-info [Электрон. ресурс]. 2009. 6 октября. URL: http://www.pravda.info/politics/65870.html (дата обращения: 12.03.2021).

Митинг 2010 — В центре Москвы с разрешения властей состоялся митинг в защиту коррупционеров // NEWSru.com [Электрон. ресурс]. 2010. 18 мая. URL: http://www.newsru.com/russia/18may2010/zakorrupciyu.html (дата обращения: 22.10.2020).

Митинг 2011 — В столице прошел объединенный митинг противников застройки «по-лужковски» // В Москве. Московские новости проекта msk.NEWSru.com [Электрон. ресурс]. 2011. 4 апреля. URL: http://www.newsmsk.com/article/04apr2011/protiv_zastroek.html (дата обращения: 22.10.2020).

Михайлов 2006 — Михайлов К. Уроки московского погрома // Хроника уничтожения старой Москвы: 1990–2006 / Ред. К. Михайлов, Д. Лотарева, Р. Рахматуллин, В. Стерлинг, Б. Федоров. М.: Русская усадьба, 2006. С. 6–19.

Михайлов 2007 — Михайлов К. Москва погибшая. 1917–2007. М.: Яуза, Эксмо, 2007.

Михайлов 2010 — Михайлов К. Работа начинается // Архнадзор [Электрон. ресурс]. 2010. 9 октября. URL: http://www.archnadzor.ru/2010/10/09/rabota-nachinaetsya/#more-5699 (дата обращения: 22.10.2020).

Михайлов 2013а — Михайлов К. Стройка парламентаризма // Газета.ru [Электрон. ресурс]. 2013. 28 ноября. URL: http://www.gazeta.ru/comments/2013/11/28_a_5773989.shtml (дата обращения: 22.10.2020).

Михайлов 2013б — Михайлов К. Тревожный экскаватор // Газета.ru [Электрон. ресурс]. 2013. 16 сентября. URL: http://www.gazeta.ru/comments/2013/09/16_a_5654353.shtml (дата обращения: 22.10.2020).

Михайлов 2014 — Михайлов К. Мосгордума не едет в больницу // Газета.ru [Электрон. ресурс]. 2014. 14 июля. URL: http://www.gazeta.ru/comments/2014/07/14_a_6113269.shtml (дата обращения: 22.10.2020).

Михайлов, Лотарева и др. 2006 — Михайлов К., Лотарева Д., Рахматуллин Р., Стерлинг В., Федоров Б. (Ред.). Хроника уничтожения старой Москвы: 1990–2006. М.: Русская усадьба, 2006.

Многие 2015 — Многие пустующие офисы Москвы не найдут арендаторов никогда // В Москве. Московские новости проекта msk.NEWSru.com [Электрон. ресурс]. 2015. 18 декабря. URL: http://www.newsmsk.com/article/18dec2015/office.html (дата обращения: 22.10.2020).

Мосгорпрокуратура 2009 — Мосгорпрокуратура назвала решение Мосгоризбиркома о проведении городского референдума незаконным // Regnum [Электрон. ресурс]. 2009. 5 июня. URL: https://regnum.ru/news/1172450.html (дата обращения: 22.10.2020).

Мосгосэкспертиза 2011 — Мосгосэкспертиза подтвердила, что стройка в Козихинском безопасна // РИА «Новости» [Электрон. ресурс]. 2011. 13 января. URL: http://ria.ru/moscow/20110113/321163078.html#ixzz2W2O7mwAt (дата обращения: 22.10.2020).

Москва 2012 — Москва не знает, что делать с пятью громкими стройками в самом центре // NEWSru.com [Электрон. ресурс]. 2012. 21 ноября. URL: https://www.newsru.com/realty/21nov2012/fso_gelikon.html (дата обращения: 16.11.2020).

Москва 2015 — Москва решила выявлять // Архнадзор [Электрон. ресурс]. 2015. 29 августа. URL: http://www.archnadzor.ru/2015/08/29/moskva-reshila-vyiyavlyat/#more-22057 (дата обращения: 22.10.2020).

Москва 2016 — Москва не будет корректировать городской бюджет // В Москве. Московские новости проекта msk.NEWSru.com [Электрон.

ресурс]. 2016. 16 января. URL: http://www.newsmsk.com/article/19jan2016/budget.html (дата обращения: 22.10.2020).

Москвичам 2014 — Москвичам предложили выбрать лучший проект по благоустройству Триумфальной площади // В Москве. Московские новости проекта msk.NEWSru.com [Электрон. ресурс]. 2014. 21 апреля. URL: http://www.newsmsk.com/article/21apr2014/triumf_opros.html (дата обращения: 22.10.2020).

Москвичей 2010 — Москвичей просят жаловаться на коррупцию по электронной почте // В Москве. Московские новости проекта msk.NEWSru.com [Электрон. ресурс]. 2010. 11 ноября. URL: http://www.newsmsk.com/article/11Nov2010/email_kor.html (дата обращения: 22.10.2020).

Москвичи 2010а — Москвичи не дают город в обиду // Вести.ru [Электрон. ресурс]. 2010. 25 октября. URL: http://www.vesti.ru/doc.html?id=402167 (дата обращения: 22.10.2020).

Москвичи 2010б — Москвичи пока не начали жить по новому генплану // News.ru [Электрон. ресурс]. 2010. 4 января. URL: http://www.newsmsk.com/article/04Jan2010/gen_obzor.html (дата обращения: 12.10.2020).

Москвичи 2011 — Москвичи поддерживают сохранение исторической застройки, показал возмутивший блоггеров опрос на сайте Собянина // NEWSru.com [Электрон. ресурс]. 2011. 19 января. URL: http://realty.newsru.com/article/19jan2011/opros (дата обращения: 22.10.2020).

Москвичи 2012 — Москвичи вышли на митинг против вырубки Миусского сквера // В Москве. Московские новости проекта msk.NEWSru.com [Электрон. ресурс]. 2012. 12 ноября. URL: http://www.newsmsk.com/article/12Nov2012/miuss_skver.html (дата обращения: 22.10.2020).

Москвичи 2013 — Москвичи пожаловались в прокуратуру на варварскую реконструкцию «Березовой рощи» // В Москве. Московские новости проекта msk.NEWSru.com [Электрон. ресурс]. 2013. 5 ноября. URL: http://www.newsmsk.com/article/05nov2013/varvary.html (дата обращения: 22.10.2020).

Московская 2015 — Московская епархия готова пойти на перенос храма из парка «Торфянка» // ТАСС [Электрон. ресурс]. 2015. 31 июля. URL: http://tass.ru/obschestvo/2158051 (дата обращения: 22.10.2020).

Московские 2007 — Московские дворы застраивать больше не будут, потому что негде // NEWSru.com [Электрон. ресурс]. 2007. 3 августа. URL: http://realty.newsru.com/article/03aug2007/tochzastr (дата обращения: 22.10.2020).

Московский суд 2007 — Московский суд удовлетворил иск Лужкова, доказав, что суды неподконтрольны мэру Москвы // NEWSru.com [Электрон. ресурс]. 2007. 14 ноября. URL: http://www.newsru.com/russia/14nov2007/luzhkov.html (дата обращения: 14.10.2020).

Муниципальный 2013 — Муниципальный депутат Елена Ткач призвала коллег не поддерживать Навального // Грани.ру [Электрон. ресурс]. 2013. 11 июня. URL: https://grani-ru.appspot.com/Politics/Russia/Regions/m.215572.html (дата обращения: 17.11.2020).

Мусатов 1986 — Мусатов А. Палаты Щербакова // Строительство и архитектура Москвы. 1986. № 11. С. 3–14.

Мэр 2013 — Мэр призвал сохранить и усовершенствовать публичные слушания // В Москве. Московские новости проекта msk.NEWSru.com [Электрон. ресурс]. 2013. 15 января. URL: http://www.newsmsk.com/article/15Jan2013/save_publ.html (дата обращения: 22.10.2020).

Мэрия 2012 — Мэрия Москвы отменила комплексную реконструкцию «Детского мира» // NEWSru.com [Электрон. ресурс]. 2012. 13 марта. URL: http://realty.newsru.com/article/13mar2012/detsky (дата обращения: 22.10.2020).

Мэрия 2014 — Мэрия подаст в суд на строительную компанию, снесшую уникальный дом в центре города // В Москве. Московские новости проекта msk.NEWSru.com [Электрон. ресурс]. 2014. 23 августа. URL: http://www.newsmsk.com/article/23aug2014/isk_snos.html (дата обращения: 22.10.2020).

Мэрия Москвы 2012 — Мэрия Москвы разрешила построить на территории «Красного Октября» 40 тыс. «квадратов» недвижимости // News.ru [Электрон. ресурс]. 2012. 22 февраля. URL: http://realty.newsru.com/article/22feb2012/red_october (дата обращения: 22.10.2020).

Мягкова 2010 — Мягкова М. Москвичи остановили стройку Михалкова // BFM.ru [Электрон. ресурс]. 2010. 27 октября. URL: http://www.bfm.ru/news/101647 (дата обращения: 22.10.2020).

На Красной 2015 — На Красной площади задержали противников строительства храма в «Торфянке» // В Москве. Московские новости проекта msk.NEWSru.com [Электрон. ресурс]. 2015. 26 июля. URL: http://www.newsmsk.com/article/26jul2015/torfyanka_arest.html (дата обращения: 15.10.2020).

Наркомфина 2014 — В доме Наркомфина остановили незаконный ремонт // В Москве. Московские новости проекта msk.NEWSru.com [Электрон. ресурс]. 2014. 17 апреля. URL: http://www.newsmsk.com/article/17apr2014/narkomfin.html (дата обращения: 22.10.2020).

Наш город 2015 — Наш город. О проекте // Москва наш город [Электрон. ресурс]. 2015. URL: https://gorod.mos.ru/?show=about (дата обращения: 22.10.2020).

Николаева 2015 — Николаева Е. Суд отклонил жалобу москвичей на строительство храма в долине Яузы // MK.ru [Электрон. ресурс]. 2015. 21 июля. URL: http://www.mk.ru/moscow/2015/07/20/sud-otklonil-zhalobu-moskvichey-na-stroitelstvo-khrama-v-doline-yauzy.html (дата обращения: 22.10.2020).

Николай Левичев 2010 — Николай Левичев: продолжается архитектурное убийство зданий, которые хранят дух Москвы // Вести.ru [Электрон. ресурс]. 2010. 24 июня. URL: http://www.vesti.ru/doc.html?id=371393 (дата обращения: 22.10.2020).

Ни шагу 2009 — «Ни шагу назад! Москва за нами!» Манифест участников Общественной коалиции в защиту Москвы // Militarev Livejournal [Электрон. ресурс]. 2009. 2 декабря. URL: http://militarev.livejournal.com/1144230.html (дата обращения: 22.10.2020).

О неотложных мерах 1992 — О неотложных мерах по организации обеспечения сохранения историко-культурного наследия Москвы // Кодекс [Электрон. ресурс]. 1992. URL: http://docs.cntd.ru/document/3601496 (дата обращения: 16.11.2020).

Об итогах 2015 — Об итогах выполнения мероприятий по реставрации памятников в городе Москве в 2014 году и задачах на 2015 год // mos.ru: Официальный сайт Мэра Москвы [Электрон. ресурс]. 2015. 19 октября. URL: https://www.mos.ru/dkn/documents/view/49479220 (дата обращения: 16.11.2020).

Об утверждении 2001 — Об утверждении «Положения об общественном совете при мэре Москвы по проблемам градостроительного и архитектурно-художественного формирования облика города» (с изменениями на 28 февраля 2001 года) // Техэксперт [Электрон. ресурс]. 2001. URL: http://docs.cntd.ru/document/3610178 (дата обращения: 22.10.2020).

Об утверждении 2015 — Об утверждении Положения об организации работы по установлению историко-культурной ценности объекта, обладающего признаками объекта культурного наследия // mos.ru: Официальный сайт Мэра Москвы [Электрон. ресурс]. 2015. URL: http://s.mos.ru/common/upload/27.08.2015_64–02–1655_15_Sobyanin_S.S._Pechatnikov_L.M._27ba3b2e8742dd7ac59a5a342606cb34.pdf (дата обращения: 22.10.2020).

Объекты 2020 — Объекты культурного наследия: карта // Портал открытых данных Правительства Москвы [Электрон. ресурс]. 2020. URL:

https://data.mos.ru/opendata/obekty-kulturnogo-naslediya-i-vyyavlennye-obekty-kulturnogo-naslediya/data/map (дата обращения: 16.09.2020).

Овсянникова 1991 — Овсянникова Н. Инициативное жилище и возрождение среды при участии жителей // Жилищное строительство. 1991. № 4. С. 23–30.

Оже 2017 — Оже М. Не-места. Введение в антропологию гипермодерна / Пер. с фр. А. Коннова. М.: Новое литературное обозрение, 2017.

ОП РФ 2010 — ОП РФ требует восстановить снесенную усадьбу купца Алексеева в Москве // РИА «Новости» [Электрон. ресурс]. 2010. 26 июля. URL: http://ria.ru/moscow/20100726/258577882.html (дата обращения: 22.10.2020).

Опрос 2020 — Опрос // mos.ru: Официальный сайт Мэра Москвы [Электрон. ресурс]. 2020. URL: https://www.mos.ru/search?category=common&host=md.mos.ru&page=1&q=%D0%BE%D0%BF%D1%80%D0%BE%D1%81&referer=https%3A%2F%2Fmd.mos.ru%2F (дата обращения: 16.11.2020).

Остановите 2010 — Остановите кран // Газета.ru [Электрон. ресурс]. 2010. 6 декабря. URL: http://www.gazeta.ru/comments/2010/12/06_e_3457209.shtml (дата обращения: 22.10.2020).

Остановить 2016 — Остановить сносы в столице все сложнее: архитектурные потери 2015 года // В Москве. Московские новости проекта msk.NEWSru.com [Электрон. ресурс]. 2016. 8 января. URL: http://www.newsmsk.com/article/08jan2016/snosy_2015.html (дата обращения: 22.10.2020).

Остановлено 2010 — Остановлено строительство на месте здания «Геликон-Оперы» // В Москве. Московские новости проекта msk.NEWSru.com [Электрон. ресурс]. 2010. 16 октября. URL: http://www.newsmsk.com/article/16oct2010/gelikon.html (дата обращения: 22.10.2020).

Отказ 2014 — Отказ от станции «Беломорская» попортил планы риелторов // В Москве. Московские новости проекта msk.NEWSru.com [Электрон. ресурс]. 2014. 18 апреля. URL: http://www.newsmsk.com/article/18apr2014/belomorskaya.html (дата обращения: 22.10.2020).

Откроют 2013 — В Москве откроют 70 новых станций метро в течение 7 лет // Газета.ru [Электрон. ресурс]. 2013. 15 мая. URL: http://www.gazeta.ru/politics/news/2013/05/15/n_2912377.shtml (дата обращения: 22.10.2020).

Открылась 2015 — Открылась горячая линия для жалоб на стоянку под запрещающими знаками // В Москве. Московские новости проекта msk.NEWSru.com [Электрон. ресурс]. 2015. 26 марта. URL: http://www.

newsmsk.com/article/26mar2015/madi_telefon.html (дата обращения: 22.10.2020).

Павлов 2011 — Павлов С. Татьяна Догилева: «Никто не имеет права называть меня сумасшедшей алкоголичкой!» // Комсомольская правда [Электрон. ресурс]. 2011. 25 апреля. URL: http://www.kp.ru/daily/25674.5/834935 (дата обращения: 22.10.2020).

Памятники 2015 — Памятники архитектуры, которые мы потеряли в этом году // Большой город [Электрон. ресурс]. 2015. 23 июня. URL: http://bg.ru/city/pamjatniki_arhitektury_kotorye_my_poterjali-22890 (дата обращения: 22.10.2020).

Парк 2011 — Парк Р. Э. Городское сообщество как пространственная конфигурация и моральный порядок // Р. Э. Парк. Избранные очерки: Сборник переводов / Сост. и пер. В. Г. Николаева; ред. Д. В. Ефременко. М.: ИНИОН РАН, 2011.

Паркинг 2012 — В гостинице «Москва» открылся паркинг // Мосновострой [Электрон. ресурс]. 2012. 14 февраля. URL: http://mosnovostroy.ru/news/transport/18535.html (дата обращения: 22.10.2020).

Петин 2015 — Петин В. Омбудсмен Элла Памфилова выступила против сноса памятника в Москве // Российская газета [Электрон. ресурс]. 2015. 20 января. URL: http://www.rg.ru/2015/01/20/ombudsmen-site-anons.html (дата обращения: 22.10.2020).

Петренко 2007а — Петренко В. Бутово снова бьют // Газета.ru [Электрон. ресурс]. 2007. 18 мая. URL: http://www.gazeta.ru/2007/05/18/oa_239470.shtml (дата обращения: 22.10.2020).

Петренко 2007б — Петренко В. Кодекс точечной застройки // Газета.ru [Электрон. ресурс]. 2007. 12 декабря. URL: http://www.gazeta.ru/social/2007/12/12/2420506.shtml (дата обращения: 22.10.2020).

Петренко 2007в — Петренко В. Районы точечных боевых действий // Газета.ru [Электрон. ресурс]. 2007. 9 августа. URL: http://www.gazeta.ru/social/2007/08/09/2021506.shtml (дата обращения: 22.10.2020).

Петренко 2008а — Петренко В. Москва пожирает своих детей // Газета.ru [Электрон. ресурс]. 2008. 26 марта. URL: https://www.gazeta.ru/realty/2008/03/26_a_2677764.shtml (дата обращения: 22.10.2020).

Петренко 2008б — Петренко В. Москва разовьется пополам // Газета.ru [Электрон. ресурс]. 2008. 23 декабря. URL: http://www.gazeta.ru/social/2008/12/23/2916526.shtml (дата обращения: 22.10.2020).

Петренко 2009а — Петренко В. Нас используют как мебель // Газета.ru [Электрон. ресурс]. 2009. 13 августа. URL: http://www.gazeta.ru/social/2009/08/13/3236077.shtml (дата обращения: 22.10.2020).

Петренко 2009б — Петренко В. Не тот ломоть отрезали // Газета.ru [Электрон. ресурс]. 2009. 3 июня. URL: http://www.gazeta.ru/social/2009/06/03/3206104.shtml (дата обращения: 22.10.2020).

Петренко 2010а — Петренко В. Грибок и трещины обрушились на Царицыно // Газета.ru [Электрон. ресурс]. 2010. 10 февраля. URL: http://www.gazeta.ru/realty/2010/02/10_a_3322125.shtml (дата обращения: 22.10.2020).

Петренко 2010б — Петренко В. Москве показана генплановая операция // Газета.ru [Электрон. ресурс]. 2010. 4 апреля. URL: http://www.gazeta.ru/social/2010/04/10/3349952.shtml (дата обращения: 22.10.2020).

Петренко 2010в — Петренко В. Козихинский застроился // Газета.ru [Электрон. ресурс]. 2010. 9 ноября. URL: http://www.gazeta.ru/social/2010/11/09/3436000.shtml (дата обращения: 22.10.2020).

Петренко 2012 — Петренко В. Битца приблизилась к метро // Газета.ru [Электрон. ресурс]. 2012. 17 февраля. URL: http://www.gazeta.ru/social/2012/02/17/4004969.shtml (дата обращения: 22.10.2020).

Петренко, Снежкина 2007 — Петренко В., Снежкина А. Мордобой бизнес-класса // Газета.ru [Электрон. ресурс]. 2007. 23 августа. URL: https://www.gazeta.ru/realty/2007/08/23_a_2082895.shtml (дата обращения: 22.10.2020).

Пикет 2014 — Градозащитники выйдут на пикет против сноса домов Привалова вблизи Кремля // В Москве. Московские новости проекта msk.NEWSru.com [Электрон. ресурс]. 2014. 16 октября. URL: http://www.newsmsk.com/article/16oct2014/privalova.html (дата обращения: 22.10.2020).

Пикеты 2013 — Москвичи выйдут на пикеты против отмены публичных слушаний по самым острым проектам // В Москве. Московские новости проекта msk.NEWSru.com [Электрон. ресурс]. 2013. 10 января. URL: http://www.newsmsk.com/article/10Jan2013/grad_popravki.html (дата обращения: 22.10.2020).

Пичугина 2015 — Пичугина Е. Что стоит посетить на московском фестивале варенья // MK.ru [Электрон. ресурс]. 2015. 12 августа. URL: https://www.mk.ru/moscow/2015/08/12/chto-stoit-posetit-na-moskovskom-festivale-varenya.html (дата обращения: 22.10.2020).

План 2015 — План экологического развития Москвы вынесли на обсуждение // В Москве. Московские новости проекта msk.NEWSru.com [Электрон. ресурс]. 2015. 20 июля. URL: http://www.newsmsk.com/article/20jul2015/eco_crowd.html (дата обращения: 22.10.2020).

Планируется 2016 — В 2016 году в Москве планируется построить 14 станций метро // В Москве. Московские новости проекта msk.

NEWSru.com [Электрон. ресурс]. 2016. 6 января. URL: http://www.newsmsk.com/article/09jan2016/metro.html (дата обращения: 22.10.2020).

По 2012 — По А. Строительство отеля в Хамовниках угрожает уникальному саду // The Village [Электрон. ресурс]. 2012. 27 июня. URL: http://www.the-village.ru/village/situation/situation/114533-sad (дата обращения: 22.10.2020).

По проектам 2007 — По проектам генерального плана Москвы будут проводиться публичные слушания // BN.ru [Электрон. ресурс]. 2007. 12 сентября. URL: https://www.bn.ru/gazeta/news/18849 (дата обращения: 16.11.2020).

По стройке 2010 — По стройке в Козихинском переулке проведут независимую экспертизу // В Москве. Московские новости проекта msk. NEWSru.com [Электрон. ресурс]. 2010. 9 декабря. URL: http://www.newsmsk.com/article/09Dec2010/kozih_nonstop.html (дата обращения: 14.10.2020).

По факту 2014 — По факту сноса усадьбы на Большой Ордынке возбуждено уголовное дело // В Москве. Московские новости проекта msk.NEWSru.com [Электрон. ресурс]. 2014. 17 июля. URL: http://www.newsmsk.com/article/17jul2014/ordynka_ugol.html (дата обращения: 22.10.2020).

Повторные 2015 — Требуем повторные публичные слушания в Тропарево-Никулино по выбору места для постройки храма по адресу ул. Академика Анохина вл. 2–4 // Change.Org [Электрон. ресурс]. 2015. URL: https://www.change.org/p/мэру-москвы-собянину-с-с-требуем-провести-повторные-публичные-слушания-в-тропарево-никулино-по-выбору-места-для-постройки-храма-по-адресу-ул-академика-анохина-вл-2–4 (дата обращения: 22.10.2020).

Подана 2007 — Подана заявка на проведение общемосковского митинга-схода против строительной политики Лужкова // Марш несогласных [Электрон. ресурс]. 2007. 12 сентября. URL: http://www.namarsh.ru/materials/46E7D5E36A44F.html (дата обращения: 22.10.2020).

Подведены 2014 — Подведены итоги первого этапа голосования «Моя улица» в проекте «Активный гражданин» // mos.ru: Официальный сайт Мэра Москвы [Электрон. ресурс]. 2004. URL: http://www.mos.ru/authority/activity/citygov/?id_14=30582 (в настоящий момент недоступно).

Подолян 2011 — Подолян О. На смену «комиссии по сносу» Москвы пришла «комиссия по сохранению» // ВестиFM [Электрон. ресурс]. 2011. 5 октября. URL: https://radiovesti.ru/brand/61178/episode/1389548 (дата обращения: 22.10.2020).

Пожар 2010 — В Малом Козихинском переулке произошел пожар в жилом доме // В Москве. Московские новости проекта msk.NEWSru. com [Электрон. ресурс]. 2010. 6 декабря. URL: http://www.newsmsk.com/article/06Dec2010/malkoz_fire.html (дата обращения: 22.10.2020).

Полицейский 2012 — Полицейский ударил Татьяну Догилеву при попытке задержания // В Москве. Московские новости проекта msk. NEWSru.com [Электрон. ресурс]. 2012. 14 марта. URL: http://www.newsmsk. com/article/14mar2012/dogileva_udaril.html (дата обращения: 22.10.2020).

Положение 2013 — Положение о Департаменте культурного наследия города Москвы. 2013.

Полховская 2008 — Полховская Е. Теперь уничтожением исторических памятников Москвы озаботился Валерий Шевчук // Информационное агентство «Руспрес» [Электрон. ресурс]. 2008. 12 августа. URL: https://rospres.site/government/item/829-teper-unichtozheniem-istorich-eskih-pamyatnikov-moskvy-ozabotitsya-valeriy-shevchuk (дата обращения: 22.10.2020).

Портал 2014 — В России заработал единый портал открытых данных // Общественный совет по развитию малого предпринимательства при Губернаторе Санкт-Петербурга [Электрон. ресурс]. 2014. 28 марта. URL: http://osspb.ru/osnews/13495 (дата обращения: 16.11.2020).

Портал 2015 — Портал открытых данных // Портал открытых данных Правительства Москвы. 2015. URL: http://data.mos.ru (дата обращения: 22.10.2020).

Постановление 1997 — Постановление VII съезда Всероссийского общества охраны памятников истории и культуры по отчету Центрального совета. 1997.

Постановление 2007 — Постановление Правительства Москвы от 26.12.1995 № 1015 // Нормативные правовые акты Российской Федерации [Электрон. ресурс]. 2007. URL: http://pravo.minjust.ru:8080/bigs/showDocument.html?id=A04291B8–53F5–4B0D-8CCC-746E5C70744E (дата обращения: 16.11.2020).

Постановление 2008 — Постановление Правительства Москвы от 25 декабря 2007 г. № 1186-ПП // Гарант.ру: информационно-правовой портал [Электрон. ресурс]. 2008. URL: http://www.garant.ru/products/ipo/prime/doc/288848 (дата обращения: 22.10.2020).

Постановление 2011 — Положение Правительства Москвы от 4 октября № 475 // mos.ru: Официальный сайт Мэра Москвы [Электрон. ресурс]. 2011. URL: https://www.mos.ru/dkn/documents/view/48787220/?utm_source=search&utm_term=serp (дата обращения: 22.10.2020).

Прессу 2010 — Прессу и активистов не пускают на обсуждение по Козихинскому переулку // РИА «Новости» [Электрон. ресурс]. 2010. 28 октября. URL: http://ria.ru/moscow/20101028/290101396.html#ixzz2 REUlsS74 (дата обращения: 22.10.2020).

Проблемы 2014 — На городские проблемы можно будет пожаловаться через «Яндекс» // В Москве. Московские новости проекта msk. NEWSru.com [Электрон. ресурс]. 2014. 11 марта. URL: http://www. newsmsk.com/article/11mar2014/jaloby.html (дата обращения: 22.10.2020).

Проведение 2013 — На проведение акции в московском «гайд-парке» подана первая заявка — митинг одиноких девушек // Газета.ru [Электрон. ресурс]. 2013. 17 апреля. URL: http://www.gazeta.ru/politics/news/2013/04/17/n_2860373.shtml (дата обращения: 22.10.2020).

Продажи 2008 — Продажи московского жилья упали осенью в десять раз // NEWSru.com [Электрон. ресурс]. 2008. 4 декабря. URL: https://www.newsru.com/realty/04dec2008/sales_msk.html (дата обращения: 22.10.2020).

Противники 2010а — Противники строительства отеля в Козихинском открыли «горячую линию» // РИА «Новости» [Электрон. ресурс]. 2010. 15 ноября. URL: http://ria.ru/moscow/20101115/296594953. html (дата обращения: 14.10.2020).

Противники 2010б — Противники отеля в Козихинском переулке угрожают голодовкой // РИА «Новости» [Электрон. ресурс]. 2010. 22 ноября. URL: http://ria.ru/moscow/20101122/299488571.html (дата обращения: 22.10.2020).

Противники 2010в — Противники отеля в Козихинском переулке заявили о том, что им угрожают // РИА «Новости» [Электрон. ресурс]. 2010. 17 ноября. URL: http://ria.ru/moscow/20101117/297427312. html#ixzz2S4L44NMJ (дата обращения: 22.10.2020).

Противники 2015 — Противники строительства храма в парке «Торфянка» отозвали старый судебный иск, но готовы подать новый // NEWSru.com [Электрон. ресурс]. 2015. 31 июля. URL: http://www. newsru.com/religy/31jul2015/torfianka.html (дата обращения: 22.10.2020).

Противники отеля 2010 — Противники отеля в Козихинском просят встречи с Маратом Хуснуллиным // РИА «Новости» [Электрон. ресурс]. 2010. 27 декабря. URL: http://ria.ru/moscow/20101227/313981453.html (дата обращения: 22.10.2020).

Противников 2012 — Противников стройки в Большом Козихинском переулке обвиняют в избиении // В Москве. Московские новости проекта msk.NEWSru.com [Электрон. ресурс]. 2012. 19 марта. URL: http://

www.newsmsk.com/article/19mar2012/kozih_vsud.html (дата обращения: 22.10.2020).

Проценко 2014 — Проценко Л. Москвичи назвали пять проблем столицы, нуждающихся в их контроле // Российская газета [Электрон. ресурс]. 2014. 4 апреля. URL: https://rg.ru/2014/04/04/moskva-site-anons.html (дата обращения: 02.02.2021).

Проценко 2015 — Проценко Л. Хуснуллин: «Митинг по поводу сносимых памятников — дешевый популизм» // Российская газета [Электрон. ресурс]. 2015. 30 января. URL: https://rg.ru/2015/01/30/mnenie-site.html (дата обращения: 22.10.2020).

Публичные 2014 — Публичные слушания о точечной застройке сквера в Хамовниках переросли в драку // В Москве. Московские новости проекта msk.NEWSru.com [Электрон. ресурс]. 2014. 12 ноября. URL: http://www.newsmsk.com/article/12nov2014/hamov_publ.html (дата обращения: 22.10.2020).

Пукемов, Климентьев 2009 — Пукемов К., Климентьев Г. «Федерацию» взяли под стражу // Газета.ru [Электрон. ресурс]. 2009. 19 августа. URL: https://www.gazeta.ru/business/2009/08/19/3238049.shtml (дата обращения: 22.10.2020).

Пушкинскую 2009 — Пушкинскую площадь реконструируют к 2013 году // В Москве. Московские новости проекта msk.NEWSru.com [Электрон. ресурс]. 2009. 6 июля. URL: http://www.newsmsk.com/article/06jul2009/pushka_2013.html (дата обращения: 22.10.2020).

Размахнин 2007 — Размахнин А. Царская подмосковная // Moscow Daily News [Электрон. ресурс]. 2007. 14 сентября. URL: http://www.mn.ru/print.php?2007-36-37 (в настоящий момент ссылка недоступна).

РАРИО 2009 — Об агентстве // Российское агентство развития информационного общества [Электрон. ресурс]. 2015. Сентябрь. URL: https://rario.ru/about (дата обращения: 22.10.2020).

Рахматуллин 2009 — Рахматуллин Р. Последние изменения в охранном законодательстве // Московское архитектурное наследие: точка невозврата (Moscow Heritage at Crisis Point): Двуязычное изд. / Ред. Э. Харрис, К. Сесил, А. Броновицкая. М.: MAPS/SAVE Europe's Heritage, 2009. Вып. 2. С. 186-194.

Ревзин 2008 — Ревзин Г. Надгробный памятник архитектуры // Коммерсантъ [Электрон. ресурс]. 2008. 6 августа. URL: http://www.kommersant.ru/doc/1008299 (дата обращения: 22.10.2020).

Резник 2005 — Резник И. Война за дом в Москве: хроника конфликта // Газета.ru [Электрон. ресурс]. 2005. 21 февраля. URL: http://www.gazeta.ru/realty/2005/02/21_a_242789.shtml (дата обращения: 22.10.2020).

Резник 2006 — Резник И. Москва приехала в транспортный тупик // Газета.ru [Электрон. ресурс]. 2006. 25 апреля. URL: http://www.gazeta.ru/realty/2006/04/25_a_625005.shtml (дата обращения: 22.10.2020).

Резник 2009а — Резник И. Москвичи — самые бесправные столичные жители в мире // Газета.ru [Электрон. ресурс]. 2009. 17 апреля. URL: http://www.gazeta.ru/social/2009/04/17/2975622.shtml (дата обращения: 22.10.2020).

Резник 2009б — Резник И. Оставьте нас в покое и не трогайте парк // Газета.ru [Электрон. ресурс]. 2009. 25 февраля. URL: http://www.gazeta.ru/social/2009/02/25/2948651.shtml (дата обращения: 22.10.2020).

Резник 2010 — Резник И. Хитровке быть // Газета.ru [Электрон. ресурс]. 2010. 1 ноября. URL: http://www.gazeta.ru/social/2010/11/01/3434320.shtml (дата обращения: 22.10.2020).

Резник 2012 — Резник И. Битца не пускает к себе метро // Газета.ru [Электрон. ресурс]. 2012. 13 февраля. URL: http://www.gazeta.ru/social/2012/02/13/3998825.shtml (дата обращения: 22.10.2020).

Резник 2013а — Резник И. «Дом понес значительные утраты, но костяк здания еще цел» // Газета.ru [Электрон. ресурс]. 2013. 2 июля. URL: http://www.gazeta.ru/social/2013/07/02/5409337.shtml (дата обращения: 22.10.2020).

Резник 2013б — Резник И. А еще здесь будет асфальтовый заводик // Газета.ru [Электрон. ресурс]. 2013. 28 октября. URL: http://www.gazeta.ru/social/2013/10/28/5726753.shtml (дата обращения: 22.10.2020).

Резник 2013в — Резник И. Публичный административный ресурс // Газета.ru [Электрон. ресурс]. 2013. 12 апреля. URL: http://www.gazeta.ru/politics/2013/04/12_a_5253205.shtml (дата обращения: 22.10.2020).

Резник 2014а — Резник И. Асфальт со связями // Газета.ru [Электрон. ресурс]. 2014. 14 апреля. URL: http://www.gazeta.ru/social/2014/04/14/5992765.shtml (дата обращения: 22.10.2020).

Резник 2014б — Резник И. «Основная цель — не помощь верующим, а уплотнительная застройка» // Газета.ru [Электрон. ресурс]. 2014. 8 мая. URL: http://www.gazeta.ru/social/2014/05/08/6022649.shtml (дата обращения: 22.10.2020).

Резник 2014в — Резник И. У нас рушатся дома от ваших строек! // Газета.ru [Электрон. ресурс]. 2014. 5 февраля. URL: http://www.gazeta.ru/social/2014/02/05/5883809.shtml (дата обращения: 22.10.2020).

Реконструкция Большого 2009 — Реконструкция Большого театра // Moscow-Live.ru [Электрон. ресурс]. 2009. 9 июля. URL: http://moscow-live.ru/report/14141-rekonstrukciya-bolshogo-teatra.html (дата обращения: 13.10.2020).

Реконструкция Пушкинской 2009 — Реконструкция Пушкинской площади откладывается, закончить бы Тверскую заставу // В Москве. Московские новости проекта msk.NEWSru.com [Электрон. ресурс]. 2009. 27 апреля. URL: http://www.newsmsk.com/article/27apr2009/pushkinskaya. html (дата обращения: 22.10.2020).

Ресин 2002 — Ресин В. И. Москва в лесах: Записки строителя. М.: Голос-пресс, 2002.

Референдум 2009а — В Москве стартует городской референдум // Новый день [Электрон. ресурс]. 2009. 17 апреля. URL: https://newdaynews. ru/moskow/229325.html (дата обращения: 16.11.2020).

Референдум 2009б — Референдум по возврату выборов мэра в Москве не может состояться, так как ставит вопрос об изменении федерального закона // Радио «Эхо Москвы» [Электрон. ресурс]. 2009. 29 мая. URL: http://echo.msk.ru/news/595517-echo.phtml (дата обращения: 22.10.2020).

Родионова 2007 — Родионова А. В Митино не будет точечной застройки // Мой район [Электрон. ресурс]. 2007. 3 августа. URL: http://msk.mr7. ru/v-mitino-ne-budet-tochechnoj-zastrojki (дата обращения: 22.10.2020).

Рункевич, Малай 2015 — Рункевич Д., Малай Е. «Эсеры» создают «Москонтроль» // Известия [Электрон. ресурс]. 2015. 14 апреля. URL: http://izvestia.ru/news/585361#ixzz3lkdWy9KI (дата обращения: 22.10.2020).

Савельева 2014 — Савельева Н. Мэрия и «Яндекс» поделятся друг с другом данными о пробках и ДТП // Москва24 [Электрон. ресурс]. 2014. 9 июля. URL: http://www.m24.ru/articles/49638?attempt=1 (дата обращения: 22.10.2020).

Самая 2010 — Самая ценная часть усадьбы купца Алексеева уничтожена // РИА «Новости» [Электрон. ресурс]. 2010. 25 июля. URL: http:// ria.ru/moscow/20100725/258318582.html (дата обращения: 22.10.2020).

Самострой 2014 — Самострой на Доме Пастернака обойдется застройщику в 5 миллионов рублей // В Москве. Московские новости проекта msk.NEWSru.com [Электрон. ресурс]. 2014. 27 мая. URL: http:// www.newsmsk.com/article/27may2014/pasternak_5.html (дата обращения: 22.10.2020).

Самоуправление 2012 — С. Собянин подложил меры по развитию городского самоуправления в городе Москве // mos.ru: Официальный сайт Мэра Москвы [Электрон. ресурс]. 2012. 30 мая. URL: https://www. mos.ru/mayor/themes/1299/549050 (дата обращения: 16.11.2020).

Семенова 2015а — Семенова А. Несносная комиссия // Газета.ru [Электрон. ресурс]. 2015. 22 октября. URL: http://www.gazeta.ru/so-cial/2015/10/07/7809125.shtml (дата обращения: 22.10.2020).

Семенова 2015б — Семенова А. Rambler&Co открывает Москву // Газета.ru [Электрон. ресурс]. 2015. 5 марта. URL: http://www.gazeta.ru/social/2015/03/04/6435805.shtml (дата обращения: 22.10.2020).

Семенова 2015в — Семенова А. Весьма активный гражданин // Газета.ru [Электрон. ресурс]. 2015. 20 мая. URL: http://www.gazeta.ru/social/2015/05/20/6695601.shtml (дата обращения: 22.10.2020).

Сергей Удальцов 2007 — Сергей Удальцов: «Нам нужен новый Октябрь!» // Новый день [Электрон. ресурс]. 2007. 9 ноября. URL: http://nr2.ru/columnist/149116.html (дата обращения: 16.11.2020).

Сесил 2007 — Сесил К. Движение в защиту архитектурного наследия Москвы // Московское архитектурное наследие: точка невозврата (Moscow Heritage at Crisis Point): Двуязычное изд. / Ред. К. Сесил, Э. Харрис. М.: MAPS/SAVE Europe's Heritage, 2007. С. 114–117.

Сесил 2009 — Реакция средств массовой информации на первое издание отчета // Московское архитектурное наследие: точка невозврата (Moscow Heritage at Crisis Point): Двуязычное изд. / Ред. Э. Харрис, К. Сесил, А. Броновицкая. М.: MAPS/SAVE Europe's Heritage, 2009. Вып. 2. С. 15–16.

Сесил, Харрис 2007 — Сесил К., Харрис Э. (Ред.). Московское архитектурное наследие: точка невозврата (Moscow Heritage at Crisis Point): Двуязычное изд. М.: MAPS/SAVE Europe's Heritage, 2007.

Скотт 2005 — Скотт Дж. Благими намерениями государства. Почему и как проваливались проекты улучшения условий человеческой жизни / Пер. с англ. Э. Н. Гусинского, Ю. И. Турчаниновой. М.: Университетская книга, 2005.

Слушания 2013 — Слушания в районной управе Москвы обернулись для муниципального депутата Ткач сотрясением мозга // В Москве. Московские новости проекта msk.NEWSru.com [Электрон. ресурс]. 2013. 16 октября. URL: http://www.newsru.com/russia/16oct2013/tkach.html (дата обращения: 22.10.2020).

Смирнов 2010 — Смирнов Л. Малая Козихинская война // ИА «Росбалт» [Электрон. ресурс]. 2010. 25 октября. URL: http://www.rosbalt.ru/moscow/2010/10/25/783995.html (дата обращения: 22.10.2020).

Смирнов 2012 — Смирнов Л. Парковка над Горьким // ИА «Росбалт» [Электрон. ресурс]. 2012. 23 октября. URL: http://www.rosbalt.ru/moscow/2012/10/23/1049671.html (дата обращения: 22.10.2020).

Собянин 2010 — Собянин создал комиссию, которая займется правкой Генплана // NEWSru.com [Электрон. ресурс]. 2010. 19 ноября. URL: https://www.newsru.com/realty/19nov2010/comission.html (дата обращения: 22.10.2020).

Собянин 2011 — Собянин произвел самые массовые кадровые перестановки в мэрии // В Москве. Московские новости проекта msk. NEWSru.com [Электрон. ресурс]. 2011. 7 декабря. URL: https://msk. newsru.com/article/07dec2011/perestanovka.html (дата обращения: 16.11.2020).

Собянин 2013 — Собянин пообещал сохранить исторический центр Москвы // В Москве. Московские новости проекта msk.NEWSru.com [Электрон. ресурс]. 2013. 6 декабря. URL: http://www.newsmsk.com/ article/06dec2013/istor_center.html (дата обращения: 22.10.2020).

Собянину 2010 — Собянину передали письмо деятелей культуры с призывом остановить стройку Михалкова // МК.ru [Электрон. ресурс]. 2010. 23 ноября. URL: https://www.mk.ru/politics/2010/11/23/546280-sobyaninu-peredali-obraschenie-deyateley-kulturyi-s-prizyivom-prekratit-stroyku-mihalkova.html (дата обращения: 22.10.2020).

Совет 1996 — Об Архитектурном совете Москвы Комитета по архитектуре и градостроительству г. Москвы. Распоряжение Правительства Москвы 28 октября 1996 г. № 1033-РП // Предпринимательское право [Электрон. ресурс]. 1996. URL: http://www.businesspravo.ru/Docum/ DocumShow_DocumID_47754.html (дата обращения: 22.10.2020).

Сопова 2012 — Сопова А. Интерьеры «Детского мира» на Лубянке будут восстановлены // Известия [Электрон. ресурс]. 2012. 1 августа. URL: http://izvestia.ru/news/531898 (дата обращения: 22.10.2020).

Сохарева 2014 — Сохарева Т. Доходный дом снесли ради будущих доходов // Газета.ru [Электрон. ресурс]. 2014. 22 августа. URL: http:// www.gazeta.ru/culture/2014/08/22/a_6186161.shtml (дата обращения: 22.10.2020).

Союз 2010 — Союз архитекторов против уничтожения «Детского мира» и стадиона «Динамо» // В Москве. Московские новости проекта msk.NEWSru.com [Электрон. ресурс]. 2010. 12 марта. URL: http://www. newsmsk.com/article/12Mar2012/souz_protiv.html (дата обращения: 22.10.2020).

Справедливая 2007 — «Справедливая Россия» будет защищать частный дом в Южном Бутове, который хотят снести // NEWSru.com [Электрон. ресурс]. 2007. 9 апреля. URL: http://realty.newsru.com/ article/09apr2007/butovo (дата обращения: 22.10.2020).

Старинные 2013 — Старинные казармы в Сокольниках незаконно снесли за праздники // В Москве. Московские новости проекта msk. NEWSru.com [Электрон. ресурс]. 2013. 5 ноября. URL: http://www.newsmsk. com/article/05nov2013/kazarmy.html (дата обращения: 22.10.2020).

Стейнбек 2011 — Стейнбек Дж. Благостный четверг / Пер. с англ. Д. Псурцева. М.: АСТ, 2011.

Стенин 2006 — Стенин А. Бутовцы требуют рая // Газета.ru [Электрон. ресурс]. 2006. 4 июля. URL: https://www.gazeta.ru/realty/2006/07/04_a_690077.shtml (дата обращения: 22.10.2020).

Строительство 2010 — Строительство отеля в Малом Козихинском переулке возобновлено // РИА «Новости» [Электрон. ресурс]. 2010. 9 ноября. URL: http://ria.ru/moscow/20101109/294202167.html#ixzz2Ri6pvTKt (дата обращения: 22.10.2020).

Строительство 2015а — Строительство восьми магазинов «Утконос» отменили из-за протестов // В Москве. Московские новости проекта msk.NEWSru.com [Электрон. ресурс]. 2015. 26 марта. URL: http://www.newsmsk.com/article/26mar2015/utkonos.html (дата обращения: 22.10.2020).

Строительство 2015б — Строительство многофункционального гостиничного комплекса на ул. Новокосинская, вл. 18 // Управа района Новокосино города Москвы [Электрон. ресурс]. 2015. URL: https://novokosino.mos.ru/construction-of-a-multifunctional-hotel-complex-on-ul-novokosinskaya-vl-18.php (дата обращения: 22.10.2020).

Стройки 2013 — Москвичи смогут проверить стройки рядом с домом по интернету // В Москве. Московские новости проекта msk.NEWSru.com [Электрон. ресурс]. 2013. 3 сентября. URL: http://www.newsmsk.com/article/03sep2013/stroika_check.html (дата обращения: 22.10.2020).

Стройку 2014 — Стройку, против которой выступали жители Хамовников, признали нецелесообразной // В Москве. Московские новости проекта msk.NEWSru.com [Электрон. ресурс]. 2014. 16 декабря. URL: http://www.newsmsk.com/article/16dec2014/hamovniki.html (дата обращения: 22.10.2020).

Стройплощадку 2012 — Стройплощадку в Большом Козихинском переулке закидали дымовыми шашками // В Москве. Московские новости проекта msk.NEWSru.com [Электрон. ресурс]. 2012. 15 марта. URL: http://www.newsmsk.com/article/15mar2012/kozih_raboty.html (дата обращения: 22.10.2020).

Суд 2010 — Суд отклонил жалобу на снос усадьбы купцов Алексеевых // РИА «Новости» [Электрон. ресурс]. 2010. 12 октября. URL: http://ria.ru/incidents/20101012/284702982.html (дата обращения: 22.10.2020).

Суд 2011 — Суд отклонил иск о строительстве отеля «У Патриарших» Никиты Михалкова // KM.RU [Электрон. ресурс]. 2011. 6 марта. URL: http://www.km.ru/news/protivniki-stroitelstva-otelya-u-patriarshikh-nikity-mikhalkova-proigrali-v-sude (дата обращения: 22.10.2020).

Сумской 2010 — Сумской В. Кремль на Лужкова клином сошел // Газета.ru [Электрон. ресурс]. 2010. 9 сентября. URL: http://www.gazeta. ru/politics/2010/09/09_a_3417559.shtml (дата обращения: 22.10.2020).

Сыров 2004 — Сыров С. Манеж не отдали инвесторам // Коммерсантъ [Электрон. ресурс]. 2004. 2 июня. URL: http:// www.kommersant.ru/ doc/479689 (дата обращения: 22.10.2020).

Татьяна Догилева 2010 — Татьяна Догилева попала в милицию после акции в Малом Козихинском переулке // В Москве. Московские новости проекта msk.NEWSru.com [Электрон. ресурс]. 2010. 19 ноября. URL: http://www.newsmsk.com/article/19Nov2010/dogileva.html (дата обращения: 22.10.2020).

Татьяна Догилева 2013 — Татьяна Догилева о новом скандале на Патриарших прудах: «Уже пукнуть негде от элитной застройки» // NEWSru.com [Электрон. ресурс]. 2013. 17 октября. URL: http://realty. newsru.com/article/17oct2013/dogileva (дата обращения: 22.10.2020).

Терехов 2007 — Терехов А. Жители Гагаринского района пошли на штурм стройплощадки у метро // Мой район. 2007. 20 июля.

Толстошеева 2007 — Толстошеева И. Расширение стройплощадки почти спровоцировало столкновение жителей с милицией // Мой район [Электрон. ресурс]. 2007. 6 мая. URL: http://msk.mr7.ru/rasshirenie-strojploshhadki-pochti-sprovotsirovalo-stolknovenie-zhitelej-s-militsiej (дата обращения: 22.10.2020).

Торфянка-2 2015 — «Торфянка-2»: жители Ясенево против храма в природном комплексе // В Москве. Московские новости проекта msk. NEWSru.com [Электрон. ресурс]. 2015. 17 июля. URL: https://msk. newsru.com/article/17Jul2015/yasenevo_hram (дата обращения: 02.02.2021).

Тяжелая 2009 — Тяжелая мужская работа // Архнадзор [Электрон. ресурс]. 2009. 25 декабря. URL: http://www.archnadzor.ru/2009/12/25/ tyazhelaya-muzhskaya-rabota (дата обращения: 22.10.2020).

Удальцов 2009 — Удальцов, Сергей. Координатор движения «Левый фронт» // Lenta.ru [Электрон. ресурс]. 2009. URL: http://lenta.ru/ lib/14159427 (дата обращения: 22.10.2020).

Усадьба 2010 — Усадьба Алексеевых не является памятником истории — Москомнаследие // РИА «Новости» [Электрон. ресурс]. 2010. 27 июля. URL: http://ria.ru/moscow/20100727/258909401.html (дата обращения: 22.10.2020).

Усадьбу 2010 — Усадьбу Алексеевых в центре Москвы разрушают отбойным молотком // РИА «Новости» [Электрон. ресурс]. 2010. 14 июля.

URL: http://ria.ru/moscow/20100714/254608979.html (дата обращения: 22.10.2020).

Утрата 2014 — В Москве архитектурная утрата десятилетия: на Тверской незаметно снесли уникальный пятиэтажный дом начала XX века // NEWSru.com [Электрон. ресурс]. 2014. 22 августа. URL: http://realty.newsru.com/article/22aug2014/dom_proshinyh (дата обращения: 22.10.2020).

Федеральный закон 2003 — Федеральный закон от 6 октября 2003 г. № 131-ФЗ «Об общих принципах организации местного самоуправления в Российской Федерации» // Российская газета [Электрон. ресурс]. 2003. 8 октября. URL: http://www.rg.ru/2003/10/08/zakonsamouprav.html (дата обращения: 14.10.2020).

Фукуяма 2010 — Фукуяма Ф. Конец истории и последний человек / Пер. с англ. М. Б. Левина. М.: АСТ, 2010.

Харрис 2009 — Харрис Э. Трудные случаи // Московское архитектурное наследие: точка невозврата (Moscow Heritage at Crisis Point): Двуязычное изд. / Ред. Э. Харрис, К. Сесил, А. Броновицкая. М.: MAPS/SAVE Europe's Heritage, 2009. Вып. 2. С. 237–248.

Харрис, Броновицкая 2009 — Харрис Э., Броновицкая А. Под угрозой // Московское архитектурное наследие: точка невозврата (Moscow Heritage at Crisis Point): Двуязычное изд. / Ред. Э. Харрис, К. Сесил, А. Броновицкая. М.: MAPS/SAVE Europe's Heritage, 2009. Вып. 2. С. 154–185.

Харрис, Сесил 2009 — Харрис Э., Сесил К. Общественное движение в защиту наследия // Московское архитектурное наследие: точка невозврата (Moscow Heritage at Crisis Point): Двуязычное изд. / Ред. Э. Харрис, К. Сесил, А. Броновицкая. М.: MAPS/SAVE Europe's Heritage, 2009. Вып. 2. С. 195–204.

Хархордин, Алапуро, Бычкова 2013 — Хархордин О., Алапуро Р., Бычкова О. (Ред.). Инфраструктура свободы: общие вещи и res publica: Коллективная монография. СПб.: Изд. ЕУСПБ, 2013.

Хачатуров 2005 — Хачатуров С. Крышка «Царицыно» // Время новостей [Электрон. ресурс]. 2005. 24 ноября. URL: http://vremya.ru/2005/219/10/139811.html (дата обращения: 15.10.2020).

Храмоборцы 2015 — Храмоборцы протестуют против строительства нового храма в честь иконы Божией Матери «Неопалимая купина» // Храм Живоначальной Троицы на Воробьевых горах [Электрон. ресурс]. 2015. Апрель. URL: http://hram-troicy.prihod.ru/articles/view/id/1181194 (дата обращения: 15.10.2020).

Хуснуллина 2015 — Хуснуллина требуют уволить за снос домов Привалова // В Москве. Московские новости проекта msk.NEWSru.com [Электрон. ресурс]. 2015. 27 января. URL: http://www.newsmsk.com/article/27jan2015/husnul_out.html (дата обращения: 15.10.2020).

Центральный 2011 — Центральный музей В. И. Ленина в Москве. Справка // РИА «Новости» [Электрон. ресурс]. 2011. 1 ноября. URL: http://ria.ru/history_spravki/20111101/477536657.html (дата обращения: 22.10.2020).

Цискаридзе 2011 — Цискаридзе: реконструкция Большого театра — это вандализм // Piter.TV [Электрон. ресурс]. 2011. 28 октября. URL: http://piter.tv/event/v_bol_shom_zhdut_putina_i_ (дата обращения: 22.10.2020).

Черная книга 2014 — «Архнадзор» составил «Черную книгу» утраченных зданий Москвы за четыре года // В Москве. Московские новости проекта msk.NEWSru.com [Электрон. ресурс]. 2014. 4 сентября. URL: http://www.newsmsk.com/article/04sep2014/blackbook.html (дата обращения: 01.02.2020).

Черных 2019 — Черных А. ФСБ запретила въезд в Россию французскому социологу Карин Клеман // Коммерсантъ [Электрон. ресурс]. 2019. 27 ноября. URL: https://www.kommersant.ru/doc/4172829 (дата обращения: 03.12.2020).

Четыре 2013 — Четыре исторических здания в Москве рекомендовано признать памятниками культуры // РИА «Новости» — Недвижимость [Электрон. ресурс]. 2013. 13 декабря. URL: http://riarealty.ru/news/20131213/402093002.html (дата обращения: 13.10.2020).

Шаталова 2014 — Шаталова М. Москва отремонтирует ветхие здания нерадивых собственников // Известия [Электрон. ресурс]. 2014. 6 мая. URL: http://izvestia.ru/news/570326#ixzz31XR4v5AD (дата обращения: 22.10.2020).

Швенк 2013 — Швенк О. Станции-«призраки» московского метро — от «Тверской» до «Спартака» // РИА «Новости» — Недвижимость [Электрон. ресурс]. 2013. 4 февраля. URL: http://riarealty.ru/analysis_info/20130204/399553329.html (дата обращения: 22.10.2020).

Школа 2016 — Школа роллер спорта в Парке Горького // Парк Горького [Электрон. ресурс]. 2016. URL: https://www.park-gorkogo.com/events/240 (дата обращения: 16.11.2020).

Шмагун 2013 — Шмагун О. Говорит Москва: Денис Визгалов о публичных слушаниях // The Village [Электрон. ресурс]. 2013. 17 января. URL: http://www.the-village.ru/village/city/city/121543-slushaniya (дата обращения: 22.10.2020).

Шомина 2001 — Шомина Е. Модели самоорганизации жителей: от домкома к кондоминиуму // Управление жилищной отраслью. М.: Московский государственный строительный институт, 2001. С. 128–132.

Щелов, Могутов 2008 — Щелов В., Могутов И. Недвижимость пошла на снижение // Газета.ru [Электрон. ресурс]. 2008. 17 ноября. URL: http://www.gazeta.ru/realty/2008/11/17_a_2886042.shtml (дата обращения: 22.10.2020).

Эксперты 2012 — Эксперты сомневаются в аварийности здания «Детского мира» // В Москве. Московские новости проекта msk. NEWSru.com [Электрон. ресурс]. 2012. 16 января. URL: http://www.newsmsk.com/article/16Jan2012/detmir_expert.html (дата обращения: 14.10.2020).

Юлия Прокофьева 2006 — Юлия Прокофьева подает против Лужкова иск о защите чести // Газета.ru [Электрон. ресурс]. 2006. 25 июня. URL: http://www.gazeta.ru/2006/06/25/last205377.shtml (дата обращения: 22.10.2020).

Юрий Лужков 1992 — Юрий Лужков: задача — создать средний слой // Коммерсантъ [Электрон. ресурс]. 1992. 15–22 июня. URL: https://www.kommersant.ru/doc/5328 (дата обращения: 22.10.2020).

Юрчак 2014 — Юрчак А. Это было навсегда, пока не кончилось. Последнее советское поколение. М.: Новое литературное обозрение, 2014.

Abdullaev 2006 — Abdullaev N. Furious villagers take on Moscow City Hall // The Moscow Times. 2006. June 21.

Activists 2013 — Activists See Scam in City Greenery // The Moscow Times [Электрон. ресурс]. 2013. July 10. URL: https://www.themoscowtimes.com/2013/07/10/activists-see-scam-in-city-greenery-a25726 (дата обращения: 12.10.2020).

Adelaja 2009a — Adelaja T. Apartment prices headed for a fall // The Moscow Times [Электрон. ресурс]. 2009. October 7. URL: http://oldtmt.vedomosti.ru/news/article/tmt/371476.html (дата обращения: 12.10.2020).

Adelaja 2009b — Adelaja T. City Hall project beset with problems // The Moscow Times [Электрон. ресурс]. 2009. November 25. URL: http://oldtmt.vedomosti.ru/news/article/tmt/372626.html (дата обращения: 12.10.2020).

Aeroflot 2010 — Aeroflot Sues Moscow for Traffic Jam // The Moscow Times [Электрон. ресурс]. 2010. September 2. URL: https://www.themoscowtimes.com/2010/09/01/aeroflot-sues-moscow-for-traffic-jam-a1081 (дата обращения: 12.10.2020).

Aldrich 2008 — Aldrich D. P. Site Fights: Divisive Facilities and Civil Society in Japan and the West. Ithaca, NY: Cornell University Press, 2008.

Allen 2008 — Allen J. Pragmatism and Power, or the Power to Make a Difference in a Radically Contingent World // Geoforum. 2008. Vol. 39. P. 1613–1624.

Alpert 2011 — Alpert L. I. Bolshoi Theater to Reopen After Restoration // The Moscow Times [Электрон. ресурс]. 2011. October 28. URL: https://www.themoscowtimes.com/2011/10/27/bolshoi-theater-to-reopen-after-restoration-a10455 (дата обращения: 12.10.2020).

Antonova 2009 — Antonova M. Moscow Planners Told To Draw In More Banyas // The Moscow Times [Электрон. ресурс]. 2009. 30 September. URL: http://oldtmt.vedomosti.ru/news/article/moscow-planners-told-to-draw-in-more-banyas/384506.html (дата обращения: 12.03.2021).

Argenbright 1990 — Argenbright R. The Russian Railroad System and the Founding of the Communist State, 1917–1922: PhD diss. Berkeley: University of California, 1990.

Argenbright 1999 — Argenbright R. Remaking Moscow: New Places, new Selves // The Geographical Review. 1999. Vol. 89, № 1. P. 1–22.

Argenbright 2008 — Argenbright R. Avtomobilshchina: Driven to the Brink in Moscow // Urban Geography. 2008. № 29 (7). October 1 — November 15. P. 683–704.

Argenbright 2011 — Argenbright R. New Moscow: An Exploratory Assessment // Eurasian Geography and Economics. 2011. № 52 (6). P. 857–875.

Argenbright 2013 — Argenbright R. Moscow on the Rise, from Primate City to Mega-Region // The Geographical Review. 2013. № 103 (1). January. P. 20–36.

Åslund 2004 — Åslund A. The December 2003 and March 2004 Elections in Russia: A Framing Comment // Eurasian Geography and Economics. 2004. Vol. 45 (4). P. 280–284.

Barnett, Bridge 2013 — Barnett C., Bridge G. Geographies of Radical Democracy: Agonistic Pragmatism and the Formation of Affected Interests // Annals of the Association of American Geographers. 2013. Vol. 103 (4). P. 1022–1040.

Bashkirova 2001 — Bashkirova E. I. Transformation of the Values of Russian Society // Russian Politics and Law. 2001. Vol. 39 (6). P. 6–24.

Batty 2013 — Batty M. The New Science of Cities. Cambridge, MA: The MIT Press, 2013.

Beauregard 2008 — Beauregard R. A. Theorizing the City // Annals of the Association of American Geographers. 2008. Vol. 98 (1). P. 239–242.

Beauregard 2012 — Beauregard R. A. What Theorists Do // Urban Geography. 2012. Vol. 33 (4). P. 474–487.

Belton 2012 — Belton C. Suleiman Kerimov, the Secret Oligarch // FT Magazine. 2012. February 10.

Bolshoi 1995 — Bolshoi Makeover Launched // The Moscow Times [Электрон. ресурс]. 1995. September 29. URL: http://oldtmt.vedomosti.ru/news/article/bolshoi-makeover-launched/334035.html (дата обращения: 13.10.2020).

Bolshoi 2005 — Bolshoi Will Close for Repairs on July 1 // The Moscow Times [Электрон. ресурс]. 2005. March 9. URL: http://oldtmt.vedomosti.ru/news/article/bolshoi-will-close-for-repairs-on-july-1/224752.html (дата обращения: 13.10.2020).

Borén 2009 — Borén Th. Meeting-Places of Transformation: Urban Identity, Spatial Representations and Local Politics in Post-Soviet St. Petersburg. Stuttgart: ibidem-Verlag, 2009.

Bransten 2004 — Bransten J. Russia: Moscow is Becoming a Developer's Dream, Historian's Nightmare // Radio Free Europe/Radio Liberty [Электрон. ресурс]. 2004. March 25. URL: http://www.rferl.org/featuresarticle/2004/03/666c6263-eb5b-45ec-9879-3fe73eeebcf1.html (дата обращения: 13.10.2020).

Bratersky 2010 — Bratersky A. A Hotel, a Filmmaker and Angry Locals // The Moscow Times [Электрон. ресурс]. 2010. December 22. URL: http://the-moscow-times.blogspot.com/2010/12/hotel-filmmaker-and-angry-locals.html (дата обращения: 13.10.2020).

Brown 2001 — Brown B. Thing Theory // Critical Inquiry. 2001. Vol. 28 (1). P. 1–22.

Business 2002 — Business in Brief // The Moscow Times [Электрон. ресурс]. 2002. August 5. URL: http://oldtmt.vedomosti.ru/business/article/business-in-brief/244510.html (дата обращения: 18.05.2020).

Cannavò 2007 — Cannavò P. F. The Working Landscape: Founding, Preservation, and the Politics of Place. Cambridge, MA: The MIT Press, 2007.

Cathcart-Keays 2015 — Cathcart-Keays A. Moscow's Narkomfin Building: Soviet Blueprint for Collective Living — a History of Cities in 50 Buildings, Day 29 // The Guardian [Электрон. ресурс]. 2015. May 5. URL: http://www.theguardian.com/cities/2015/may/05/moscow-narkomfin-soviet-collective-living-history-cities-50-buildings (дата обращения: 13.10.2020).

Cecil 2004 — Cecil C. Fate of Voyentorg Site Under Fierce Discussion // The Moscow Times [Электрон. ресурс]. 2004. June 22. URL: http://oldtmt.vedomosti.ru/business/article/fate-of-voyentorg-site-under-fierce-discussion/230160.html (дата обращения: 13.10.2020).

Cecil 2009 — Cecil C. Look at Moscow With Fresh Eyes // The Moscow Times [Электрон. ресурс]. 2009. July 22. URL: http://oldtmt.vedomosti.ru/opinion/article/look-at-moscow-with-fresh-eyes/379704.html (дата обращения: 13.10.2020).

Chebankova 2011 — Chebankova E. The State and the Public Sphere in Russia // Demokratizatsiya. 2011. № 19 (4). P. 317–342.

Chebankova 2013 — Chebankova E. Civil Society in Putin's Russia. London; New York: Routledge, 2013.

City 2005 — City Opens New Manezh to Fanfare // The Moscow Times [Электрон. ресурс]. 2005. April 19. URL: http://oldtmt.vedomosti.ru/news/article/city-opens-new-manezh-to-fanfare/223785.html (дата обращения: 13.10.2020).

Clément 2008 — Clément K. New Social Movements in Russia: A Challenge to the Dominant Model of Power Relationships? // The Journal of Communist Studies and Transition Politics. 2008. № 24 (1). P. 68–89.

Colton 1995 — Colton T. J. Moscow: Governing the Socialist Metropolis. Cambridge, MA: The Belknap Press of Harvard University Press, 1995.

Commute 2013 — Moscow Car Commute Times Show no Signs of Falling // The Moscow Times [Электрон. ресурс]. 2013. September 27. URL: http://oldtmt.vedomosti.ru/article/moscow-car-commute-times-show-no-signs-of-falling/486745.html (дата обращения: 13.10.2020).

Coulloudon 2001 — Coulloudon V. Moscow City Management: A New Form of Russian Capitalism? // Business and the State in Contemporary Russia / Ed. P. Rutland. Boulder: Westview, 2001. P. 89–100.

Cresswell 2013 — Cresswell T. Geographic Thought: A Critical Introduction. Chichester, UK: Wiley-Blackwell, 2013.

Crimea 2015 — Crimea to Get $400 Million Russian Federal Investment This Year // The Moscow Times [Электрон. ресурс]. 2015. March 24. URL: http://oldtmt.vedomosti.ru/business/article/crimea-to-get-400-million-russian-federal-investment-this-year/517993.html (дата обращения: 13.10.2020).

Crotty 2009 — Crotty J. Making a Difference? NGOs and Civil Society Development in Russia // Europe — Asia Studies. 2009. № 61 (1). P. 85–108.

Cutchin 1999 — Cutchin M. P. Qualitative Explorations in Health Geography: Using Pragmatism and Related Concepts as Guides // The Professional Geographer. 1999. № 51 (2). P. 265–274.

D'Amora 2013 — D'Amora D. Architectural Preservation's Politics // The Moscow Times [Электрон. ресурс]. 2013. July 8. URL: https://russialist.org/architectural-preservations-politics (дата обращения: 16.11.2020).

Detsky 2011 — Detsky Mir Delayed // The Moscow Times [Электрон. ресурс]. 2011. March 22. URL: http://oldtmt.vedomosti.ru/business/article/detsky-mir-delayed/433464.html (дата обращения: 13.10.2020).

Dewey 1993 — Dewey J. Philosophies of Freedom // The Political Writings / Ed. D. Morris, I. Shapiro. Indianapolis: Hackett Publishing Company, Inc., 1993. P. 133–141.

Dixon 2010 — Dixon M. Gazprom Versus the Skyline: Spatial Displacement and Social Contention in St. Petersburg // International Journal of Urban and Regional Research. 2010. № 34 (1). P. 35–54.

Dmitrieva 1995 — Dmitrieva I. A Watchman of Aging Treasures // The Moscow Times [Электрон. ресурс]. 1995. 6 October. URL: http://oldtmt.vedomosti.ru/news/article/a-watchman-of-aging-treasures/333704.html (дата обращения: 08.02.2021).

Domrin 2003 — Domrin A. N. Ten Years Later: Society, 'Civil Society', and the Russian State // The Russian Review. 2003. № 62. P. 193–211.

Dowson 2010 — Dowson N. Preservationists Protest Revising Heritage Law // The Moscow Times [Электрон. ресурс]. 2010. December 10. URL: http://oldtmt.vedomosti.ru/arts_n_ideas/article/preservationists-protest-revising-heritage-law/426039.html (дата обращения: 13.10.2020).

Dushkina 2002 — Dushkina N. Russia — 20th-Century Heritage // Heritage at Risk. ICOMOS World Report 2002/2003. Munich, 2002. P. 177–181.

Elder 2009 — Elder M. Vladimir Putin Takes Oleg Deripaska to Task // The Telegraph [Электрон. ресурс]. 2009. June 4. URL: http://www.telegraph.co.uk/news/worldnews/europe/russia/5446293/Vladimir-Putin-takes-Oleg-Deripaska-to-task.html (дата обращения: 14.10.2020).

Epple 2015 — Epple N. Moscow's Showcase Democracy Is a Sham // The Moscow Times [Электрон. ресурс]. 2015. July 27. URL: http://oldtmt.vedomosti.ru/opinion/article/moscows-showcase-democracy-is-a-sham/526306.html (дата обращения: 14.10.2020).

Eremenko, Naylor 2014 — Eremenko A., Naylor A. E-Vote on Demolition of Moscow Monument a Development Ploy? Sham // The Moscow Times [Электрон. ресурс]. 2014. June 24. URL: http://oldtmt.vedomosti.ru/news/article/e-vote-on-demolition-of-moscow-monument-a-development-ploy/502478.html (дата обращения: 14.10.2020).

Evans 2006 — Evans A. B. Civil Society in the Soviet Union? // Russian Civil Society: A Critical Reassessment / Ed. Jr. A. B. Evans, L. A. Henry, L. M. Sundstrom. Armonk, NY: M. E. Sharpe, 2006. P. 28–54.

Evans 2011 — Evans A. B. The Failure of Democratization in Russia: A Comparative Perspective // Journal of Eurasian Studies. 2011. № 2. P. 40–51.

Evans 2012 — Evans A. B. Protests and Civil Society in Russia: The Struggle for the Khimki Forest // Communist and Post-Communist Studies. 2012. Vol. 45. P. 233–242.

Fainstein 2010 — Fainstein S. S. The Just City. Ithaca, NY: Cornell University Press, 2010.

Filatov, Dranishnikova 2010 — Filatov A., Dranishnikova M. Pushkin Square Spared Construction // The Moscow Times [Электрон. ресурс]. 2010. October 19. URL: http://oldtmt.vedomosti.ru/business/article/pushkin-square-spared-construction/420524.html (дата обращения: 14.10.2020).

Filatova 2010 — Filatova I. Pushkin Square Face-Lift Criticized // The Moscow Times [Электрон. ресурс]. 2010. February 9. URL: http://oldtmt.vedomosti.ru/business/article/pushkin-square-face-lift-criticized/399297.html (дата обращения: 14.10.2020).

Fischer 2009 — Fischer F. Discursive Planning: Social Justice as Discourse // Searching for the Just City: Debates in Urban Theory and Practice / Ed. P. Marcuse, J. Connolly, J. Novy, I. Olivo, L. Potter, J. Steil. Abingdon, Oxon, UK: Routledge, 2009.

Fish 2005 — Fish M. S. Democracy Derailed in Russia: The Failure of Open Politics. New York: Cambridge University Press, 2005.

French 1995 — French R. A. Plans, Pragmatism and People: The Legacy of Soviet Planning for Today's Cities. Pittsburgh: University of Pittsburgh Press, 1995.

From 2009 — From Tower to Parking Lot // The Moscow Times [Электрон. ресурс]. 2009. August 5. URL: http://oldtmt.vedomosti.ru/article/from-tower-to-parking-lot/380223.html (дата обращения: 14.10.2020).

Gans-Morse 2004 — Gans-Morse J. Searching for Transitologists: Contemporary Theories of Post-Communist Transitions and the Myth of a Dominant Paradigm // Post-Soviet Affairs. 2004. № 20 (4). P. 320–349.

Gentes 1998 — Gentes A. The Life, Death and Resurrection of the Cathedral of Christ the Saviour, Moscow // History Workshop Journal. 1998. № 46. P. 63–95.

Gibson 2001 — Gibson J. L. Social Networks, Civil Society, and the Prospects for Consolidating Russia's Democratic Transition // American Journal of Political Science. 2001. № 45 (1). P. 51–69.

Gladarev, Lonkila 2012 — Gladarev B., Lonkila M. The Role of Social Networking Sites in Civic Activism in Russia and Finland // Europe-Asia Studies. 2012. № 64 (8). 1375–1394.

Göhler 2009 — Göhler G. 'Power to' and 'Power over' // The SAGE Handbook of Power / Ed. S. Clegg, M. Haugaard. London: SAGE Publications, 2009. P. 27–39.

Golubchikov, Badyna 2006 — Golubchikov O., Badyna A. Conquering the Inner-City: Urban Redevelopment and Gentrification in Moscow // The Urban Mosaic of Post-Socialist Europe: Space, Institutions and Policy / Ed. S. Tsenkova, Z. Nedović-Budić. Heidelburg; New York: Physica-Verlag, 2006. P. 195–212.

Golubock 2013 — Golubock D. G. Rumors and Departures Continue to Shake the Bolshoi Theater // The Moscow Times [Электрон. ресурс]. 2013. September 1. URL: https://www.themoscowtimes.com/2013/09/01/rumors-and-departures-continue-to-shake-the-bolshoi-theater-a27254 (дата обращения: 14.10.2020).

Greene 2014 — Greene S. A. Moscow in Movement: Power and Opposition in Putin's Russia. Stanford: Stanford University Press, 2014.

Grindle 2004 — Grindle M. S. Good Enough Governance: Poverty Reduction and Reform in Developing Countries // Governance: An International Journal of Policy, Administration, and Institutions. 2004. № 17 (4). P. 525–548.

Grindle 2007 — Grindle M. S. Good Enough Governance Revisited // Development Policy Review. 2007. № 25 (5). P. 553–574.

Grindle 2012 — Grindle M. S. Good Governance: The Inflation of an Idea // Planning Ideas That Matter: Livability, Territoriality, Governance, and Reflective Practice / Ed. B. Sanyal, L. J. Vale, Ch. D. Rosen. Cambridge, MA: The MIT Press, 2012. P. 259–282.

Half 2016 — Half of Russians Think 'Hardest Times' Ahead — Poll // The Moscow Times [Электрон. ресурс]. 2016. January 12. URL: http://oldtmt.vedomosti.ru/news/article/half-of-russians-think-hardest-times-ahead-poll/555533.html (дата обращения: 14.10.2020).

Hall 1998 — Hall P. Cities in Civilization. New York: Pantheon Books, 1998.

Harris 2005 — Harris E. Confusion Surrounds Bolshoi Revamp // The Moscow Times [Электрон. ресурс]. 2005. January 11. URL: http://oldtmt.vedomosti.ru/business/article/confusion-surrounds-bolshoi-revamp/226014.html (дата обращения: 14.10.2020).

Harvey 2000 — Harvey D. Spaces of Hope. Edinburgh: Edinburgh University Press, 2000.

Harvey 2008 — Harvey D. The Right to the City // New Left Review. 2008. № 53. P. 1–9.

Harvey 2012 — Harvey D. Rebel Cities: From the Right to the City to the Urban Revolution. London: Verso, 2012.

Harvey, Potter 2009 — Harvey D., Potter C. The Right to the Just City // Searching for the Just City: Debates in Urban Theory and Practice / Ed.

P. Marcuse, J. Connolly, J. Novy, I. Olivo, L. Potter, J. Steil. Abingdon, Oxon, UK: Routledge, 2009. P. 40–51.

Haspel, Petzet 2007 — Haspel J., Petzet M. Editorial // The Soviet Heritage and European Modernism: Heritage at Risk: ICOMOS Special 2006 Report / Ed. J. Haspel, M. Petzet, A. Zalivako, J. Ziesemer. Berlin: Hendrik Bäßler verlag, 2007. P. 9–10.

Hedlund 2008 — Hedlund S. Such a Beautiful Dream: How Russia Did Not Become a Market Economy // The Russian Review. 2008. № 67. April. P. 187–208.

Henderson 2011 — Henderson S. L. Civil Society in Russia: State-Society Relations in the Post-Yeltsin Era // Problems of Post-Communism. 2011. № 58 (3). P. 11–27.

Henry, Sundstrom 2006 — Henry L. A., Sundstrom L. M. Appendix: Defining Civil Society // Russian Civil Society: A Critical Assessment / Ed. Jr. A. B. Evans, L. A. Henry, L. M. Sundstrom. Armonk, NY: M. E. Sharpe, 2006.

Hepple 2008 — Hepple L. W. Geography and the Pragmatic Tradition: The Threefold Engagement // Geoforum. 2008. Vol. 39. P. 1530–1541.

Herod, Wright 2002 — Herod A., Wright M. W. Placing Scale: An Introduction // Geographies of Power: Placing Scale / Ed. A. Herod, M. W. Wright. Malden, MA: Blackwell Publishing, 2002. P. 1–14.

Hobson 2006 — Hobson K. Environmental Responsibility and the Possibilities of Pragmatist-Orientated Research // Social&Cultural Geography. 2006. № 7 (2). P. 283–298.

Hobson 2016 — Hobson P. China's Economic Turmoil Ruins Russia's New Year // The Moscow Times [Электрон. ресурс]. 2016. January 13. URL: http://oldtmt.vedomosti.ru/article/chinas-economic-turmoil-ruins-russias-new-year/555714.html (дата обращения: 14.10.2020).

Hogg 2011 — Hogg Ch. China Law to Limit Home Demolitions and Evictions // BBC News [Электрон. ресурс]. 2011. July 1. URL: http://www.bbc.com/news/world-asia-pacific-13986456 (дата обращения: 14.10.2020).

Hooson 1964 — Hooson D. J. M. A New Soviet Heartland? Princeton, NJ: D. Van Nostrand Company, Inc., 1964.

Howard 2003 — Howard M. M. The Weakness of Civil Society in Post-Communist Europe. New York: Cambridge University Press, 2003.

Hsing 2010 — Hsing Y.-T. The Great Transformation: Politics of Land and Property in China. New York: Oxford University Press, 2010.

Huber 2003 — Huber W. Moskva Issue Shows Neglect of Cityscape // The Moscow Times [Электрон. ресурс]. 2003. August 5. URL: http://oldtmt.

vedomosti.ru/business/article/moskva-issue-shows-neglect-of-city-scape/236749.html (дата обращения: 14.10.2020).

Humphries 2006 — Humphries C. Wider Leningradsky to Ease Traffic Flow // The Moscow Times [Электрон. ресурс]. 2006. March 7. URL: http://oldtmt.vedomosti.ru/business/article/wider-leningradsky-to-ease-traffic-flow/206420.html (дата обращения: 14.10.2020).

Innes, Booher 2000 — Innes J., Booher D. Public Participation in Planning: New Strategies for the 21st Century: Working Paper. University of California: Institute of Urban and Regional Development, 2000. URL: http://www.escholarship.org/uc/item/3r34r38h (дата обращения: 14.10.2020).

Inozemtsev 2015 — Inozemtsev V. Putin Is Waking Up From Chinese Pipe Dream // The Moscow Times [Электрон. ресурс]. 2015. September 2. URL: http://oldtmt.vedomosti.ru/opinion/article/putin-is-waking-up-from-chi-nese-pipe-dream/529287.html (дата обращения: 14.10.2020).

Jacobs 2008 — Jacobs A. Two Women Sentenced to 'Re-Education' in China // International Herald Tribune. 2008. August 21. https://www.nytimes.com/2008/08/21/sports/21iht-21protest.15483662.html?searchResultPosition=1 (дата обращения: 14.10.2020).

Jansen 2009 — Jansen S. C. Phantom Conflict: Lippmann, Dewey, and the Fate of the Public in Modern Society // Communication and Critical / Cultural Studies. 2009. № 6 (3). P. 221–245.

Javeline 2003 — Javeline D. Protest and the Politics of Blame: The Russian Response to Unpaid Wages. Ann Arbor: The University of Michigan Press, 2003.

Johnson, Saarinen 2011 — Johnson J. E., Saarinen A. Assessing Civil Society in Putin's Russia: The Plight of Women's Crisis Centers // Communist and Post-Communist Studies. 2011. № 44 (1). P. 41–52.

Jones 2008 — Jones O. Stepping from the Wreckage: Geography, Pragmatism and Anti-Representational Theory // Geoforum. 2008. Vol. 39. P. 1600–1612.

Kamenev 2007 — Kamenev M. Trees Coming Down at Tsaritsyno // The Moscow Times [Электрон. ресурс]. 2007. April 17. URL: http://oldtmt.vedomosti.ru/business/article/trees-coming-down-at-tsaritsyno/197649.html (дата обращения: 15.10.2020).

Kelleher 2009 — Kelleher J. Cold Shower for a Once-Hot Property Market // The Moscow Times [Электрон. ресурс]. 2009. April 9. URL: http://oldtmt.vedomosti.ru/opinion/article/cold-shower-for-a-once-hot-property-market/376067.html (дата обращения: 15.10.2020).

Kharkhordin, Alapuro 2011 — Kharkhordin O., Alapuro R. (Eds.). Political Theory and Community Building in Post-Soviet Russia. London: Routledge, 2011.

Khazanov 1998 — Khazanov A. M. Post-Communist Moscow Re-Building the "Third Rome" in the Country of Missed Opportunities? // City and Society. 1998. № 10 (1). P. 269–314.

Kogl 2008 — Kogl A. Strange Places: The Political Potentials and Perils of Everyday Spaces. Lanham, MD: Lexington Books, 2008.

Korchagina 1998 — Korchagina V. City Street Collapses and Swallows Up Car // The Moscow Times [Электрон. ресурс]. 1998. May 15. URL: http://oldtmt.vedomosti.ru/news/article/city-street-collapses-and-swallows-up-car/290891.html (дата обращения: 15.10.2020).

Korchagina 2004 — Korchagina V. City Says Manezh Can't Be Restored // The Moscow Times [Электрон. ресурс]. 2004. May 19. URL: http://oldtmt.vedomosti.ru/news/article/city-says-manezh-cant-be-restored/230922.html (дата обращения: 15.10.2020).

Kozenko 2015 — Kozenko A. "No to Obama, Yes to the Cathedral!" Orthodox Activists Clash with Local Protestors over Church Construction in a Moscow Park // Meduza [Электрон. ресурс]. 2015. July 7. https://meduza.io/en/feature/2015/07/07/no-to-obama-yes-to-the-cathedral (дата обращения: 15.10.2020).

Krainova 2010 — Krainova N. Sobyanin Promises to Revise City Spending // The Moscow Times [Электрон. ресурс]. 2010. October 22. URL: http://oldtmt.vedomosti.ru/news/article/sobyanin-promises-to-revise-city-spending/420813.html (дата обращения: 15.10.2020).

Kuchins 2014 — Kuchins A. C. Russia and the CIS in 2013: Russia's Pivot to Asia // Asia Survey. 2014. № 54 (1). P. 129–137.

Kuznetsov 2015 — Kuznetsov G. Putin Wants to Be Part of a Family // The Moscow Times [Электрон. ресурс]. 2015. May 12. URL: http://oldtmt.vedomosti.ru/opinion/article/putin-wants-to-be-part-of-a-family/520615.html (дата обращения: 15.10.2020).

Lammey 2014 — Lammey M. Moscow Renews Demolition Crusade Against Khrushchev's 1950s Apartment Blocks // The Moscow Times [Электрон. ресурс]. 2014. June 9. URL: https://www.themoscowtimes.com/2014/06/09/moscow-renews-demolition-crusade-against-khrushchevs-1950s-apartment-blocks-a36319 (дата обращения: 22.10.2020).

Leading 2010 — Leading Russian Reporter Oleg Kashin Attacked in Moscow // BBC News [Электрон. ресурс]. 2010. November 6. URL: http://www.bbc.co.uk/news/world-europe-11704036 (дата обращения: 22.10.2020).

Lebedev 2006 — Lebedev Complains about Roadblocks around Butovo // The Moscow Times. 2006. June 29.

Lebedeva 1997 — Lebedeva E. Extremists Pull the Plug on Bombing of Peter the Great // Moscow News. 1997. № 27 (2).

Ledeneva 2006 — Ledeneva A. V. How Russia Really Works: The Informal Practices That Shaped Post-Soviet Politics and Business. Cornell: Cornell University Press, 2006.

Leonard 2001 — Leonard E. Easy on the Adverbs, Exclamation Points and Especially Hooptedoodle // The New York Times [Электрон. ресурс]. 2001. July 16. URL: http://www.nytimes.com/2001/07/16/arts/writers-writing-easy-adverbs-exclamation-points-especially-hooptedoodle.html (дата обращения: 22.10.2020).

Levitov 2004 — Levitov M. Preservationists Take Fight to the Wider World // The Moscow Times [Электрон. ресурс]. 2004. June 1. URL: http://oldtmt.vedomosti.ru/business/article/preservationists-take-fight-to-the-wider-world/230644.html (дата обращения: 22.10.2020).

Lewin 1988 — Lewin M. The Gorbachev Phenomenon: A Historical Interpretation. Berkeley: University of California Press, 1988.

Lippmann 2009 — Lippmann W. The Phantom Public. New Brunswick, NJ: Transaction Publishers, 2009.

Litvinova 2015a — Litvinova D. Moscow Residents Assaulted for Protesting Against Construction in Park // The Moscow Times [Электрон. ресурс]. 2015. September 8. URL: http://oldtmt.vedomosti.ru/article/moscow-residents-assaulted-for-protesting-against-construction-in-park/529642.html (дата обращения: 22.10.2020).

Litvinova 2015b — Litvinova D. Residents, Orthodox Activists Face Off Over Plans to Build Church in Moscow Park // The Moscow Times [Электрон. ресурс]. 2015. June 24. URL: http://oldtmt.vedomosti.ru/news/article/residents-orthodox-activists-face-off-over-plans-to-build-church-in-moscow-park/524340.html (дата обращения: 22.10.2020).

Ljubownikow et al. 2013 — Ljubownikow S., Crotty J., Rodgers P. W. The State and Civil Society in Post-Soviet Russia: The Development of a Russian-style Civil Society // Progress in Development Studies. 2013. № 13 (2). P. 153–166.

Luzhkov 2005 — Luzhkov Takes on Catherine's Folly // The Moscow Times [Электрон. ресурс]. 2005. August 9. URL: http://oldtmt.vedomosti.ru/news/article/luzhkov-takes-on-catherines-folly/210723.html (дата обращения: 22.10.2020).

Luzhkov 2012 — Luzhkov Says He Feels Like Outcast // The Moscow Times [Электрон. ресурс]. 2012. November 7. URL: http://oldtmt.vedomosti.ru/news/article/luzhkov-says-he-feels-like-outcast/471014.html (дата обращения: 22.10.2020).

Lyauv, Filatov 2011 — Lyauv B., Filatov A. City Hall Cancels High-Rise Projects // The Moscow Times [Электрон. ресурс]. 2011. February 1. URL:

http://oldtmt.vedomosti.ru/business/article/city-hall-cancels-high-rise-projects/430101.html (дата обращения: 22.10.2020).

Lyauv et al. 2010 — Lyauv B., Nikolsky A., Titushkin A. Tax Cases Targeting Chigirinsky Closed // The Moscow Times [Электрон. ресурс]. 2010. November 15. URL: http://oldtmt.vedomosti.ru/business/article/tax-cases-targeting-chigirinsky-closed/422962.html (дата обращения: 22.10.2020).

Lyauv et al. 2008 — Lyauv B., Panov A., Nikolayeva A. First Lady of Business // The Moscow Times [Электрон. ресурс]. 2008. March 1. URL: http://oldtmt.vedomosti.ru/realestate/article/first-lady-of-business/369989.html (дата обращения: 22.10.2020).

Makinen 2012 — Makinen J. Forced Evictions Rise in China, Rights Group Says // Los Angeles Times. 2012. October 12.

Malpas 2008a — Malpas A. Detsky Mir Refit Has Some Perturbed // The Moscow Times [Электрон. ресурс]. 2008. June 3. URL: http://oldtmt.vedomosti.ru/news/article/detsky-mir-refit-has-some-perturbed/367971.html (дата обращения: 22.10.2020).

Malpas 2008b — Malpas A. High-Tech Rebuilding Plan Raises Eyebrows // The Moscow Times [Электрон. ресурс]. 2008. June 24. URL: http://oldtmt.vedomosti.ru/business/article/high-tech-rebuilding-plan-raises-eyebrows/368464.html (дата обращения: 22.10.2020).

Malpas 1999 — Malpas J. E. 1999. Place and Experience: A Philosophical Topography. Cambridge: Cambridge University Press, 1999.

Manezh 2004 — Manezh Restoration Galloping Ahead // The Moscow Times [Электрон. ресурс]. 2004. October 5. URL: http://oldtmt.vedomosti.ru/business/article/manezh-restoration-galloping-ahead/227959.html (дата обращения: 22.10.2020).

Marres 2005 — Marres N. Issues Spark a Public into Being: A Key But Often Forgotten Point of the Lippmann-Dewey Debate // Making Things Public: Atmospheres of Democracy / Ed. B. Latour, P. Weibel. Cambridge, MA: TheMIT Press, 2005. P. 208–217.

Maternovsky 2004 — Maternovsky D. Luzhkov May Not Rebuild Moskva // The Moscow Times [Электрон. ресурс]. 2004. October 22. URL: http://oldtmt.vedomosti.ru/business/article/luzhkov-may-not-rebuild-moskva/227506.html (дата обращения: 22.10.2020).

Maternovsky 2005 — Maternovsky D. Luzhkov Clarifies Fate of Moskva Hotel // The Moscow Times [Электрон. ресурс]. 2005. February 1. URL: http://oldtmt.vedomosti.ru/business/article/luzhkov-clarifies-fate-of-moskva-hotel/225504.html (дата обращения: 22.10.2020).

Mereu 2004 — Mereu F. Kremlin Looks for the Next Luzhkov // The Moscow Times [Электрон. ресурс]. 2004. April 29. URL: http://oldtmt.vedomosti.ru/news/article/kremlin-looks-for-the-next-luzhkov/231232.html (дата обращения: 16.11.2020).

Mexico 2002 — Mexico Airport Stand-off Ends // BBC News [Электрон. ресурс]. 2002. July 15. URL: http://news.bbc.co.uk/2/hi/americas/2128662.stm (дата обращения: 22.10.2020).

Mikulova 2009 — Mikulova K. Bolshoi Repairs Investigated // The Moscow Times [Электрон. ресурс]. 2009. September 15. URL: http://oldtmt.vedomosti.ru/news/article/bolshoi-repairs-investigated/383188.html (дата обращения: 22.10.2020).

Minister 2002 — Minister Agitated by Sculpture Plans // The Moscow Times [Электрон. ресурс]. 2002. July 30. URL: http://oldtmt.vedomosti.ru/business/article/minister-agitated-by-sculpture-plans/244831.html (дата обращения: 22.10.2020).

Mitchell 2003 — Mitchell D. The Right to the City: Social Justice and the Fight for Public Space. New York: Guilford Press, 2003.

Mitchneck 1998 — Mitchneck B. The Heritage Industry Russian Style: The Case of Yaroslavl' // Urban Affairs Review. 1998. № 34 (1). P. 28–51.

Moore 1995 — Moore A. Restrictions of Monumental Size // The Moscow Times [Электрон. ресурс]. 1995. August 8. URL: http://oldtmt.vedomosti.ru/news/article/restrictions-of-monumental-size/336186.html (дата обращения: 22.10.2020).

Moscow 2015 — Moscow Doubles City Day Spending // The Moscow Times [Электрон. ресурс]. 2015. September 8. URL: http://oldtmt.vedomosti.ru/business/article/moscow-doubles-city-day-spending/529555.html (дата обращения: 22.10.2020).

Mouffe 2013 — Mouffe Ch. Agonistics: Thinking the World Politically. London: Verso, 2013.

Munro 2001 — Munro R. Pushkin Square Project Set to Begin Next Year // The Moscow Times [Электрон. ресурс]. 2001. December 11. URL: http://oldtmt.vedomosti.ru/business/article/pushkin-square-project-set-to-begin-next-year/249684.html (дата обращения: 16.11.2020).

Munro 2002 — Munro R. Top-End Housing Planned for Patriarch's Ponds // The Moscow Times [Электрон. ресурс]. 2002. October 29. URL: http://oldtmt.vedomosti.ru/business/article/top-end-housing-planned-for-patriarchs-ponds/242553.html (дата обращения: 22.10.2020).

Munro 2003 — Munro R. Voyentorg Set for a Revolution // The Moscow Times [Электрон. ресурс]. 2003. July 15. URL: http://oldtmt.vedomosti.ru/business/article/voyentorg-set-for-a-revolution/237177.html (дата обращения: 22.10.2020).

Nations 2014 — Nations in Transit // Freedom House [Электрон. ресурс]. 2014. URL: https://freedomhouse.org/sites/default/files/2020–02/NIT2014% 20booklet_WEBSITE.pdf (дата обращения: 22.10.2020).

Nechepurenko 2014 — Nechepurenko I. Decrepit Historic Buildings Cast Shadow Over Moscow Day Festivities // The Moscow Times [Электрон. ресурс]. 2014. September 7. URL: http://oldtmt.vedomosti.ru/article/decrep-it-historic-buildings-cast-shadow-over-moscow-day-festivities/506565.html (дата обращения: 22.10.2020).

News 2003 — News in Brief // The Moscow Times [Электрон. ресурс]. 2003. December 22. URL: http://oldtmt.vedomosti.ru/news/article/news-in-brief/233909.html (дата обращения: 16.11.2020).

Nicholson 2001 — Nicholson A. First Stage of Bolshoi Project Nears Completion // The Moscow Times [Электрон. ресурс]. 2001. November 27. URL: http://oldtmt.vedomosti.ru/news/article/first-stage-of-bolshoi-project-nears-completion/250011.html (дата обращения: 22.10.2020).

Nielsen 2012 — Nielsen R. Moskva Hotel Reopens as Mall // The Moscow Times [Электрон. ресурс]. 2012. February 15. URL: http://oldtmt.vedomo-sti.ru/business/article/moskva-hotel-reopens-as-mall/453092.html (дата обращения: 22.10.2020).

Novy, Mayer 2009 — Novy J., Mayer M. As "Just" as it Gets? The European City in the "Just City" Discourse // Searching for the Just City: Debates in Urban Theory and Practice / Ed. P. Marcuse, J. Connolly, J. Novy, I. Olivo, L. Potter, J. Steil. New York: Routledge, 2009.

O'Flynn 2002 — O'Flynn K. Residents Decry City's Plans for Patriarch's Ponds // The Moscow Times [Электрон. ресурс]. 2002. December 10. URL: http://oldtmt.vedomosti.ru/business/article/residents-decry-citys-plans-for-patriarchs-ponds/241599.html (дата обращения: 22.10.2020).

O'Flynn 2003a — O'Flynn K. 500 Protest at Patriarch's Ponds // The Moscow Times [Электрон. ресурс]. 2003. February 3. URL: http://oldtmt. vedomosti.ru/news/article/500-protest-at-patriarchs-ponds/240670.html (дата обращения: 22.10.2020).

O'Flynn 2003b — O'Flynn K. Architecture Elites Decry Voyentorg Destruction // The Moscow Times [Электрон. ресурс]. 2003. September 12. URL: http://oldtmt.vedomosti.ru/business/article/architecture-elites-decry-voyen-torg-destruction/235950.html (дата обращения: 22.10.2020).

O'Flynn 2003c — O'Flynn K. Black, Red and White of Historical Buildings // The Moscow Times [Электрон. ресурс]. 2003. September 24. URL: http://oldtmt.vedomosti.ru/news/article/black-red-and-white-of-historical-buildings/235693.html (дата обращения: 22.10.2020).

O'Flynn 2003d — O'Flynn K. Landmark Military Store Is Coming Down // The Moscow Times [Электрон. ресурс]. 2003. August 28. URL: http://old-tmt.vedomosti.ru/business/article/landmark-military-store-is-coming-down/236255.html (дата обращения: 22.10.2020).

O'Flynn 2003e — O'Flynn K. Moskva Hotel's Treasures Up for Grabs // The Moscow Times [Электрон. ресурс]. 2003. August 13. URL: http://old-tmt.vedomosti.ru/business/article/moskva-hotels-treasures-up-for-grabs/236580.html (дата обращения: 22.10.2020).

O'Flynn 2004a — O'Flynn K. Angry Architects Lobby Putin // The Moscow Times [Электрон. ресурс]. 2004. April 27. URL: http://oldtmt.vedomosti.ru/business/article/angry-architects-lobby-putin/231350.html (дата обращения: 22.10.2020).

O'Flynn 2004b — O'Flynn K. City Plans to Restore Manezh, Add Garage // The Moscow Times [Электрон. ресурс]. 2004. March 22. URL: http://oldtmt.vedomosti.ru/news/article/city-plans-to-restore-manezh-add-garage/232228.html (дата обращения: 22.10.2020).

O'Flynn 2004c — O'Flynn K. A New Manezh Sparks Old Debates // The Moscow Times [Электрон. ресурс]. 2004. March 18. URL: http://oldtmt.vedomosti.ru/business/article/a-new-manezh-sparks-old-debates/232252.html (дата обращения: 22.10.2020).

O'Flynn 2004d — O'Flynn K. Tearing Out the Heart of Moscow // The Moscow Times [Электрон. ресурс]. 2004. January 13. URL: http://oldtmt.vedomosti.ru/business/article/tearing-out-the-heart-of-moscow/233657.html (дата обращения: 22.10.2020).

Odynova 2009 — Odynova A. Luzhkov Sues Zhirinovsky over Corruption Claims // The Moscow Times [Электрон. ресурс]. 2009. November 12. URL: http://oldtmt.vedomosti.ru/news/article/luzhkov-sues-zhirinovsky-over-corruption-claims/389297.html (дата обращения: 22.10.2020).

O'Flynn 2006 — O'Flynn K. Pall Hangs Over Pushkin Square // The Moscow Times [Электрон. ресурс]. 2006. October 24. URL: http://oldtmt.vedomosti.ru/business/article/pall-hangs-over-pushkin-square/201435.html (дата обращения: 22.10.2020).

Opening 2008 — Bolshoi's Opening Delayed by a Year // The Moscow Times [Электрон. ресурс]. 2008. February 4. URL: http://oldtmt.vedomosti.ru/news/article/bolshois-opening-delayed-by-a-year/302676.html (дата обращения: 22.10.2020).

Opposition 2013 — Opposition Meeting Point Likened to Concentration Camp // The Moscow Times [Электрон. ресурс]. 2013. April 15. https://www.themoscowtimes.com/2013/04/14/opposition-meeting-point-likened-to-concentration-camp-photo-a23269 (дата обращения: 22.10.2020).

Ouroussoff 2005 — Ouroussoff N. Russian Icons // The New York Times Magazine [Электрон. ресурс]. 2005. May 15. https://www.nytimes.com/2005/05/15/magazine/russian-icons.html (дата обращения: 16.11.2020).

Pagonis, Thornley 2000 — Pagonis Th., Thornley A. Urban Development Projects in Moscow: Market / State Relations in the New Russia // European Planning Studies. 2000. № 8 (6). P. 751–766.

Panin 2013 — Panin A. City Road Construction Yields Paradox and Protest // The Moscow Times [Электрон. ресурс]. 2013. July 8. URL: http://oldtmt.vedomosti.ru/business/article/city-road-construction-yields-paradox-and-protest/482865.html (дата обращения: 22.10.2020).

Panin 2014 — Panin A. Russia's Weak Ruble Puts China's Moscow Development Projects On Hold // The Moscow Times [Электрон. ресурс]. 2014. November 17. URL: http://oldtmt.vedomosti.ru/business/article/russias-weak-ruble-puts-chinas-moscow-development-projects-on-hold/511300.html (дата обращения: 22.10.2020).

Pankin 2007 — Pankin A. A Russian Form of Progress // Russia Profile. 2007. July. P. 39.

Pavlovskaya, Hanson 2001 — Pavlovskaya M., Hanson S. Privatization of the Urban Fabric: Gender and Local Geographies of Transition in Downtown Moscow // Urban Geography. 2001. № 22 (1). P. 4–28.

Petrova 2011 — Petrova Y. Demolition Wrecks Permits for All // The Moscow Times [Электрон. ресурс]. 2011. May 10. URL: http://oldtmt.vedomosti.ru/business/article/demolition-wrecks-permits-for-all/436462.html (дата обращения: 22.10.2020).

Petukhov 2006 — Petukhov V. Political Participation and Civic Self-Organization in Russia // Russian Social Science Review. 2006. № 47 (6). P. 4–22.

Phillips, Reyes 2011 — Phillips K. R., Reyes G. M. (Eds.). Global Memoryscapes: Contesting Remembrance in a Transnational Age. Tuscaloosa: University of Alabama Press, 2011.

Pickvance 1994 — Pickvance C. G. Housing Privatization and Housing Protest in the Transition from State Socialism: A Comparative Study of Budapest and Moscow // International Journal of Urban and Regional Research. 1994. № 18 (3). P. 433–450.

Police 2009 — Police Search Offices in Moskva Hotel Probe // The Moscow Times [Электрон. ресурс]. 2009. June 17. http://oldtmt.vedomosti.ru/news/article/police-search-offices-in-moskva-hotel-probe/378819.html (дата обращения: 22.10.2020).

Polletta, Jasper 2001 — Polletta F., Jasper J. M. Collective Identity and Social Movements // Annual Review of Sociology. 2001. № 27. P. 283–305.

Pond 2003 — The Pond Reflects Bigger Issues // The Moscow Times [Электрон. ресурс]. 2003. February 5. URL: http://oldtmt.vedomosti.ru/

opinion/article/the-pond-reflects-bigger-issues/240576.html (дата обращения: 22.10.2020).

Porteous, Smith 2001 — Porteous J. D., Smith S. E. Domicide: The Global Destruction of Home. Montreal: McGill-Queen's University Press, 2001.

Pred 1981a — Pred A. Power, Everyday Practice and the Discipline of Human Geograph // In Space and Time in Geography: Essays Dedicated to Torsten Hägerstrand / Ed. A. Pred. Lund: CWK Cleerup, 1981. P. 30–55.

Pred 1981b — Pred A. Social Reproduction and the Time-Geography of Everyday Life // Geografiska Annaler. 1981. № 63 B (1). P. 5–22.

Pred 1984 — Pred A. Place as Historically Contingent Process: Structuration and the Time-Geography of Becoming Places // Annals of the Association of American Geographers. 1984. Vol. 74 (2). P. 279–297.

Proctor 1998 — Proctor J. D. The Social Construction of Nature: Relativist Accusations, Pragmatist and Critical Realist Responses // Annals of the Association of American Geographers. 1998. Vol. 88 (3). P. 352–376.

Reynolds et al. 2008 — Reynolds K. M., Semukhina O. B., Demidov N. N. A Longitudinal Analysis of Public Satisfaction with the Police in the Volgograd Region of Russia, 1998–2005 // International Criminal Justice Review. 2008. № 18 (2). P. 158–189.

Rimskii 2008 — Rimskii V. The Active Civic Involvement of Russia's Citizens // Sociological Research. 2008. № 47 (3). P. 46–55.

Robertson 2011 — Robertson G. B. The Politics of Protest in Hybrid Regimes: Managing Dissent in Post-Communist Russia. Cambridge: Cambridge University Press, 2011.

Robertson 2006 — Robertson J. Ordinary Cities: Between Modernity and Development. New York: Routledge, 2006.

Rorty 1991 — Rorty R. Essays on Heidegger and Others: Philosophical Papers. Cambridge: Cambridge University Press, 1991.

Ruble 1995 — Ruble B. Money Sings: The Changing Politics of Urban Space in Post-Soviet Yaroslavl. Cambridge, UK: Woodrow Wilson Center Press and Cambridge University Press, 1995.

Rudnitskaya 2005 — Rudnitskaya A. Moscow Mayor through the Eyes of a Historian // The Moscow News [Электрон. ресурс]. 2005. January 19. URL: http://english.mn.ru/english/issue.php?2005-1-2 (в настоящий момент недоступно).

Russia 2015 — Russia-China Joint Projects Stonewalled By Economic Troubles // The Moscow Times [Электрон. ресурс]. 2015. August 27. URL: http://oldtmt.vedomosti.ru/business/article/russia-china-joint-projects-stonewalled-by-economic-troubles/528836.html (дата обращения: 22.10.2020).

Russia 2016 — Russia Must Cut Spending or Suffer Financial Crash—Finance Minister // The Moscow Times [Электрон. ресурс]. 2016. January 13. URL: http://oldtmt.vedomosti.ru/article/russia-must-cut-spending-or-suffer-financial-crash--finance-minister/555640.html (дата обращения: 22.10.2020).

Russians 2016 — Russians' Real Wages Fall 9.5% in 2015 // The Moscow Times [Электрон. ресурс]. 2016. January 25. URL: http://oldtmt.vedomosti.ru/business/article/russians-real-wages-fall-95-in-2015/556842.html (дата обращения: 22.10.2020).

Saad 2015 — Saad H. Clashes Break Out During Protests Over Trash Crisis in Lebanon // The New York Times [Электрон. ресурс]. 2015. August 23. https://www.nytimes.com/2015/08/24/world/middleeast/lebanese-protest-as-trash-piles-up-in-beirut.html (дата обращения: 16.11.2020).

SABRE 2015—2015 SABRE Awards EMEA Winners // Provoke [Электрон. ресурс]. 2015. URL: https://www.provokemedia.com/events-awards/sabre-awards/sabre-awards-EMEA/2015-sabre-awards-emea/2015-sabre-awards-emea-winners (дата обращения: 16.11.2020).

Sack 1997 — Sack R. D. Homo Geographicus. Baltimore: Johns Hopkins Press, 1997.

Salute 1998 — Salute Mayor Luzhkov // Bloomberg Profile [Электрон. ресурс]. 1998. December 20. URL: http://www.bellybuttonwindow.com/1998/russia/salute_mayor_luzhkov.html (дата обращения: 22.10.2020).

Sarkisyan 2010 — Architecture Museum Head Sarkisyan, 62, Dies // The Moscow Times [Электрон. ресурс]. 2010. January 12. URL: http://oldtmt.vedomosti.ru/arts_n_ideas/article/architecture-museum-head-sarkisyan-62-dies/397200.html (дата обращения: 22.10.2020).

Sassen 2003 — Sassen S. The Repositioning of Citizenship: Emergent Subjects and Spaces for Politics // New Centennial Review. 2003. № 3 (2). P. 41–66.

Schivelbusch 1986 — Schivelbusch W. The Railway Journey: The Industrialization of Time and Space in the 19th Century. Berkeley: University of California Press, 1986.

Schleifman 2001 — Schleifman N. Moscow's Victory Park // History and Memory. 2001. № 13 (2). P. 5–34.

Semenenko 2000 — Semenenko I. Opening the Books // The Moscow Times [Электрон. ресурс]. 2000. November 14. URL: http://oldtmt.vedomosti.ru/sitemap/free/2000/11/article/opening-the-books/257466.html (дата обращения: 22.10.2020).

Sharafutdinova 2010 — Sharafutdinova G. Political Consequences of Crony Capitalism inside Russia. Notre Dame, Indiana: University of Notre Dame Press, 2010.

Shevchenko 2009 — Shevchenko O. Crisis and the Everyday in Postsocialist Moscow. Bloomington: Indiana University Press, 2009.

Shleifer, Treisman 2004 — Shleifer A., Treisman D. A Normal Country // Foreign Affairs. 2004. № 83 (March / April). P. 20–38.

Shomina et al. 2002 — Shomina Y., Kolossov V., Shukhat V. Local Activism and the Prospects for Civil Society in Moscow // Eurasian Geography and Economics 2002. № 43 (3). P. 244–270.

Sidorov 2000 — Sidorov D. National Monumentalization and the Politics of Scale: The Resurrections of the Cathedral of Christ the Savior in Moscow // Annals of the Association of American Geographers. 2000. Vol. 90 (3). P. 548–572.

Skove 2015 — Skove S. 'Moskva-City' Skyscrapers Set to Be Emptier Than Ever // The Moscow Times [Электрон. ресурс]. 2015. February 16. URL: http://oldtmt.vedomosti.ru/article/moskva-city-skyscrapers-set-to-be-emptier-than-ever/516022.html (дата обращения: 22.10.2020).

Smith 2002 — Smith K. E. Mythmaking in the New Russia: Politics and Memory during the Yeltsin Era. Ithaca: Cornell University Press, 2002.

Smith 1996 — Smith N. The New Urban Frontier: Gentrification and the Revanchist City. London: Routledge, 1996.

Smith 1984 — Smith S. J. Practicing Humanistic Geography // Annals of the Association of American Geographers. 1984. Vol. 74 (3). P. 353–374.

Statelets 2015 — Russia Spends $5 Billion Annually Propping Up 'Statelets' — Report // The Moscow Times [Электрон. ресурс]. 2015. September 16. URL: http://oldtmt.vedomosti.ru/article/russia-spends-5-billion-annually-propping-up-statelets--report/531131.html (дата обращения: 22.10.2020).

Sukhov 2014 — Sukhov O. Protesters Arrested After Standoff With Police Over Hotel Construction // The Moscow Times [Электрон. ресурс]. 2014. January 16. URL: http://oldtmt.vedomosti.ru/article/protesters-arrested-after-standoff-with-police-over-hotel-construction/492904.html (дата обращения: 22.10.2020).

Sundstrom 2006 — Sundstrom L. M. Funding Civil Society: NGO Development in Russia. Stanford: Stanford University Press, 2006.

Tait, While 2009 — Tait M., While A. Ontology and the Conservation of Built Heritage // Environment and Planning B: Society and Space. 2009. Vol. 27. P. 721–737.

Tajbakhsh 2001 — Tajbakhsh K. The Promise of the City: Space, Identity, and Politics in Contemporary Social Thought. Berkeley: University of California Press, 2001.

Tavernise 2002 — Tavernise S. Multiliths Overtaking Monoliths on Skyline // The New York Times [Электрон. ресурс]. 2002. December 17. URL:

http://www.nytimes.com/2002/12/17/world/moscow-journal-multiliths-overtaking-monoliths-on-skyline.html (дата обращения: 16.11.2020).

Taylor, Lang 2004 — Taylor P. J., Lang R. E. The Shock of the New: 100 Concepts Describing Recent Urban Change // Environment and Planning A. 2004. Vol. 36. P. 951–958.

Thompson 1978 — Thompson E. P. The Poverty of Theory & Other Essays. New York: Monthly Review Press, 1978.

Thomson 2015 — Thomson D. Russian Mall Dispute Moves to the UK and US Courts // Global Arbitration Review [Электрон. ресурс]. 2015. January 29. URL: https://globalarbitrationreview.com/russian-mall-dispute-moves-the-uk-and-us-courts (дата обращения: 16.11.2020).

Tőkés 2000 — Tőkés R. L. "Transitology": Global Dreams and Post-Communist Realities // Central European Review. 2000. № 2 (10). P. 264–271.

Tower 2014 — Moscow Puts Iconic Shukhov Tower on Protected Landmark List // The Moscow Times [Электрон. ресурс]. 2014. August 18. URL: http://oldtmt.vedomosti.ru/news/article/moscow-puts-iconic-shukhov-tower-on-protected-landmark-list/505295.html (дата обращения: 22.10.2020).

Trade 2016 — Russian-Chinese Trade Plummets in 2015 // The Moscow Times [Электрон. ресурс]. 2016. January 13. URL: http://oldtmt.vedomosti.ru/article/russian-chinese-trade-plummets-in-2015/555632.html (дата обращения: 22.10.2020).

Tuan 1977 — Tuan Yi-Fu. Space and Place: The Perspective of Experience. Minneapolis: University of Minnesota Press, 1977.

Twickel 2009 — Twickel N. Luzhkov Resilient Despite Pressure // The Moscow Times [Электрон. ресурс]. 2009. October 8. URL: http://oldtmt.vedomosti.ru/news/article/luzhkov-resilient-despite-pressure/386978.html (дата обращения: 22.10.2020).

Urban 1997 — Urban M. E. The Rebirth of Politics in Russia. Cambridge: Cambridge University Press, 1997.

US 2013 — U.S. Denies Extradition Request for Former Duma Member, Report Says // The Moscow Times [Электрон. ресурс]. 2013. 6 September. https://www.themoscowtimes.com/2013/09/06/us-denies-extradition-request-for-former-duma-member-report-says-a27440 (дата обращения: 16.11.2020).

Vakhrusheva 1993 — Vakhrusheva A. Bolshoi to Close for Repairs in '95 // The Moscow Times [Электрон. ресурс]. 1993. February 3. URL: http://oldtmt.vedomosti.ru/news/article/bolshoi-to-close-for-repairs-in-95/219518.html (дата обращения: 22.10.2020).

Vereykina 2015 — Vereykina E. Moscow Tries to Encourage Recycling With New Program // The Moscow Times [Электрон. ресурс]. 2015. September 4. URL: http://oldtmt.vedomosti.ru/news/article/moscow-tries-to-encourage-recycling-with-new-program/529387.html (дата обращения: 22.10.2020).

Victoir 2006 — Victoir L. The Russian Country Estate Today: A Case Study of Cultural Politics in Post-Soviet Russia. Stuttgart: ibidem-Verlag, 2006.

Voznesensky, Muratov 2007 — Voznesensky I., Muratov A. How a Sham Replica is Born: The Story of the Military Department Store 'Voentorg'" // Московское архитектурное наследие: точка невозврата (Moscow Heritage at Crisis Point): Двуязычное изд. / Ред. К. Сесил, Э. Харрис. М.: MAPS/SAVE Europe's Heritage, 2007. С. 76–77.

Webler, Tuler, Krueger 2001 — Webler T., Tuler S., Krueger R. What is a Good Public Participation Process? Five Perspectives from the Public // Environmental Management. 2001. № 27 (3). P. 435–450.

Weiner 1999 — Weiner D. R. A Little Corner of Freedom: Russian Nature Protection from Stalin to Gorbachev. Berkeley: University of California Press, 1999.

Wescoat 1992 — Wescoat J. L. Common Themes in the Work of Gilbert White and John Dewey: A Pragmatic Appraisal // Annals of the Association of American Geographers. 1992. Vol. 82 (4). P. 587–607.

Wood, Smith 2008 — Wood N., Smith S. J. Pragmatism and Geography // Geoforum. 2008. Vol. 39. P. 1527–1529.

Wrong 1979 — Wrong D. H. Power: Its Forms, Bases and Uses. Oxford: Basil Blackwell, 1979.

Yabloko 2004 — «Yabloko» Created a Committee for the Protection of Muscovites to Defend the Interests of the Residents of the City in City Construction // Finmarket News [Электрон. ресурс]. 2004. URL: http://www.eng.yabloko.ru/Publ/2004/PAPERS/06/040616_finmarktnws.html (дата обращения: 16.11.2020).

Yoneyama 1994 — Yoneyama L. Taming the Memoryscape: Hiroshima's Urban Renewal // Remapping Memory: The Politics of TimeSpace / Ed. J. Boyarin. Minneapolis: University of Minnesota Press, 1994. P. 99–135.

Yudin 1994 — Yudin P. Mayor Plans to Change Face of the City // The Moscow Times [Электрон. ресурс]. 1994. September 23. URL: http://oldtmt.vedomosti.ru/news/article/mayor-plans-to-change-face-of-city/347856.html (дата обращения: 22.10.2020).

Yurchak 2011 — Yurchak A. Aesthetic Politics in Saint Petersburg: Skyline at the Heart of Political Opposition // NCEEER Working Papers. Seattle: University of Washington, 2011.

Указатель имен

Содержание

Научное издание

Роберт Аргенбрайт
МОСКВА СТРОЯЩАЯСЯ
Градостроительство, протесты градозащитников
и гражданское общество

Директор издательства *И. В. Немировский*
Заведующий редакцией *К. Тверьянович*

Ответственный редактор *И. Знаешева*
Дизайн *И. Граве*
Редактор *М. Маркушина*
Корректоры *А. Нотик, М. Левина, Е. Васильева*
Верстка *Е. Падалки*

Подписано в печать 31.05.2021.
Формат издания 60 × 90 $^1/_{16}$. Усл. печ. л. 20,0.
Тираж 500 экз.

Academic Studies Press
1577 Beacon Street, Brookline, MA 02446 USA
https://www.academicstudiespress.com

ООО «Библиороссика».
190005, Санкт-Петербург, 7-я Красноармейская ул., д. 25а

Эксклюзивные дистрибьюторы:
ООО «Караван»
ООО «КНИЖНЫЙ КЛУБ 36.6»
http://www.club366.ru
Тел./факс: 8(495)9264544
email: club366@club366.ru

Книги издательства можно купить
в интернет-магазине: www.bibliorossicapress.com
e-mail: sales@bibliorossicapress.ru

12+

Знак информационной продукции согласно
Федеральному закону от 29.12.2010 № 436-ФЗ

www.ingramcontent.com/pod-product-compliance
Lightning Source LLC
Chambersburg PA
CBHW071957260326
41914CB00004B/836